Stb

Mary Sparrowdancer

Das Liebeslied des Universums

aus dem Englischen von Marion Frank

Stb

ISBN 978-3-89767-610-7
1. Auflage

Umschlaggestaltung: Murat Karaçay
Redaktion: Maike Lübbers
Satz: Sebastian Carl
Herstellung: Reyhani Druck und Verlag, Darmstadt

www.schirner.com

Für Emily und John

und all die Kinder des Universums,

die jetzt mit den Augen eines Kindes

sehen können – oder lernen,

wieder zu sehen.

Inhalt

Danksagung

Ich möchte mich bei den vielen Personen bedanken, die mir geholfen haben, dieses Buch möglich zu machen: meine Eltern, Mary und Charlie, die mir beigebracht haben, keine Angst davor zu haben, Fragen zu stellen (und auf die Antworten zu hören, die ich erhalte); meine Schwestern Colleen, Patty und Carol, die mein Leben immer wieder auf unterschiedliche und wunderbare Weise berühren, meine Freunde, die mich auf unterschiedliche Weise unterstützten, während sich alles entfaltete – Tom, Dove, Chenn, Linda, Mays, Raymond, Juliet, Craig und all jene, die zu diesem Zeitpunkt nicht beim Namen genannt werden können. Und nicht zuletzt möchte ich mich bei meinem Sohn und meiner Tochter, John und Emily, bedanken, ohne deren Geduld, Hilfe und Aufmerksamkeit dieses Buch nie vollendet worden wäre.

Großer Dank gebührt auch den professionellen Mitarbeitern von Hampton Roads Publishing Company; mit besonderem Dank an meine Redakteurin Pat Adler, die während der gesamten Entwicklung dieses Buches mit mir zusammengearbeitet hat und die mir fast täglich ihre professionelle Unterstützung und ihre Vorschläge angeboten hat.

~ 1 ~

Erste Aufregungen

Bis zu meinem siebenunddreißigsten Lebensjahr war mein Leben völlig normal. Das war das Jahr, in dem die Indianer erschienen. Am Anfang waren die Zeichen ihrer Gegenwart kaum wahrzunehmen. Es war, als ob sie wüssten, dass unser Haushalt auf eine langsame, sanfte und ruhige Art und Weise geweckt werden musste. Sie hinterließen die geheimnisvollen Zeichen ihrer Anwesenheit mit unsichtbaren Händen an sorgfältig ausgewählten Plätzen unseres Hauses und Vorgartens.

Mein erster Fund war ein alter Medizinstößel, der auf dem Regal des Wäscheschranks lag. Es war ein seltsames Stück, aus Sandstein geformt, etwas, das definitiv nicht aus dem tief liegenden Kalkstein und blutroten Ton des Grundwasserspiegels von Tallahassee stammte. Dies war ein Stück blasser Sandstein, der eher aus der Wüste zu kommen schien. Als Nächstes fand ich eine riesige weiße Muschel im Badezimmerschrank unterhalb des Waschbeckens. Über die Herkunft der Muschel konnte man natürlich keine großen Spekulationen anstellen.

Einst hatte sie ein Wesen aus einem großen salzigen Ozean in sich geborgen. Der Sandsteinfund war schon irgendwie seltsam gewesen. Doch die riesige Muschel schrie förmlich nach einer Erklärung. Eine verbale Bemerkung meinerseits, die kundtat, dass etwas Ungewöhnliches in der Luft lag, machte schließlich den Anfang. Ich nahm die Muschel und trug sie aus dem Badezimmer rüber ins Wohnzimmer, wo Craig, mein derzeitiger Ehemann, den New Yorker las.

„Warum hast du die Muschel unter das Waschbecken im Badezimmer gelegt?", fragte ich ihn.

„Das war ich nicht."

Unsere Kinder, Emily und John, waren zu dieser Zeit beide noch Kleinkinder und konnten daher wohl kaum als Verdächtige in Frage kommen. Sie würden noch wenigstens sechs Monate brauchen, bis sie herausfänden, wie sie die Kindersicherung an den Schränken öffnen können. In meinen Augen beschränkte sich daher die Liste der Verdächtigen auf den Mann, der die Zeitung las. Selbstverständlich beschränkte sich seine Liste der Verdächtigen auf die Frau mit der Muschel in der Hand.

„Also, wenn nicht ich sie dort hingelegt habe, musst es ja wohl du gewesen sein", sagte ich. Er schüttelte den Kopf. „Ich habe diese Muschel noch nie gesehen. Vielleicht hast du sie dort hingelegt und es einfach nur vergessen."

Craig war ein eingefleischter Anwalt und suchte daher für alle Ereignisse im Leben immer nach einer einfachen und logischen Erklärung. Meine zwei neuen Entdeckungen machten da keine Ausnahme. Als ich ihn am Anfang der Woche über meinen ersten Fund befragt hatte, hatte er einfach nur mit den Schultern gezuckt und gemeint, dass der

Stößel dort schon immer gelegen habe. Er dachte, er würde mir gehören. Jetzt gehörte mir also auch eine riesige Muschel. In meinem Hinterkopf meldete sich kurzzeitig ein seltsam nagendes Misstrauen gegenüber den neuen Vorgängen in meinem Haushalt. Doch im nächsten Augenblick hatte ich es schon wieder aus meinen Gedanken vertrieben.

Das waren die ersten stillen Zeichen. Den ersten beiden Entdeckungen folgten einige Monate, in denen nichts Seltsames oder Bemerkenswertes in unserem normalen ruhigen Haushalt passierte. Und dennoch hatten sie einen Prozess in Bewegung gesetzt, der mit der Zeit klarer werden sollte. Die Ereignisse würden sich letztlich nach einem geduldig und gut durchdachten Plan entfalten. Sie sollten uns langsam und sanft aufwecken, auf und ab schaukeln, wie ein kleines Boot auf den Meereswogen von Ebbe und Flut.

Eines frühen Morgens, im Winter desselben Jahres, ging ich hinaus, um die Zeitung zu holen. Dabei fand ich auf der Verandatreppe eine Scherbe, die aussah wie indianische Töpferware. Ich hob sie auf und bestaunte ihre Schönheit. Sie war tiefbraun, von Streifen durchzogen, und hatte ein Design, das für ihre Herkunft aus lang vergangenen Zeiten sprach. Als ich die Scherbe in meiner Hand hin und her drehte und sie betrachtete, erinnerte ich mich an die Muschel und den Stößel. Obwohl die drei Objekte alle unterschiedlichen Ursprungs waren, hatte ich doch den Verdacht, dass sie irgendwie miteinander verbunden waren. Craig saß am Küchentisch. Ich gab ihm die Zeitung und die Tonscherbe.

„Was ist das?“, fragte er und deutete auf die Scherbe.

„Ich bin mir nicht sicher, aber es sieht aus wie ein Stück sehr alter Töpferware.“

„Wo hast du es gefunden?"
„Auf der Verandatreppe."
Er legte die Scherbe auf den Küchentisch und nahm die Zeitung in die Hand. Mit dieser gewöhnlichen Geste deutete er an, dass er wenig beeindruckt war. Er schien die Möglichkeit, dass etwas außerhalb des Rahmens der Normalität geschah, abzulehnen. „Ist wahrscheinlich nur ein Stein", sagte er. Nachdem er seine Tasse Kaffee getrunken und seinen Toast gegessen hatte, ging er zur Arbeit.
Ich weiß nicht, was mich dazu bewog, an diesem Morgen erneut auf die Verandatreppe zu schauen. Ich kann nicht sagen, was mich dazu verleitet hat, noch einmal zu dem Punkt zu gehen, an dem ich diese kleine Tonscherbe gefunden hatte. Aber genau das tat ich. Ungefähr eine Stunde nachdem Craig gegangen war, ging ich zur Verandatreppe und war nicht wenig überrascht, eine zweite Tonscherbe genau dort zu finden, wo zuvor die andere gelegen hatte. Eine Stunde später fand ich erstaunlicherweise eine dritte, wiederum genau an der Stelle, wo ich vorher die ersten beiden gefunden hatte. Weitere fünfzehn Minuten später fand ich eine vierte Scherbe genau an derselben Stelle. Jetzt war ich total verwirrt. Keines der Stücke passte zu einem der anderen. Ich ergriff sie alle, ging ins Haus und setzte mich auf die Couch, um darüber nachzudenken, was die plötzliche Ankunft dieser vier Tonscherben in meinem Haus zu bedeuten hatte. Es waren nicht unbedingt die Scherben an sich, die mir so seltsam, so unerklärlich erschienen. Vielmehr war es ihre Herkunft. Fragen schwirrten durch meinen Kopf. „Wie?", „Warum?" und „Was?", gefolgt von der unvermeidbaren und sogar noch verwirrenderen Frage „Wer?". In diesem Moment wurde meine

Aufmerksamkeit durch ein leises, klirrendes Geräusch erregt. Ich schaute nach rechts, gerade noch rechtzeitig, um einen kleinen weißen Stein auf die Holzdielen fallen zu sehen. Er rollte ein kleines Stück über den Boden und blieb dann liegen. Ich muss ziemlich lange auf den Stein gestarrt haben, bevor ich schließlich zu ihm hinüberging und ihn aufhob. Die Frage des „Wie" war gerade durch das plötzliche Auftauchen des Steines beantwortet worden. Er kam, so schien es, aus dem Nichts. Meine anderen Fragen blieben unbeantwortet. Ich legte die Tonfragmente und den Stein auf den Kaminsims – nicht wissend, was sie repräsentierten und woher sie stammten. Bei dem Gedanken an diese rätselhaften Vorfälle war mir alles andere als wohl zumute. Sie warfen paradoxe und störende Fragen auf, denn ich hatte bereits vor langer Zeit jegliche Suche nach einer spirituellen Welt aufgegeben. Die tägliche Routine unseres Haushaltes wurde auf angenehme Art und Weise fortgesetzt. Unsere Tage füllten sich mit – für einen normalen amerikanischen Haushalt – ganz typischen Dingen. Ich bereitete die Fläschchen für mein Baby John zu, wechselte Windeln, das Gras wurde gemäht, und die Einkäufe mussten erledigt werden. Wir teilten ruhige und weniger ruhige Mahlzeiten. Der Hund schlief vor dem Kamin und bellte an jedem 23. eines Monats, wenn der Mann zum Ablesen der Wasserzähler kam. Craig ging jeden Tag zur gleichen Zeit zur Arbeit und kam nachmittags pünktlich nach Hause. In diese normale Routine schlichen sich jedoch immer weitere Funde von mysteriösen Artefakten ein.

Im Frühling meines achtunddreißigsten Lebensjahres hatte sich meine Sammlung von Tonscherben und weißen Steinen erheblich vergrößert. Ich fand die Tonscherben auf

Türschwellen, im Gras, in Kommoden, an Tischenden, in Küchenschränken, auf Nachttischen, und schließlich fand ich auch eine unter meinem Kopfkissen. Die Objekte erschienen so regelmäßig, dass ich, als der Frühling kam, kaum noch verwirrt war, wenn ich über eins von ihnen stolperte. Ich gewöhnte mich immer mehr daran, nach einer Tasse Kaffee zu greifen, während ich in ein Buch vertieft war, und statt der Tasse einen alten Tellerrand aus Ton in der Hand zu halten. Wenn seltsame Dinge regelmäßig passieren, erscheinen sie uns irgendwann gar nicht mehr so seltsam. Sie werden zur Normalität. Und somit öffnete sich eine bisher verschlossene, rostige Tür, während ich immer mehr Artefakte fand und mich gleichzeitig in ihrer Gegenwart immer wohler fühlte. Die Scherben und Steine lieferten mir eine Art physischen Beweis, dass es im Universum mehr gab, und dass eine andere Welt existierte, ob ich nun persönlich daran glaubte oder nicht. Vielleicht, dachte ich, ist dort draußen wirklich etwas. Vielleicht hatte ich meine Suche nach etwas wirklich Reichem und Wertvollem ja in einem Moment der Schüchternheit aufgegeben.

Meine spirituelle Desintegration hatte eines Morgens um 9.00 Uhr in Cheyenne, Wyoming, angefangen – dem letzten Standort, an dem mein Vater während seiner Air-Force-Karriere stationiert war. Ich war 14 Jahre alt und gerade mitten in einer Geschichtsstunde. Es war der Tag, an dem der erste Faden eines unsichtbaren Netzes gesponnen wurde. Geschichte, so wie es in den verschiedenen Schulen, in die ich gegangen war, unterrichtet wurde, war nie eins meiner Lieblingsfächer gewesen. Die vergangenen Taten der Menschheit eines oder mehrerer Jahrhunderte wurden in ein paar trockenen Untertreibungen zusammengefasst. Diesen wiederum folgten die Daten der bemerkenswerten Errungenschaften dieser Jahrhunderte. Wir waren verpflichtet, diese Daten auswendig zu lernen. Ich lernte während des Geschichtsunterrichts andere Dinge. Ich lernte, mit Hilfe der Uhr, die über dem Kopf des Lehrers an der Wand hing, meinen Atem zu kontrollieren. Ich lernte, dass, wenn ich meinen Atem lange genug anhalten konnte, ich es schaffen würde, während der Sportstunde, die als Nächstes dran war, durch die volle Länge des Schwimmbeckens zu tauchen. Ich polierte meine Zeichentechniken auf, änderte die Schreibweise meines Namens, experimentierte im Rückwärtsschreiben und entdeckte einen Wasserfleck an der hohen Decke über der Uhr, der manchmal größer wurde, nachdem es stark geschneit hatte.

Unser Lehrer, der seine Haare irgendwann vor der Montags-, Mittwochs- und Freitagsstunde wusch, sie am Dienstag und Donnerstag aber fettig trug, befand sich mitten in einem seiner Vorträge. Ich war gerade dabei, mich zu fragen, welches Shampoo er wohl benutzte, als er etwas sagte, was meine Aufmerksamkeit erregte. Ich begann ihm zuzuhören. An diesem speziellen Morgen beleuchtete er innerhalb von 45 Minuten die Details einiger Daten, welche die gesamte Klasse plötzlich aus dem Schlaf riss. An diesem Tag sprach er über die Aktivitäten der Kirche während der Inquisition. Diese Aktivitäten waren von „Christen“ „im Namen Gottes“ durchgeführt worden. Diesmal begnügte er sich nicht damit, die Details in einem Satz zusammenzufassen. Diesmal war seine Beschreibung äußerst bildlich. Ich war nicht die Einzige, deren Ansichten bis auf die Grundmauern erschüttert wurden. Die gesamte Klasse war seltsam still, als es zum

Unterrichtende klingelte. Die Stille hielt nicht lange an. Auf dem Gang brachen mehrere Diskussionen aus. Obwohl ich nie zu irgendeiner der populären Cliquen gehört hatte, bekam ich dennoch mit, worüber sie sprachen. „Warum haben wir nie zuvor davon gehört?" Und dann hörte ich sie schlussfolgern: „Der lügt bestimmt." Es passierte noch mehr. Am frühen Nachmittag wimmelte es in der Schule von Gerüchten über den antichristlichen Geschichtslehrer, der, wenn man den Schülern Glauben schenkte, ein bekannter Kommunist und ebenso ein Nazi und Kriegsverbrecher war, und er würde in seinem morgendlichen Unterricht Blasphemie und einen Hass gegen Christen in die Köpfe der Schüler pflanzen.

Das Gerede über diesen Lehrer breitete sich aus wie ein Lauffeuer. Gerede, das viel mehr war, als dass es nur von 14-, 15-jährigen Schülern hätte kommen können. Es bahnte sich blitzschnell seinen Weg in die Elternhäuser, breitete sich über Telefone aus, und bevor er Zeit hatte, sich noch einmal die Haare zu waschen, wurde er ins Zimmer des Schuldirektors bestellt. Dort, hinter den hohen, verschlossenen, schalldichten Türen, wo Grenzgänger ihre gerechten harten Strafen in Empfang nahmen, traf der Geschichtslehrer auf sein eigenes schweres Schicksal. Mit seinen blasphemischen Worten hatte er es sich selbst auferlegt. Den populärsten Erzählungen zufolge kamen bewaffnete Sicherheitsleute in das Büro, nachdem der Direktor mit ihm fertig war. Der Lehrer wurde festgenommen. Natürlich gab es auch andere Versionen. Eine von ihnen erzählte, dass er nach Hause geschickt wurde, weil er eine Grippe hatte. Die Gerechtigkeit hatte gesiegt.

Nachdem ungefähr eine Woche vergangen war, kam er zurück in die Schule, mit offensichtlich gebrochenem Willen, unterwürfig und still. Einige meinten, er müsse sich immer noch von der Grippe erholen, doch andere wussten es besser. Sein Zustand war die Konsequenz von unaussprechlichen Torturen, die er im Gefängnis erlitten hatte. Er erwähnte nie wieder die Details historischer Ereignisse, sondern konzentrierte sich lediglich auf deren Daten. Im Geschichtsunterricht wurde es wieder still, und ich kehrte zu meinen Atemkontrollübungen zurück. Das erzwungene Schweigen des Geschichtslehrers, welches uns vor der Grausamkeit der Geschichte schützen sollte, änderte jedoch nichts an dem, was der Mann bereits in Bewegung gesetzt hatte. Zumindest im Kopf eines seiner Schüler hatte er den Samen des Zweifels gesät.

Ich wurde römisch-katholisch erzogen. Deshalb war mein nächster logischer Schritt der, zu unserem Priester zu gehen – ein beschäftigter, rotgesichtiger Mann, der während der Sonntagsmesse reichlich schwitzte und ein ziemlich explosives Temperament hatte. Während der Beichte an einem Sonntagnachmittag konfrontierte ich ihn mit meinen Fragen. Seine zornige Reaktion werde ich nie vergessen. Seine Antwort kam nicht in dem für den Beichtstuhl angemessenen Flüsterton, sondern in schockierender Lautstärke. Mit seiner für ihn typischen lauten Stimme erwiderte er mir, dass ich nie wieder an der Kirche zweifeln sollte, denn sie versage nie und mache keine Fehler. Mit dieser öffentlichen Erniedrigung hatte er nur noch mehr Raum für Zweifel und Fragen in meinen Gedanken geschaffen. Ich tat für meine geäußerten Zweifel weder Buße, noch bat ich um Vergebung. Beschämt trat ich aus dem Beichtstuhl hinaus und fand mich den starrenden Blicke derer gegenüber, die draußen warteten. Die übrigen

Gemeindemitglieder wunderten sich sicherlich, was ich wohl getan haben könnte, um einen solch lauten Ausbruch zu provozieren. Dann tat ich das Unerdenkliche. Ich marschierte einfach aus der Kirche raus, ohne auch nur einen Knicks zu machen. Mit der Absicht, nie wieder zurückzukommen, ging ich aus der Kirche und nach Hause. Natürlich zog dieses Verhalten eine gewisse Konsequenz nach sich – die Hölle –, ein ziemlich kalter Weg, den Gott einem wissbegierigen Kind auferlegte. Doch ich konnte meine Fragen nicht einfach ignorieren. Somit war das Einzige, was mir von meinem formellen spirituellen Training blieb, das Versprechen der Hölle.

Als ich 20 Jahre alt wurde, begab ich mich wieder auf die Suche nach einem spirituellen Hafen. Mich verband nichts mehr mit dem Christentum, und kurz darauf konvertierte ich zum Judaismus. Mein Rabbi schickte mich zu einer Hebräischschule, wo ich Hebräisch lesen und schreiben lernte. Es fiel mir leicht, das von rechts nach links geschriebene Hebräische zu erlernen. Am dritten Tag meines Unterrichts wurde der Rabbi zur Schule bestellt, weil ich die Sprache bereits begriffen hatte – allerdings mit einem kleinen bemerkenswerten Unterschied. Ich sprach das Hebräische so aus, wie es zu einem Zeitpunkt vor meiner Geburt gesprochen wurde. Der Rabbi weinte an diesem Tag. Ich bin mir nicht sicher, warum. Es widerstrebte ihm, die Gründe für seine Tränen mit mir zu besprechen. An dem Tag meiner formalen Konversion gab er mir den hebräischen Namen Miriam. Von diesem Tag an war ich im Tempel als Miriam bekannt, die Enkelin des Rabbis. Er blieb ein Freund meiner Familie – inklusive meiner katholischen Eltern, bei denen ich zu diesem Zeitpunkt noch lebte. Doch kurz nachdem ich die hebräische Sprache gelernt hatte und die Enkelin des Rabbis geworden war, verließ ich den Judaismus auch schon wieder, als ob es der Hebräischunterricht selbst gewesen wäre, der ein unbekanntes Verlangen in mir gestillt hatte. Ich war erst Anfang zwanzig und konnte bereits in drei verschiedenen Sprachen beten: Englisch, Latein und Hebräisch – Gott hatte ich trotzdem noch nicht gefunden. Meine Suche endete schließlich mit einem, oder besser gesagt, verlief sich in einem langen „Ich geb's auf"-Seufzer. Die einzige religiöse Idee, die mir verblieben war und die ich noch nicht vollständig entwirrt hatte, war die der Hölle. Gott war ganz einfach jemand, den man für Miseren und Unglück verantwortlich machen konnte. Abgesehen davon sah ich nirgendwo eine Spur von göttlicher Existenz.

Inzwischen eine erwachsene Frau mit eigenem Haushalt, Mutter von zwei Kindern und längst aus den Schuhen der Religiosität herausgewachsen, sah ich auf einmal unerwartete Beweise für etwas, dessen ich mir früher nicht bewusst war. Die Beweise deuteten darauf hin, dass so etwas wie eine geistige Welt möglicherweise existiert. Und wenn es eine Geisteswelt gibt, dann gibt es vielleicht doch noch einen Gott, schlussfolgerte ich. Ich war mir nicht sicher. Mit jeder Tonscherbe und jedem Stein, den ich fand, war ich hauptsächlich verwirrt, warf sie aber mit einem zufriedenen ‚Klink' in meine immer größer werdende Sammlung. Keine der Tonscherben passte zu einer der anderen. Ihre Ränder und Farben waren nie ganz dieselben. Es waren die Scherben von Tausenden von Tontöpfen, die irgendwie herbeigewinkt wurden von einem Ort, wo sie lange begraben gelegen hatten. Jetzt aber kamen sie an die Oberfläche, konnten gesehen werden und warteten darauf, entdeckt zu werden. Es mag seltsam klingen, aber irgendwie schien es, als ob sie dazu bestimmt waren, entdeckt zu werden. Mit Hilfe von ein paar Büchern, die ich mir in der Bibliothek ausgeliehen hatte, konnte ich den Objekten vage Entstehungsdaten zuordnen. Die Scherben variierten in ihrem Alter und Muster. Einige glänzende schwarze Stücke kamen aus dem 16. Jahrhundert. Andere, sandfarbene, hatten ein gepunktetes Muster und kamen aus den dunklen Zeiten, die der Christenära vorangegangen war.

Die weißen Steine fielen weiterhin aus der Luft auf den Boden. Dies geschah mit solch einer Normalität und Routine, dass die Kinder, wenn sie eines dieser Ereignisse beobachteten, sie aufhoben, mir brachten, als ob sie mir den Telefonhörer geben würden, und sagten: „Hier, Mama, der muss für dich sein.“ Die Scherben und Steine schienen eine Art Bestätigung dafür zu sein, dass die seit langer Zeit von weisen Männern angewandten Gesetze der Realität, mit denen unser Universum gemessen wurde, in meinem zuvor normalen Haushalt gedehnt und verbogen wurden. Es war ein seltsames Puzzle, dessen alte Teile ich Stück für Stück entdeckte und zusammentrug.

Während meine Steine und Scherben weiterhin aus der Luft fielen, entdeckte ein Archäologe namens Calvin Jones einige Häuser entfernt ähnliche Artefakte, die an die 500 Jahre alt waren. Nicht weit von unserem Haus, etwas weiter die Straße hoch und einige Meter unterhalb der Erdoberfläche, hatte Mr. Jones das Lager von Hernando de Sotos Wintercamp in Tallahassee entdeckt. Es heißt, dass die Forscher in diesem Lager das erste Weihnachten dieses Landes gefeiert hatten. Jones erwähnte auch, dass nicht jeder in diesem Dorf einen

Grund zum Feiern gehabt hatte. Trotzdem war es ein großartiger Fund für den angesehenen Archäologen. Für mich eröffnete sich eine zur rechten Zeit gekommene Gelegenheit, meine Tonscherben von einem Experten untersuchen und begutachten zu lassen.

An einem schwülen Donnerstagnachmittag im Frühjahr wählte ich vier nicht sehr bemerkenswerte Stücke meiner bewundernswerten Sammlung aus. Ich ging die Straße hinauf und fand Mr. Jones umzingelt von Studenten, von denen einige freiwillige Helfer waren und andere auf der Suche nach antiken Wundern. Gemeinsam durchsiebten sie den Schlamm. Einige von ihnen schaufelten große Mengen von Schmutz auf eine Art Netz, das einer Fliegentür ähnelte. Die anderen sprühten Wasser auf den Schmutz, sodass er sich in eine erdige Suppe verwandelte, die dann durch das Netz tropfte. Was auf dem Netz zurückblieb, waren Eicheln, kleine Stöcke, Steine und tönerne Fragmente. Als ich näher kam, untersuchte Mr. Jones gerade den Fund einer seiner Helfer und erklärte einer Gruppe von Schulkindern den Unterschied zwischen Tonscherben und Eicheln. Ich wartete auf einen Moment der Stille, bevor ich ihn ansprach. „Entschuldigen Sie bitte", sagte ich. „Ich habe mich gefragt, ob Sie sich vielleicht ein paar Stücke anschauen könnten, die ich gefunden habe." Es war nicht schwer, ihn anzusprechen. Seine Persönlichkeit beruhigte mich. Er nahm mir die Tonartefakte aus der Hand und untersuchte sie eingehend. „Wo haben Sie die gefunden?", fragte er mich. „In der Umgebung meines Hauses", antwortete ich aufrichtig. (Er hielt zwei Teile in der Hand, die ich auf meinem Nachttisch gefunden hatte, und zwei weitere aus dem Gewürzregal in der Küche.) Er nickte, drehte die Stücke in seiner Hand ein paar Mal hin und her, bevor er sie mir zurückgab, und lächelte wieder. „Stücke wie diese sind nichts Ungewöhnliches in dieser Gegend. Die ganze Stadt steht auf einem alten indianischen Dorf", sagte er. Ich nickte. „Ihre Stücke sind ungefähr 500 Jahre alt, aus der Zeit, in der de Soto hier lebte. Sehr typisch für diese Zeit." Er fragte mich nach meiner Adresse und schrieb sie in ein kleines Notizbuch. Daneben notierte er sich, dass mein Haus eine mögliche alternative Fundstelle für das sogenannte ‚Happy Holiday Camp' war. Ich steckte die Tonscherben zurück in meine Tasche und dankte ihm. Calvin Jones widmete sich wieder seinem Schlamm und der konventionelleren Methode, historische Artefakte zu entdecken. Er hatte einen ziemlich schmutzigen Job. Ich ging nach Hause. Erst als ich bereits durch die Eingangstür getreten war, ging mir ein Gedanke durch den Kopf, der mich zum Lächeln brachte. Ich konnte mit Sicherheit sagen, dass dieser freundliche und hilfsbereite Archäologe gerade seine ersten Prachtexemplare an Tonscherben untersucht hatte, die sauber und trocken aus der Luft gefallen waren. Meine wachsende innere Ruhe und Akzeptanz der Vorgänge müssen ein Zeichen dafür gewesen sein, dass die Zeit gekommen war, mit der Ausführung meines Plans zu beginnen.

Träume sind manchmal schon seltsam, doch dieser Traum war etwas ganz Besonderes. Ich stand auf dem trockenen und rissigen Boden einer großen Wüste und schaute in Richtung Westen, wo sich eine purpurn schimmernde Bergkette inmitten einer seeartigen Luftspiegelung befand. Im Innern der Luftspiegelung sah ich etwas Weißes sich bewegen. Ich konzentrierte meine Augen auf den Punkt in der Ferne, um ihn klarer erkennen zu können, wusste aber, dass ich mich ein bisschen gedulden musste, dass sich zur richtigen Zeit von selbst zeigen würde, was ich so angestrengt versuchte zu erkennen. Ich schaute ihm entgegen, während es aus dem bläulichen Schein heraustrat und sich mir spektakulär und prachtvoll näherte. Es war ein Indianer, der auf einem weißen Pferd blitzschnell dahinritt. Auf seinem Kopf trug er eine Kriegshaube aus weißen Adlerfedern. Er war in helles Hirschleder gekleidet. In scharfem Galopp jagte er sein Pferd über den Wüstenboden. Seine langen Quasten peitschten im Wind. In seiner erhobenen rechten Hand hielt er einen langen Speer, welcher ebenfalls mit Adlerfedern geschmückt war. Die Spitze des Speeres glitzerte in der Wüstensonne, die hinter mir hoch am Himmel stand. Er ritt immer noch ziemlich schnell und machte keine Anstalten anzuhalten. Durch meine eigenen Füße konnte ich den Donner von vier Hufen spüren, die rhythmisch auf den gelben Wüstenboden schlugen. Jetzt konnte ich auch das Gesicht des Indianers erkennen. Unter seine Augen, die zielgerichtet in die meinen starrten, hatte er weiße Kriegsfarbe gemalt. Angst packte mich, aber ich wusste, dass ich still stehen musste. Was auch immer mein Instinkt mir befahl – umzudrehen und so schnell zu rennen, wie ich noch nie zuvor in meinem Leben gerannt war –, ich durfte ihm nicht folgen. Mein Herz klopfte so laut wie die Hufe des in rasender Geschwindigkeit auf mich zu galoppierenden Pferdes. Der Krieger war einhundert Meter von mir entfernt und ritt weiter auf mich zu. Fünfzig Meter, dann zwanzig. Erst als die Hufen des weißen Hengstes meinen Schatten berührten, zog der Krieger die Zügel an. Das Pferd wieherte und bäumte sich auf. Sein Speichel und Schweiß spritzte durch die wogenden Staubwolken um uns herum. Seine Vorderbeine taumelten schwankend durch den leeren Raum zwischen mir und ihm. Der Krieger hob seinen Speer noch höher und fixierte mich mit seinen Augen. Ruckartig ließ das Pferd sich zurück auf den harten, durch die Sonne vertrockneten Wüstenboden fallen, und der Krieger stieß seinen Speer neben ihm in den Boden. Das Pferd wieherte und stampfte, während der Krieger mir immer noch starr in die Augen blickte. Dann trottete es nervös in einem kleinen Kreis herum, drehte sich tanzend auf dem staubigen ausgedörrten Wüstenboden um sich selbst, bis des Kriegers Gesicht das meine wieder direkt anblickte. Doch dann passierte plötzlich etwas. Etwas veränderte sich. Der Krieger lächelte. Es war ein seltsames Lächeln, keins, das mich sofort beruhigte. Es war eher ein Lächeln, das mir zu sagen schien: „Ich weiß etwas.“ Dann lenkte er sein Pferd wieder in Richtung Westen und ritt davon.

Am Morgen erwachte ich mit einem aufregenden Gefühl der Erwartung, gemischt mit der Angst vor dem Ungewissen. Ich erzählte Craig nichts von dem Traum. Traumanalyse war nicht gerade ein Bestandteil unserer Beziehung. Träume hatten für keinen von uns beiden wirklich eine besondere Bedeutung. Im Laufe des Tages war ich jedoch immer noch von dieser seltsamen Unruhe erfüllt und rief meine Mutter an, die nicht weit von mir entfernt wohnte. Ich wollte ihr von meinem Traum erzählen.

„Ich bin ja so froh, dass du anrufst“, sagte sie, sobald sie den Telefonhörer abgenommen hatte. Bevor ich ihr überhaupt von meinem Traum erzählen konnte, sprach sie weiter. „Letzte Nacht ist was Eigenartiges passiert.“

„Was ist los?“, fragte ich und war sofort beunruhigt, dass sie oder mein Vater krank sein könnte.

„Also“, fing sie an, „ich bin mitten in der Nacht aufgestanden, um zur Toilette zu gehen. Als ich das Badezimmerlicht ausmachte und zurück zum Schlafzimmer gehen wollte, sah ich auf einmal ein großes helles Licht an der Wand scheinen.“

„Du machst Witze“, erwiderte ich. Ich hatte meine Mutter noch nie vorher so reden hören. Weder sie noch mein Vater waren mögliche Kandidaten dafür, unerklärbare Lichter in ihrem Schlafzimmer vorzufinden. Meine Mutter war Lehrerin und mein Vater ein pensionierter Air-Force-Offizier und NASA-Inspektor. „Das glaubst du mir nie“, erzählte sie weiter, denn die Ereignisse der Nacht endeten nicht einfach nur mit dem hellen Licht. „In diesem Licht“, sagte sie, „ war ein Indianer. Er saß auf einem Pferd.“ Mein Mund wurde schlagartig trocken. Meine Mutter sprach weiter. „Wir starrten uns einen Moment lang an. Mir kam es fast so vor, als ob ich ihn überrascht hätte, so wie er da saß. Und dann fragte ich ihn: ‚Was willst du hier?‘ Er erhob seinen Speer, nicht als Drohung, sondern mehr zur Begrüßung. Und dann verschwand er, und das Zimmer war wieder dunkel.“ Ich wusste nicht, was ich sagen sollte, und so herrschte für einen Augenblick eine fast schon unhöfliche Stille an meinem Ende des Telefons.

„Bist du noch da?“, fragte sie.

„Ja, ich bin noch da. Ich weiß nicht, was ich sagen soll.“ Doch dann entschloss ich mich, ihr zu erzählen, was mir ungefähr zur gleichen Zeit in derselben Nacht passiert war. An diesem Tag redeten wir sehr lange am Telefon. Sorgfältig verglichen wir unsere Beschreibungen der beiden Indianer miteinander und kamen schließlich zu der Überzeugung, dass die Kleidung und der Kopfschmuck darauf hinwiesen, dass sie von verschiedenen Stämmen kommen mussten. Abgesehen davon, wussten wir allerdings gar nichts, außer dass etwas ziemlich Ungewöhnliches passiert war. Ich erwähnte unsere übereinstimmenden Erlebnisse gegenüber Craig. Doch da wir beide Träume nie besonders beachtet hatten, vergaßen wir die ganze Geschichte schnell wieder.

Ich fuhr fröhlich damit fort, meine Kollektion von Tonscherben und Steinen zu vergrößern. Und dann sollte es meine Tochter Emily sein, die das erste wirkliche Treffen mit unseren Besuchern hatte. Sie bewirtete ihre Gäste mit solch einer Ernsthaftigkeit und einem Charme, dessen heutzutage wohl nur noch Kinder fähig sind.

~ 2 ~

Die Besucher

Es war ein Tag, der nicht wie andere Sommertage war. In den morgendlichen Schatten breitete sich eine heiße und schwüle Dunstdecke aus, die sich aber gegen 10.00 Uhr morgens auflöste und einen klaren blauen Himmel hinterließ. Mit der höher steigenden Sonne schienen selbst die Schatten nicht mehr ganz so schwer zu wirken. Gegen Mittag hatte die Hitze des Tages bereits das Singen der Vögel verstummen lassen. Die Eichhörnchen suchten sich ein schattiges Plätzchen, wo sie ausruhen konnten, und die Zikaden erwachten. Sie erfüllten die heiße Luft mit ihrem eigenen Lied – einem summend dröhnenden Sommerlied, das man leicht mit dem Geräusch der Hitze selbst verwechseln konnte. An diesem Tag, einem Freitag, dessen Mittagsstunde gekommen war, stand ich in der Küche und bereitete einen Thunfischsalat für Sandwichs zu. John war in diesem Sommer zwei Jahre alt. Er spielte im Wohnzimmer. Emily, noch nicht ganz vier Jahre alt, aber ihrem Alter weit voraus, stand an der Verandatür. Leise sang sie ein Lied aus der Sesamstraße vor sich hin, in dem es darum ging, wie schwer das Leben doch ist, wenn man ein grüner Frosch ist. Der schwere Duft der roten Rosen, die neben der Veranda ein weiteres Mal in ihrem dunkelroten Farbspiel erblühten, lag im Sommerwind, der durch die Eingangstür wehte. Ich hörte Emilys Lied und dem der Zikaden zu, als in der ruhigen Mittagsluft plötzlich eine Veränderung eintrat. Die Zikaden hatten aufgehört zu singen. In dieser uns umgebenden tiefen Stille hörte ich, wie Emily zu jemandem sprach. „Ja“, sagte sie. Dieser Antwort folgte eine lange Pause, in der Emily der Stimme lauschte, die ich nicht hören konnte. Dann hörte ich meine Tochter antworten: „Das bin ich.“ Darauf folgte eine weitere Pause, und schließlich antwortete Emily: „Ja, haben wir.“ Ich stand ganz still da und versuchte zu verstehen, mit wem Emily sprach, konnte außer ihr selbst aber niemanden reden hören. „Ja“, war ihre nächste Antwort. „Sie ist drüben in der Küche und macht das Mittagessen. Ich gehe zu ihr und frage sie.“ Sie ging den kurzen Weg vom Eingangsbereich im Korridor bis zur Küche, kam um die Ecke und sagte, noch bevor ich sie fragen konnte, wer an der Tür war: „Mami, kann ich ein paar Kekse haben?“ Ich sah sie missbilligend an. „Du solltest wissen, dass die Frage jetzt grad überflüssig ist. Du bekommst erst nach dem Essen welche.“

„Aber sie sind doch nicht für mich“, erwiderte sie mit einem leicht schuldigen Blick und zeigte zum Eingangsbereich. „Sie sind für die Frau.“

„Welche Frau?“ „Die Frau an der Tür.“ „Wer ist sie? Wer ist an der Tür?“, fragte ich.

„Ich weiß nicht. Aber sie ist dort auf der Veranda und hat mich gefragt, ob wir etwas zu essen haben?“

Ich legte den Sellerie aus der Hand und wusch meine Hände. Emily ging zurück zur Eingangstür. Ich hörte sie bereits wieder mit ihrem Gast sprechen, als ich mir noch die Hände mit einem Papierhandtuch abtrocknete. „Meine Mutter sagt, du darfst erst nach dem Mittagessen Kekse haben." Ich warf das Handtuch weg und knallte auf dem Weg aus der Küche eine Schublade zu. Ich war sauer, dass mich jemand in der Mittagszeit zur Tür beorderte. Emily kam wieder um die Ecke in die Küche herein, diesmal mit einer etwas dringenderen Nachricht. „Mama, die Frau möchte mit dir sprechen. Sie möchte wissen, ob sie reinkommen darf." „Ich komme!", rief ich. Mit jedem Schritt wurde ich aufgebrachter. Mit einem finsteren Gesichtsausdruck ging ich um die Ecke und sah, dass dort niemand an der Tür stand außer Emily, die vor mir hergelaufen war. Sie presste ihr Gesicht gegen das Fliegengitter der Tür, schlug mit beiden Händen dagegen und schrie: „Nein!" Erschrocken zuckte ich zusammen. „Komm zurück", rief Emily, an der Tür rasselnd. Ihr Schreien und der Lärm verärgerten mich noch mehr. „Hör auf damit!", sagte ich. Sie drehte sich nicht zu mir um, sondern fuhr fort, so beruhigend wie möglich auf ihre Besucherin einzureden. „Bitte komm zurück. Komm zurück, und ich werde dir die Kekse geben." Ich sah noch einmal nach draußen. Niemand war auf der Veranda oder im Vorgarten. Auch auf der Straße war keine Menschenseele zu sehen. In der Luft lag immer noch die Schwere der unirdischen Stille. Auch die Zikaden blieben stumm. „In Ordnung", sagte ich zu Emily, „bitte erklär mir jetzt, was hier los ist." Sie drehte sich um und sah mich an. Sie war deutlich aufgebracht.

Als mir klar wurde, dass sie meine erste Frage nicht beantworten würde, stellte ich ihr eine weitere. „Warum hast du mir gesagt, dass dort jemand an der Tür sei?“

„Weil jemand an der Tür war“, antwortete sie missbilligend. „Aber jetzt ist sie weg. Du hast sie verjagt.“

„Wovon sprichst du? Hier draußen ist niemand.“

„Ich weiß, weil du sie alle verjagt hast.“

„Alle? Ich dachte, du hast gesagt, es wäre nur eine Frau.“

„Ja, sie waren hier mit der Frau. Aber sobald sie dich gesehen haben, sind sie alle weggerannt.“

„Wer ist weggerannt?“, fragte ich streng.

„Die Indianer.“

Ich sah nochmals hinaus in den leeren Garten. „Um Himmels willen Emily“, sagte ich zu ihr. „Mach das nicht noch mal mit mir.“ Ich überprüfte die Fliegengittertür, um sicherzugehen, dass sie verschlossen war – nicht weil ich Angst vor irgendwelchen unsichtbaren Indianern oder Emilys Frau hatte, sondern aus Gewohnheit. Man weiß ja nie, wer an der Tür klopft. Anschließend stapfte ich zurück in die Küche. Emily blieb mir dicht auf den Fersen.

„Was soll ich nicht noch mal mit dir machen?“, fragte sie.

„Erzähl mir nicht, dass jemand an der Tür ist, es sei denn, da ist wirklich jemand!“ Und mit erhobener Stimme fügte ich hinzu: „Ich habe jetzt keine Zeit, Spielchen zu spielen.“

„Sie war wirklich da“, sagte sie schulterzuckend. „Sie waren alle da. Die Frau war auf der Veranda, und die Indianer haben alle am Gartenzaun gewartet. Einige von ihnen waren auch in der Einfahrt. Aber du hast sie verschreckt.“

„Hör mal“, sagte ich, wieder damit beschäftigt, das Mittagessen vorzubereiten. „Warum gehst du nicht ins Wohnzimmer und spielst mit John, während ich hier das Essen fertig mache?“ Emily ignorierte meinen Vorschlag.

„Sie war wunderschön“, fuhr sie fort. Sie sprach eine Weile weiter über „die Frau“ und darüber, wie schön sie war. Ich schenkte dem jedoch wenig Beachtung, weil Emilys Fantasiefreunde alle wunderschön waren. Iggy, der Dinosaurier, der eines Nachmittags in Emilys Zimmer aus dem Ei geschlüpft war, war wunderschön. Ihre juwelenäugigen Baumfrösche, die in einem geheimen Teich unter ihrem Bett wohnten, waren wunderschön. Und jetzt gab es noch die fremde Frau – sie war auch wunderschön.

„Sie sagte ‚Hallo Liebes‘, und fragte mich, ob ich Emily bin. Sie kannte meinen Namen.“

„Mmhmm.“

„Dann hat sie gesagt: ‚Habt ihr etwas zu essen?‘ Ich sagte ihr, dass wir was haben.“

„Mmhmm.“

„Hoffentlich kommen sie wieder. Sie müssen großen Hunger gehabt haben.“

Nach einer Weile kam mir der Gedanke, dass weder Emily noch John jemals in ihrer Fantasie mit Indianern gespielt hatten. Keiner der beiden hatte bisher auch nur das Wort ‚Indianer‘ erwähnt. Es stimmte wohl, dass ich das Wort ein paar Mal benutzt hatte. Und es stimmte auch, dass ein Teil meiner Vorfahren mütterlicherseits Narragansett-Indianer gewesen waren, doch dieser Teil unserer Familie war längst in Vergessenheit geraten. Auch äußerliche Merkmale indianischer Herkunft waren längst aus unserem modernen und kultivierten Leben verschwunden. Mein Leben als Ehefrau eines Anwalts war erfüllt mit violettem Nagellack, frisiertem Haar und der gelegentlichen Cocktailparty im Haus des Gouverneurs. Auch meine Kinder wurden in derselben „gehobenen“ Art und Weise erzogen. In ihrer Welt gab es Dinosaurier, sprechende Bären und Pferde, die fliegen konnten, aber keine Indianer. Ich bezweifelte, dass Emily wirklich wusste, wie ein Indianer überhaupt aussah.

„Emily, weißt du, wie ein Indianer aussieht?“, fragte ich sie. Sie dachte eine Weile nach, bevor sie mir antwortete.

„Ja“, sagte sie. „Sie sehen aus wie die Leute im Vorgarten.“

„Erzähl mir, wie sie aussehen.“

„Also“, sagte sie, „Indianer tragen gern Federn. Das waren Indianer, ja, Mami. Die alten Großväter und die Jungs standen auf der Straße. Die Mädchen und Frauen standen alle in der Einfahrt.“

Ich schnitt die Sandwichs und fragte mich, wohin dieses neue seltsame Spiel wohl führen würde und wie die Indianer zu Iggy und Shou-Shan, Johns „sehr großem Drachen“, passen würden. „Und die Frau an der Tür, das war eine Indianerin?“, fragte ich.

Emily lächelte. „Sie war die schönste Indianerin, die ich je gesehen habe. Sie war wunderschön.“

„Was hatte sie an?“, fragte ich. Vielleicht war sie ja in gefranstem Wildleder aufgetaucht. Emilys Augen weiteten sich etwas. Ein kleiner Funken der Freude darüber, dass sie es geschafft hatte, mich für ihr Fantasiespiel zu begeistern, leuchtete in ihnen auf.

„Sie trug ein sehr langes blaues Kleid, das bis zu ihren Füßen ging“, sagte sie. Ich schaute sie verwirrt an. „Die Sonne schien auf sie. Sie schien auf alles an ihr. Sie war so hell, fast schon zu hell. Sogar der Himmel und das Gras waren gelb. Aber das Kleid der Frau war blau." Ich schenkte beiden Kindern ein Glas Obstsaft ein.

„Mami?"

„Mmhmm."

„Warum war der Himmel gelb?"

„Emily", seufzte ich, „du weißt doch selbst, dass der Himmel nicht gelb ist." Ich sprach ganz ruhig.

„Doch, war er", antwortete sie genauso ruhig. Sie nippte an ihrem Saft, schaute mich an und wartete auf meine nächste Bemerkung.

„Du wirst nach dem Essen einen schönen langen Mittagsschlaf halten, kleine Dame." Sie nickte wenig beeindruckt. „Okay", sagte sie, „aber der Himmel war trotzdem gelb."

„Johnny", rief ich laut, „komm essen." Emily starrte ins Leere und fuhr fort. „Die Sonne hat auf alles geschienen, und sie war fast zu schön zum Anschauen. Vielleicht ist Gelb die Lieblingsfarbe der Frau. Gelb und Blau ... Vielleicht weiß die Sonne, dass Gelb und Blau ihre Lieblingsfarben sind, und hat den Himmel deshalb für sie gelb werden lassen." Nie zuvor hatte ich sie so sehr in eine ihrer Fantasien vertieft gesehen, noch waren ihr die Details so bewusst gewesen. Aus Gründen, die ich heute nicht mehr weiß, entschloss ich mich dazu, ihr eine letzte Frage über diese Frau zu stellen. „Emily, hat die Frau auch Federn getragen?" Sie schaute mich an und fing an zu kichern, als ob ich jetzt diejenige wäre, die idiotische Fragen stellte. „Ach, Mami, natürlich nicht! Sie hat Rosen getragen. Gelbe Rosen."

„Sie hat sie getragen? Du meinst, sie hatte sie an?"

„Ja", antwortete sie. „Sie hat einen langen Gürtel aus Rosen getragen. Sie hatte ihn so an ..." Sie berührte ihre linke

Schulter, ließ ihre Hand über ihr Herz nach unten gleiten und legte sie dann auf ihre Taille.

„Und was ist mit ihren Schuhen?", fragte ich. „Hat sie Schuhe getragen?"

„Ja" sagte sie. Ihre Augen weiteten sich wieder. Die Schuhe hatten es ihr besonders angetan.

„Waren sie weich und braun gegerbt?" Ich gab ihr eine einfache Beschreibung von Mokassins.

„Nein", sagte sie. „Ich glaube sie hatte blaue Tennisschuhe an." Jetzt rollte ich mit den Augen. Ich war zum Opfer kompletten Blödsinns geworden. Ich trug das Mittagsessen ins Wohnzimmer, wo wir wie jeden Nachmittag ‚Perry Mason' schauten. Mir fiel auf, dass die Zikaden wieder angefangen hatten zu singen. Emily folgte mir ins Wohnzimmer. „Hoffentlich kommen sie wieder", sagte sie. „Darf ich ihnen Kekse geben, wenn sie wieder kommen?"

„Ja klar, natürlich", sagte ich. Ich wusste, dass sie die Art Kekse meinte, die nur von ihr, den Baumfröschen und dem Rest ihrer wachsenden Gesellschaft gesehen werden konnten. „Du darfst ihnen so viele Kekse geben, wie sie möchten."

„Schön", sagte sie erfreut. Ich streichelte ihr über den Kopf.

„Geh jetzt und wasch dir die Hände." Sie folgte aufs Wort.

Ich wusch Johns Hände, und wir setzten uns zu Tisch, gerade rechtzeitig für eine weitere Episode des Gerichtsdramas im Fernsehen. Wir genossen unserer nette Routine, die im vorhergesehenen Sieg unseres Helden endete. Sie ging langsam in die Mittagsschlafzeit der Kinder über, die sie ohne ein Wort des Murrens akzeptierten. Der Mittagsschlaf der Kinder bedeutete für mich eine kleine Ruhepause. Ich nutzte die zwei

Stunden, um an einem Roman zu arbeiten, den ich gerade schrieb. Ich freute mich auf diese nachmittägliche Arbeit. Nachdem Perry Mason seinen Fall gewonnen hatte, gingen die Kinder in ihr Zimmer. Ich gab ihnen einen Kuss, legte John in sein Kinderbett, und Emily machte es sich in ihrem Bett bequem. Ich wusste natürlich, dass Emily nur so lange liegen bleiben würde, bis ich den Raum verlassen hatte. Ein paar Monate zuvor hatte sie verkündet, dass sie nun während der Mittagsschlafzeit nicht länger schlafen würde, denn „das ist was für Babys". Sie würde leise spielen, während John, das Baby in unserem Haus, schlief. Ich schloss die Kinderzimmertür hinter mir, setzte mich an meinen Computer und begann mit der Arbeit an meinem Buch, „Harvest Moon".

Der Nachmittag schritt voran, und als ich so ins Schreiben vertieft war, begann sich vor meinen Augen eine seltsame Geschichte zu entfalten. Vor Monaten hatte ich meinem Hauptcharakter einen eigenartigen Namen gegeben, Joseph Two Horses. Gegen 2:30 Uhr an diesem Nachmittag verwandelte sich Joseph Two Horses in einen Fremden. Erstaunt beobachtete ich, wie Joseph hinter sich die Tür seines alten Braunsteinappartements schloss und davonspazierte. So hatte ich die Geschichte eigentlich nicht geplant. Joseph schlug eine mir unbekannte Richtung ein. Er drehte dem komfortablen Leben, das ich mir für ihn ausgedacht hatte, den Rücken zu, bog an der Canal Street links ab und lief weiter. Er lief so lange, bis er die Stadt, in der er fast sein ganzes Leben verbracht hatte, hinter sich gelassen hatte. Er verließ den Staat Massachusetts, und dann, zu meiner großen Überraschung, verließ er sogar die Erde selbst. Er verließ ganz einfach ihren Orbit und befand sich jetzt irgendwo im All, wo er mit einer Geschwindigkeit reiste, im Vergleich mit der die Lichtgeschwindigkeit ein Kinderspiel war. Der Computer schien weit entfernte Nachrichten von ihm auszuspucken, während Joseph durch das Universum schwebte. Nach ein paar weiteren Millionen Meilen hörten die Nachrichten auf. Joseph staunte nicht schlecht, denn er fand sich auf einem weit entfernten Planeten wieder. In dieser Welt war es gerade früh am Abend, und die Sterne zeigten ihre ersten funkelnden Strahlen. Joseph schaute zum Himmel hoch und stellte fest, dass das Gesicht des Himmels selbst sich verändert hatte. Mit einigen Schwierigkeiten konnte er das Sternenbild Orion ausfindig machen und sah, dass dessen Gürtel nicht mehr länger eine gerade Linie von Sternen war. Von Josephs jetzigem Standpunkt aus sah Orion aus wie ein Dreieck. Ein leises Rascheln in den Büschen hinter ihm verriet, dass er nicht allein war. Er drehte sich um und sah einen alten Mann aus dem Farngebüsch heraustreten. Seine Kleidung bestand aus gefranstem Wildleder. Joseph hatte menschliches Leben auf einem anderen Planeten entdeckt. Was für eine Geschichte! Was für ein Mann! Ich hatte keine Ahnung, was als Nächstes passieren würde, aber ich musste bis zum folgenden Nachmittag warten, um es herauszufinden, weil die Zeit schnell vorangeschritten war.

Auf Zehenspitzen ging ich zum Kinderzimmer und öffnete die Tür, um nach den Kleinen zu sehen. Das Sonnenlicht fiel durch die Blätter der Weinranken, die das Kinderzimmerfenster umgaben, und hüllte den Raum in einen weichen grünen Schatten. Eine einzelne Zikade summte in der Hitze des Nachmittags. John schlief in seinem Bettchen. Ich beugte mich einen Moment über ihn und beobachtete ihn, während er träumte. Kleine Schweißperlen glänzten auf seiner Nase.

Der Ventilator blies eine Strähne hellbraunen Haares auf und ab. Johns Augen bewegten sich unter seinen geschlossenen Lidern und beobachteten ein sich in seinen Träumen entfaltendes Abenteuer. Plötzlich, entzückt über etwas in seinem Traum, grinste er mit geschlossenen Augen. Es muss ein sehr schöner Traum gewesen sein. Ich küsste meine Fingerkuppe und berührte damit leicht seine Wange. Emily hatte nicht bemerkt, dass ich ins Zimmer gekommen war. Sie saß im grünen Schatten, vertieft in ihr eigenes stilles Spiel. Sie hatte eine Decke auf dem Boden ausgebreitet und das Geschirr von verschiedenen Teeservices um sich herum verteilt. Sie flüsterte leise, um die Träume anderer nicht zu stören. Ich lauschte ihrem Geflüster und verstand, dass sie gerade ihren unsichtbaren Freunden unsichtbare Kekse servierte. „Nimm noch mehr“, flüsterte sie. „Ihr könnt so viele essen, wie ihr möchtet.“ Sie bot ihren Gästen einen zweiten Teller an, der mir leer vorkam, in ihren Augen jedoch voll mit Leckereien war. Leise schloss ich die Tür hinter mir. Wie immer würden die Kinder selbst entscheiden, wann ihr Mittagsschlaf zu Ende war.

Zwanzig Minuten später tauchten sie aus ihrem Zimmer auf. Ihre Lebensenergien waren aufs Neue geweckt, Johns durch den Schlaf und Emilys durch Spielen.

„Na, ihr beiden“, sagte ich. „Habt ihr gut geschlafen?“

Emily hüpfte durch das Zimmer. „Ja!“, rief sie. „Es war super! Komm her, John!“ John, der immer noch ein wenig groggy war, stolperte hinter ihr her. Emily hatte es sich zur Aufgabe gemacht, ihn nun über alles, was sich während seines Mittagsschlafes im Zimmer ereignet hatte, aufzuklären. Nur mit großer Mühe gelang es ihm, mit ihr Schritt zu halten. In der Küche angekommen, vergaßen sie sogar ihren gewöhnlichen nachmittäglichen Lolli und rannten stattdessen direkt ins Wohnzimmer. Ich begann das Abendessen vorzubereiten. Als der Basilikum, Pfeffer und Knoblauch zusammen mit den geschnittenen Tomaten und dem Wein in der Pfanne brutzelten, ging ich zurück ins Wohnzimmer, um ein bisschen fernzusehen. Ich ging durch die Diele und bemerkte aus dem Augenwinkel heraus plötzlich etwas Ungewöhnliches. Da war irgendetwas Gelbes auf der Veranda, etwas, was dort nicht hingehörte. Aber ich ging weiter.

Und plötzlich, zum zweiten Mal an diesem Tag, hielten die Zikaden abrupt in ihrem Lied inne. Die Luft, die sie zuvor mit den Geräuschen des Sommers erfüllt hatten, wurde augenblicklich still. Es war diese seltsame Stille der Natur, die mich dazu anhielt, stehen zu bleiben und zu lauschen. Der Tag selbst schien auf einmal seinen Atem anzuhalten. Ich drehte mich um und blickte zur Eingangstür hinüber. Ja. Da war wirklich etwas Gelbes auf der Veranda, das darauf wartete, entdeckt zu werden. Instinktiv wusste ich, dass dies noch seltsamer sein würde als die Tonscherben und die Steine. Ich ging langsam in den Eingangsbereich des Hauses zurück und versuchte, mich auf das vorzubereiten, was jetzt kommen würde. „Das gibt's doch nicht", flüsterte ich. Ich blinzelte ein paar Mal, als ob das Blinzeln mir helfen könnte, die rationale Ordnung der Natur wiederherzustellen. Doch nichts änderte sich an dem Anblick, der sich mir auf der Veranda darbot. Ich legte meine Hand auf das Fliegengitter der Eingangstür und öffnete sie. Der Busch aus Kletterrosen, der unsere Veranda seit Jahren mit seinen dunkelroten Blüten verziert hatte, trug nicht länger dunkelrote Rosen. Jetzt wurde er von gelben Rosen geschmückt, deren leuchtende goldene Farbe erstrahlte wie die Sonne selbst. In der Mitte einer jeden Blüte befand sich ein kleiner pinkfarbener Fleck. Als ich endlich wieder normal denken konnte, rannte ich ins Wohnzimmer, um den Camcorder zu holen. Emily bemerkte meine Aufregung und folgte mir zur Haustür. „Ist die Frau wieder da?“, fragte sie mich. Ich trat auf die Veranda hinaus und begann zu filmen.

„Emily“, sagte ich, und spähte durch die Kamera, „ich hab’ dafür jetzt keine Zeit, okay?“

„Okay. – Was filmst du da?“

„Nichts, nur die Rosen. Und jetzt geh wieder rein spielen.“

Sie schaute durch die Tür auf das Objekt meiner Dokumentation. „Warum filmst du die Rosen?“

„Ach, das würdest du nicht verstehen“, erklärte ich ihr.

„Oh.“ Sie blieb stehen, wo sie war, und beobachtete mich, bis ich schließlich sagte: „Also, weißt du, Mamis Rosen waren mal rot. Aber heute Nachmittag sind sie gelb geworden.“

„Ja, ich weiß“, sagte sie. Ich hörte auf zu filmen und schaute sie an. „Es war die Sonne“, sagte sie. „Sie hat auch den Himmel gelb gemacht.“ Sie drehte sich um, um wieder ins Wohnzimmer zu gehen, blieb dann aber stehen. „Mami?“

„Ja.“

„Die Indianer haben gesagt, ich soll dir ‚danke schön‘ sagen.“

„Was?“

„Ich habe ihnen gesagt, sie sollen nach dem Mittagessen wiederkommen, so wie du es gesagt hast. Und das haben sie auch gemacht. Ich habe ihnen Milch und Kekse gegeben. Ich habe ihnen gesagt, dass du nicht wirklich böse bist, du siehst nur böse aus. Also haben sie jetzt keine Angst mehr vor dir."

„Gut", murmelte ich. Ich stand allein auf der Veranda mit der Kamera in meiner Hand und meinem neuen Busch aus gelben Rosen. Die Zikaden fingen wieder an zu singen. Irgendwie waren mir die anderen immer einen Schritt voraus, während ich noch krampfhaft versuchte, mir einen Reim auf all die Geschehnisse zu machen. Joseph Two Horses war in eine unmögliche Richtung, die er sich selbst erwählt hatte, davongelaufen. Und Emily war die gnädige Gastgeberin einer wunderbaren Zusammenkunft von Indianern und hatte damit womöglich endlich eine Tür geöffnet, die lange, lange Zeit verschlossen gewesen war.

Ich hatte keine Erklärung für das, was an diesem Nachmittag mit den roten Rosen geschehen war. Ich konnte gar nichts, was an diesem Nachmittag geschah, erklären. Alles, was ich wusste, war, dass noch etwas anderes, mehr als nur der Sommerwind an unserem Haus vorbeigeweht war, und für einen kleinen Moment hatte dieses „etwas" inmitten der Rosen an der Eingangstür haltgemacht. Ich weiß auch nicht, was dieses „etwas" den Rosen zugeflüstert hatte, während „es" in ihrer Mitte gewartet hatte, oder welches unausgesprochene Wort den Gesetzen der Natur wohl suggeriert haben mochte, dass sie sich an diesem Tag derart auf den Kopf stellen sollten. Alles, was ich weiß, ist, dass gegen 4.00 Uhr nachmittags die lange Reise der Kletterrosen geendet hatte. In aller Stille waren aus ihnen Friedensrosen geworden.

Am nächsten Tag, nach dem Mittagsschlaf, passte ich auf die Kinder auf, während sie im Vorgarten auf den Schaukeln, die mein Vater für sie gebaut hatte, unter dem Hornstrauchbaum spielten. Ihr Lachen belebte den wolkenlosen, friedvollen Nachmittag, ganz so, wie man es von einer typisch häuslichen Umgebung erwartet. Unser weißes Haus, umgeben von einem weißen Gartenzaun, machte die Idylle perfekt. Es war schwer vorstellbar, dass hier irgendetwas außerhalb der gängigen Ordnung passieren könnte oder bereits passiert war. Mit Craigs Hilfe ging unser Leben wieder in eine Art Normalität über, an der wir uns für ein paar Tage festklammern konnten. Die Rosen waren natürlich immer noch gelb, und auch meine Sammlung von Tonartefakten und Steinen wuchs täglich. Doch Craig hatte eine einfache Erklärung für das Mysterium der gelben Rosen und der Scherben gefunden. Am Abend dieses außergewöhnlichen Ereignisses kam er nach Hause und hörte sich sorgfältig an, was ich ihm berichtete. Dann schlug er ganz einfach vor, dass die Rosen schon immer gelb gewesen wären; uns sei es nur nie aufgefallen. Meine sorgfältig gefilmte Dokumentation sei nach der angeblichen „Transformation" aufgenommen worden. Wo sei also meine Dokumentation über die Rosen in ihrer ursprünglichen roten Farbe? Wo sei mein Beweis, dass die Rosen jemals andere gewesen seien als die gelben Friedensrosen, die jetzt vor dem Haus blühten? Anschließend erklärte er Emily geduldig den Unterschied zwischen Dingen, die real, und Dingen, die nicht real waren, und dass die Indianer, mal ganz abgesehen von der Frau, nicht real waren. Sie existierten nur in ihrer Fantasie. Ich spürte seinen wachsenden Überdruss, was überaktive Fantasien – inklusive der meinigen – in unserem Haushalt anging. Aber ich konnte auch eine Art Frustration in mir selbst spüren. Wir fingen an, die Welt unterschiedlich zu betrachten. Für Craig war alles rational erklärbar. Sogar für die Tonscherben fand er eine Erklärung. Erdhörnchen hatten sie aufgewühlt und dann einfach dort liegen gelassen, wo man sie sehen konnte. „Es gibt bei uns keine Erdhörnchen", sagte ich, ließ die Sache aber damit auf sich beruhen. Die aus der Luft gefallenen Steine bedachte er nur mit einem kurzen Blick, der mir zu verstehen gab, dass er von diesem Unsinn nun genug gehört hatte.

Es sah fast so aus, als ob die fortschreitenden Ereignisse mehr Fragen als Antworten mit sich brachten, und meine Frustrationen verwandelten sich bald in tiefste Verwirrung. Sogar die Arbeit an meinem Buch frustrierte und verwunderte mich gleichzeitig. An diesem speziellen Nachmittag hatte ich die Mittagsschlafzeit der Kinder damit verbracht, mit Mühe und Not mein eigenes Buch zu verstehen. Joseph und der alte Mann hatten eine enge Freundschaft geschlossen, die schon fast einer Seelenverwandtschaft glich. Der alte Mann hieß Tioco. Tioco führte Joseph zu seinem Dorf und stellte ihn den anderen Bewohnern vor. Sie nannten sich selbst ‚die Adongohela'. Tioco brachte Joseph ihre Stammessprache bei, und genau diese spezifische Wandlung meiner Geschichte verursachte in mir eine äußerst hinderliche Schreibblockade. Die beiden begannen sich in dieser speziellen Sprache zu unterhalten, und da ich sie nicht verstand, war ich auch die Einzige, die keine Ahnung hatte, was in meinem Buch passierte. Ich fragte mich, wie unverständlich das Leben wohl noch werden kann, und ob ich wohl noch Zeuge anderer Ereignisse werden würde, die, egal welche logische Erklärung Craig auch parat haben mochte, für mich unerklärlich bleiben würden. Der Plan entfaltete sich natürlich weiter, selbst an diesem Tag. Ich war mir dessen nur nicht bewusst. Mir war nicht klar, dass mir nur ein Tag mitleidiger Ruhe vergönnt war und die nächste Flut mich bereits am folgenden Nachmittag erreichen sollte.

Am nächsten Tag versuchte ich weiter an meinem Buch zu arbeiten, doch es war ein zweckloser Versuch. Schließlich gab ich auf und suchte vor dem Fernseher Ablenkung. Als die Kinder ausgeschlafen hatten und aus ihrem Zimmer herauskamen, schaltete ich zur Sesamstraße um und gab jedem einen Lolli. Anschließend ging ich in die Küche und fing an, das Abendessen vorzubereiten. Ich hörte den Klängen der Sesamstraße zu. An diesem Nachmittag wurde sie den Kindern durch den Buchstaben M präsentiert, und der Graf zählte gerade. Dann und wann konnte ich die Stimme des Riesenvogels Bibo erkennen. John war zuerst mit seinem Lolli fertig und reichte mir den Stiel. Dann ging er ins Wohnzimmer, wo ihn sein Spielzeug aus verschiedenen Epochen erwartete. Emily blieb im Wohnzimmer und zählte fleißig mit der Sesamstraße mit.

Das Wohnzimmer befand sich in einem anderen separaten Bereich des Hauses. Es war durch das Esszimmer und einen kleinen Flur von der Küche abgeschnitten. Nicht mehr als neun Meter von mir entfernt konnte ich John hören, der eine Unterhaltung mit Shou-Shan, seinem sehr großen Drachen, führte. Plötzlich wurden die Geräusche im Wohnzimmer unterbrochen. John hatte entdeckt, dass sich noch etwas anderes als Shou-Shan und Plastiksoldaten aus dem Zweiten Weltkrieg im Zimmer befand. Auf einmal war da jemand, der aus einer Epoche stammte, die sich ihm zuvor noch nicht offenbart hatte. Die Stille hielt nur einige Sekunden lang an.

Die Redewendung „das Blut gefror in meinen Adern" kann man wohl nur wirklich verstehen, wenn man es am eigenen Leib erfahren hat. Sie trifft aber ziemlich genau auf das zu, was der Schrei meines Sohnes, den er im nächsten Augenblick ausstieß, in mir bewirkte. Ich erinnere mich, dass dieser Schrei mich einige Zentimeter in die Luft springen ließ und ich mich, immer noch in der Luft, zum Wohnzimmer umdrehte. Sobald meine Füße wieder den Boden berührten, rannte ich zu meinem schreienden Kind. Bilder von schrecklichen Katastrophen schossen mir durch den Kopf. Ich gelangte in den kleinen Korridor und näherte mich dem Wohnzimmer, als John mir entgegenkam und schreiend an mir vorbeilief. Er rannte durchs Esszimmer und schoss dann in die Diele des Eingangsbereiches. Er rannte mit voller Wucht gegen das Fliegengitter der Eingangstür. Zum Glück öffnete sie sich. All dies geschah unheimlich schnell. Als John bereits das Haus verlassen hatte, versuchte ich noch in dem kleinen Flur zwischen Ess- und Wohnzimmer zum Stehen zu kommen. Seine Schreie kamen nun von irgendwo draußen aus dem Vorgarten. Ich drehte mich um und rannte ihm auf seinem Weg durch die Küche zur Eingangstür hinterher. Ich lief hinter ihm her, bis es mir endlich gelang, ihn an den Schultern seines T-Shirts zu packen. Ich nahm ihn auf den Arm und drückte ihn ganz fest an mich. Schnell zählte ich seine Finger und untersuchte ihn nach Verletzungen, während ich ihn beruhigte. „Schhhh, Mami ist ja da." Ich schaukelte ihn in meinen Armen und hielt ihn fest. Sein Herz schlug wie verrückt, und er schrie immer noch.

Emily, die durch die ganze Aufregung auch in Alarmbereitschaft versetzt worden war, rannte heraus und kam zu uns. Als sie sah, wie verängstigt John war, fing auch sie an zu weinen. Um herauszufinden, warum wir alle drei hysterisch im Vorgarten standen, war es notwendig, meine Stimme zu heben, sodass sie mich bei all diesem Lärm hören konnten. „Was ist passiert?“, schrie ich. „Sag mir, was los ist!“ Aber John konnte nicht sprechen. Seine Hände waren zu Fäusten geballt, und er konnte nur noch weinen. Ich fand keine sichtbaren Wunden an seinem Körper, wofür ich in diesem Moment dankbar war, bevor ich mir über interne Verletzungen Sorgen machte. Ich nahm eine seiner Hände und legte sie auf mein Herz, in der Hoffnung, dass mein eigener Herzschlag ihn irgendwie beruhigen würde. „Sag Mami, was passiert ist“, schrie ich noch einmal. Er weinte immer noch. „John!“, schrie ich. Er erschrak. „Sag Mami, was los ist!“ Er zeigte auf das Haus und sagte etwas, was ich nicht verstehen konnte. „Bist du verletzt?“, schrie ich. Er schüttelte den Kopf. Nein. Das war ein gutes Zeichen. „Also, was ist dann los?“, rief ich.

„Manns“, stieß er zwischen zwei Atemzügen aus.

„Was?“

„Manns“, wiederholte er und zeigte noch einmal auf das Haus. „Im Zimmer.“

„Wovon spricht er?“, schrie ich Emily an. Sie hörte auf zu weinen, um zu übersetzen. „Er sagt, da ist ‚ein Manns‘ im Zimmer“, sagte sie.

„Das weiß ich auch, aber was bedeutet das?“

Sie zuckte mit den Schultern. „Ich weiß nicht. Ich glaube, da ist ein Mann im Wohnzimmer.“

Wir standen im sicheren hellen Sonnenlicht, das den Vorgarten erwärmte, und nach einigen Minuten hatten wir uns alle so weit beruhigt, dass es einen Versuch wert war, eine normale Konversation zu führen. Ich versicherte John, dass er in Ordnung war, dass wir alle in Ordnung und sicher waren. Und schließlich konnte ich ihn auch dazu bringen, mir von dem „Manns" zu erzählen. Es schien, dass, während er gespielt hatte, ein ziemlich großer Mann mit hohen schwarzen Stiefeln und einem seltsam aussehenden Hut eingetreten war und sich zu ihm gesellt hatte. Sobald er den Neuankömmling entdeckt hatte, hatte John den Raum verlassen. Ich denke, es war die Aufrichtigkeit, die Echtheit seiner Angst, die uns drei für den Rest des Nachmittags im Vorgarten verweilen ließ. Was auch immer John gesehen hatte, für ihn war es so real gewesen, dass ich nicht dazu bereit war, ins Haus zurückzugehen, um zu beweisen, dass dort höchstwahrscheinlich niemand war.

Wir blieben also im Vorgarten, bis Craig nach Hause kam. Er fand uns im nordöstlichen Bereich des Gartens – so weit wie möglich vom Hause entfernt –, wo wir gegen den weißen Gartenzaun gelehnt standen. Ich hielt John immer noch in meinen Armen und versuchte, so normal wie möglich auszusehen.

„Was geht hier vor?", fragte Craig. Ich hatte mir eine kurze Rede zurechtgelegt, bekam jedoch nicht die Chance, sie zu halten.

„Johnny sagt, da ist ein Mann im Wohnzimmer", antwortete Emily mit weit aufgerissenen Augen. Sie zeigte zum Haus rüber, damit ihr Vater auch wusste, dass sie dieses Haus und dieses Wohnzimmer meinte. Craig sah mich verärgert an. Ich hatte versagt, als rationaler Erwachsener die Situation in den Griff zu bekommen.

„Warum hast du ihn nicht einfach zurück ins Haus gebracht und ihm gezeigt, dass dort niemand war?", fragte er.

Ich zuckte mit den Schultern. „Er hatte solche Angst. Ich wollte ihn nicht zwingen zurückzugehen." Das war natürlich nur die halbe Wahrheit. Die andere Hälfte der Wahrheit war, dass ich selbst auch nicht wieder hineingehen wollte. Craig fiel das sofort auf.

„Du weißt, da ist niemand drin", sagte er.

„Naja, wir warten einfach hier draußen, und du gehst rein und schaust nach." Er seufzte, ging ins Haus und machte sich auf die Suche nach Nichtfamilienmitgliedern. Nach einer Weile kam er wieder raus und gab uns ein Zeichen, dass er niemanden gefunden hatte. Er war wenig überrascht. Wir gingen wieder zurück ins Haus.

„Das Fenster des Wohnzimmers war geöffnet", sagte er. „John hat wahrscheinlich gesehen, wie sich der Vorhang im Wind bewegt hat."

„Das Fenster war offen?", fragte ich und blieb stehen.

„Ja, sperrangelweit."

„Aber ich habe es nicht geöffnet", sagte ich.

„Na, du musst es geöffnet haben und erinnerst dich wahrscheinlich nur nicht mehr daran." Damit war der Fall abgeschlossen. Permanente Amnesie lässt sich schwer bestreiten. In einem Versuch, rational zu wirken, erlaubte ich mir selbst, ehrliche Reue zu zeigen, Ich hatte schließlich eher wie die Kinder statt wie ein Erwachsener reagiert, als John den weißen Spitzenvorhang mit einem großen Mann verwechselt hatte, der hohe schwarze Stiefel und einen Hut trug.

Ich hatte seiner Fantasie erlaubt, das Steuer zu übernehmen, in einem Moment, in dem erwachsene Reife, gesunder Menschenverstand und die Gesetzte der Realität mich dazu hätten zwingen sollen, die ganze Sache abzuwinken. Jetzt lag es also in meiner Verantwortung, die Dinge wieder geradezubiegen. Diesmal war es meine Aufgabe, den Kindern den Unterschied zwischen realen und nichtrealen Menschen zu erklären. „Schau mal“, fasste ich für John mit der Stimme eines weisen Erwachsenen zusammen, „da war niemand im Wohnzimmer. Du hast gedacht, dass da ein Mann wäre, aber er war nicht real – und deshalb hast du nicht wirklich jemanden gesehen. Vielleicht hast du die Vorhänge gesehen, aber du hast nicht wirklich einen Mann gesehen. Verstehst du?“ Johnny sah mich verwirrt an, nickte aber folgsam und versuchte, meine Erklärung der Ereignisse zu verstehen. Craig nickte auch, zufrieden darüber, dass ich mich endlich an die etablierten Richtlinien hielt. Da ich nun diese Worte zu meinem Sohn gesprochen hatte, hatte ich die elterliche Aufgabe erfüllt, mein Kind davon zu überzeugen, dass wenigstens ein Teil von dem, was es erlebt hatte, weder real noch passiert war.

Es würde noch einige Jahre dauern, bis John in einer Enzyklopädie über ein Bild stolperte, das seine Aufmerksamkeit erweckte.

„Mom?“, sagte er eines Tages zu mir. „Kannst du dich noch an den Mann erinnern, den ich im Wohnzimmer gesehen habe?“

„Ja, mein Sohn.“

“Er so genauso aus wie der hier.“ Auf dem Bild war ein Eroberer aus der Kolonialzeit zu sehen.

Nach Johns Zusammentreffen mit dem Vorhang kehrten wir zu unserer normalen Ruhe zurück. Sie hielt für ungefähr eine Woche an. Ich war dankbar dafür, auch für unsere ruhigen Mittagessen mit Perry Mason und unsere ununterbrochene tägliche Routine. All das half mir, mich in den beruhigenden Gedanken zurückzulehnen, dass, wenn ich diese Routine aufrechterhielte, das Leben genauso wie immer bleiben und sich nie ändern würde. Alles würde so angenehm und vertraut bleiben wie zuvor. Das war natürlich nur eine Illusion. Die ganz eigene Natur des Lebens, sein nie enden wollender Tanz, besagt, dass es nie aufhört, sich zu ändern. Die nächste Flut überschwemmte uns genau sechs Tage später.

Die Kinder hielten ihren Mittagsschlaf, das Papiergeschirr des Mittagessens war im Papierkorb gelandet, und das Haus war ruhig und sauber. Nichts außer meinem Buch rief nach meiner Aufmerksamkeit, und es rief mich laut. Ich schaltete den Computer an und stellte zu meiner eigenen Freude bald fest, dass die Dialoge wieder auf Englisch stattfanden. Joseph hatte Tioco seine Sprache beigebracht, und ich war sehr dankbar, dass ich wieder verstehen konnte, was ich schrieb.

Es war Nacht auf dem Planeten, und Joseph saß am Ufer eines türkisfarbenen Sees, dessen Oberfläche weich und ruhig schlief. Die Abendluft war mit dem exotischen Parfüm einer Million Blumendüfte und dem süßen feuchten Atem des Regenwaldes gefüllt. Der schimmernde See, dessen Wasser als heilig galt, war an diesem Abend eine Quelle des Lichts und Mysteriums für Joseph, wie es schon immer eine solche Quelle für die Adongohela gewesen war. Während des Tages lag der See in den Schatten der klaren blauen Unendlichkeit, als wenn er ein Stück des Himmels selbst wäre, der hinabgestiegen war, um sich in den hohl geformten Händen des Tales auszuruhen. In der Nacht, wenn seine glasige Oberfläche den endlosen, langsamen Walzer der Sterne reflektierte, tief unten in den kalkweißen Höhlen, schien ein Licht aus einer unbekannten

Quelle. Joseph sah in das tiefe schimmernde Wasser hinab und fragte sich, ob seine Augen wohl gerade den Kern des Planeten selbst erfassten, sein Herz, ein Teich kühlen Feuers. Er schwieg und wartete darauf, dass Tioco bereit war, ihm die Legende der Adongohela zu erzählen. Tioco wählte seine Worte sorgfältig in Josephs Sprache, sodass am Ende nichts mehr zu sagen blieb und es keine Fragen mehr geben würde. Sein Volk hatte viele Jahre darauf gewartet, diese Worte zu sprechen. Und Tioco war nicht bereit, sie ohne Hilfe zu sprechen. Er betete. Joseph wartete geduldig, bis der alte Mann sein langes Ritual beendet hatte. Dieses Volk erfreute sich an seinen Traditionen, und so nahm Joseph an, dass die lange Pause lediglich zur Zeremonie gehörte, die man erwartete, bevor eine Geschichte erzählt wurde. Er hatte keine Ahnung, was Tioco ihm erzählen würde. Er wusste nur, dass Tioco es für äußerst wichtig hielt und nicht bis zum Morgen warten konnte. Joseph war müde und hoffte, dass Tiocos Geschichte kurz sein würde. Der Mond, ein voller Herbstmond, war gerade aus dem See aufgestiegen und hatte seinen Platz unter den Sternen eingenommen. Es war leicht zu verstehen, warum Tiocos Volk glaubte, dass dieser See die Sterne in jeder Nacht neu gebar. Er gebar sie aus seinem ewigen Kern aus Licht und schickte sie dann wie Glühwürmchen in den Himmel hinein. Die Sterne, der Mond und das seltsame Licht des Wassers würden die im nächsten Augenblick stattfindenden Ereignisse erleuchten und begleiten.

„Seit der Zeit vor der Geburt des Großvaters meines Vaters“, begann Tioco, „lebte mein Volk im Land des Alten Himmels. Einige waren Krieger in diesem Land, andere

waren Jäger und Fischer, und wieder andere bepflanzten den guten Boden mit Samen. In diesen Tagen waren wir unter vielen verschiedenen Namen bekannt.“ Joseph nickte. Es hörte sich nicht so an, als wenn dies eine von Tiocos kurzen Geschichten wäre, doch er würde still und respektvoll sein.

„Doch Trauer wuchs in diesem Land“, sagte Tioco. „Es gab zu viele Kriege, zu viele Tränen. Zu viele tote Verwandte. Die Jäger dachten, dass es von den Pflanzern ziemlich dumm war, zu leben, wie sie es taten – jagen machte mehr Spaß. Die Pflanzer dachten, die Jäger waren verrückte Diebe. Beide dachten, die Fischer müssen Narren sein, da sie die ganze Zeit im Wasser spielten. Und die Krieger hassten alle anderen, denn jeder, der kein Krieger ist, ist schwach und kein richtiges Volk. Jedes Volk denkt, nur es selbst sei das wahre Volk. Und deshalb bringen sie die um, die kein wahres Volk sind. Eines Tages waren so viele tot, dass wir dachten, bald würde es niemanden mehr geben, der jagt, fischt oder Nahrung anbaut. Niemand würde mehr aufrecht stehen.

Eines Nachts verwandelte der Himmel sich in den Tag, und das machte sie alle aufmerksam. Ein Mann ohne Namen stieg herab aus dem Licht und stand da und schaute all die Menschen an. Sie hörten auf zu kämpfen wegen der Augen des Mannes. Als es still war, sagte der Mann: ‚Ich komme zu euch, weil ich euer Blut hören kann. Es singt nicht länger in euren Herzen. Es weint in eurem Boden. Es ist nicht vorhergesehen, dass ihr aus der Schöpfung verschwindet. Es ist nicht vorhergesehen, dass ihr das Blut der anderen vergießt. Es ist vorhergesehen, dass ihr als Adongohela bekannt seid.' In dieser Nacht waren viele Herzen von Angst erfüllt", sagte Tioco, als ob er selbst da gewesen wäre und gesehen hätte, was ihre Herzen erfüllte.

„Aber die Frauen waren froh, dass er gekommen war. Kein Krieg mehr. Die Frauen sagten, er müsse mit den Heiligen gegangen sein, weil er Augen hatte, die Frieden bringen konnten. Sie sagten, es sei leichter, die Nacht zum Tag werden zu lassen, als Frieden zu bringen. Dann trat ein junger Krieger nach vorn, der bekannt für seinen Mut war und dafür, dass er viele Feinde getötet hatte", sagte Tioco, machte eine kleine Pause, lächelte und sprach weiter. „Sehr viele Feinde. Er trat vor den Mann und fragte: ‚Warum nennst du uns Adongohela? Wir kennen dieses Wort nicht.' Der Mann sagte: ‚Kommt mit mir, und ihr werdet lernen, wer ihr wirklich seid. Ich werde euch in ein neues gutes Land bringen. In diesem neuen Land werdet ihr die Adongohela sein.'

Nicht jeder wollte gehen. Der Mann wusste das. Er hatte Mitleid mit denen, die Furcht hatten. Sie blieben. Die anderen sagten: ‚Okay. Wir werden unsere Besitztümer holen, und dann werden wir mit dir gehen.' Aber der Mann ohne Namen hob seinen Arm und sagte zu ihnen: ‚Lasst alles, was ihr besitzt, hier. Ihr werdet nichts brauchen in dem neuen Land. Werft eure Töpfe und eure Waffen auf den Boden, und geht mit mir in die Nacht. Von diesem Moment an werden alle Generationen wissen, dass ihr einmal hier wart und dann verschwunden seid. Sie werden viele Fragen über die Ahnen haben, die verschwanden.' Also", sagte Tioco und senkte seine Stimme zu einem

Flüstern, als ob er ein Geheimnis und keine Geschichte erzählte, „die Leute wollten etwas aus dem Alten Land mit sich nehmen – nur etwas Kleines, was ihre Herzen mit den Geistern ihrer Verwandten verband, die sie hinter sich ließen. Der Mann schaute in die Augen der Leute und sah, was in ihren Herzen war." Joseph nickte und änderte die Position seiner verkrampften Beine.

„Der Mann war sehr weise. Er sagte: ‚Ja, es ist gut, dass ihr etwas zur Erinnerung behalten wollt. Die Erinnerung wird auch für euren Ursprung hier im Alten Land sprechen.' Und so befahl er dem letzten der Krieger, etwas Heiliges an sich zu nehmen. Dann sagte der Mann ohne Namen: ‚Kommt jetzt mit mir. Lasst die Großmütter zuerst gehen und dann die jüngeren Frauen, denn die jüngeren Frauen werden eine Stimme haben. Sie werden die Adongohela anführen. Lasst die Krieger in die Fußstapfen der Frauen treten.' Der Krieger, der die meisten getötet hatte, der das heilige Medizintäschchen mit der Erinnerung an das Alte Land trug, nahm seinen Platz hinter allen anderen ein. Er ging als Letzter. Der Himmel öffnete sich, und das große Licht erschien vor den Menschen. Der Mann sagte: ‚Habt keine Angst', und die Großmütter führten das Volk ins Licht. Sie gingen durch das Licht, bis sie hier angekommen waren, in diesem Land, das wir das Land des Neuen Himmels nennen."

Joseph verstand und nickte. Er war denselben seltsamen Weg gegangen. Er verstand auch, warum sie dieses Land ‚das Land des Neuen Himmels' nannten. Nur der Nachthimmel zeigte ihnen, dass sie weit, weit weg von ihrer Heimat waren. Tioco fuhr fort: „Der Mann sagte:

‚Vergießt nicht einen einzigen Tropfen Blut aus Ärger in diesem neuen Land. Dies hier ist heiliger Boden. Lernt Gutes von einander und geht in Frieden.‘ Der Mann ohne Namen schaute den jungen Krieger an. ‚Pass gut auf das auf, was du aus dem Alten Land mitgebracht hast. Die Generationen derer, die zurückgeblieben sind, werden eines Tages erwachen. Sie werden in ihren Himmeln nach Antworten und Lehren suchen.‘“ Tioco hörte auf zu sprechen und schaute Joseph für einen Moment forschend an. Joseph interpretierte die Stille als Zeichen dafür, dass die Geschichte nun zu Ende war. „Das war eine wunderbare Geschichte“, sagte er.

„Geschichte noch nicht zu Ende“, antwortete Tioco. „Der Mann sagte: ‚Du wirst wissen, wann die Zeit gekommen ist. Ein Fremder aus dem Alten Land wird zu dir kommen. Er wird verloren und verwirrt vor den Ältesten der Adongohela sitzen. Er wird sich wundern, wie und warum er in dieses Land gekommen ist.‘“ Joseph lächelte ein wenig verlegen. Tioco schmeichelte ihm, indem er sein unerklärbares Auftauchen in diesem Land in die Legende einflocht. „‚Gib diesem Fremden die Objekte, die du aus dem Alten Land mitgebracht hast. Wenn er das, was er in seinen Händen hält, erkennt, wirst du wissen, dass er derjenige ist, den du erwartet hast. Du wirst wissen, dass es für die Adongohela Zeit ist, wieder in das Alte Land zurückzukehren.‘“ Tioco griff an seinen Hals und nahm den alten versteckten Medizinbeutel ab, der an einer braunen Kordel hing. In dem kleinen Beutel befanden sich die Objekte, die er vor so langer Zeit eingesammelt und bei sich behalten hatte. „Ich bin jetzt der älteste der

Adongohela", sagte Tioco und reichte Joseph den Beutel, „und der letzte der Krieger. Dies ist der Beutel, den der Mann ohne Namen mir auftrug zu bewahren. Öffne ihn, Joseph, und wir werden sehen, welche Zeit gekommen ist. Wir werden sehen, ob du der verwirrte Fremde bist, auf den wir gewartet haben." Tioco legte den Beutel in Josephs Hand. „Öffne ihn", sagte er.

Das schimmernde Dreieck Orions war in der Zwischenzeit aus dem See aufgestiegen, und auch der Mond und all die anderen Sterne leuchteten am Himmelszelt. Joseph löste die Schnur des Beutels und schüttete dessen Inhalt in seine hohle Hand. Die Objekte, goldfarben, alt und ausgetrocknet, glänzten im Licht. Dennoch versprühten sie noch das Versprechen von Leben. Joseph stockte der Atem. Mit Fingern, die in einem solchen Moment nicht zu zittern wagten, berührte er, was in seiner Hand lag. Es verschlug ihm die Sprache. Tioco war zufrieden, als er sah, dass Joseph offensichtlich erstaunt war. Das bedeutete, er erkannte die Objekte in seiner Hand. Es bedeutete, dass er der Fremde war. Es bedeutete, dass es Zeit für die Adongohela war, ins Land des Alten Himmels zurückzukehren. Joseph schloss seine Finger um die Objekte, die in diesem weit entfernten Land geboren waren und die von den Adongohela auf ihrer Reise durch das Universum mitgenommen worden waren. Vorsichtig steckte er die Maiskörner, die Tioco in seinen letzten Momenten auf der Erde aufgelesen hatte, zurück in den Beutel.

„‚Adongohela'", flüsterte Joseph mit trockenem Mund, „was bedeutet das?" Tioco lächelte. „Adongohela", sagte er. „Stamm aller Nationen. Wir sind die Kinder des Frie-

dens.“ Er stand auf, hielt Joseph seine Hand hin und half dem jungen Mann auf die Füße. „Komm mit mir, Neffe“, sagte Tioco. „Wir werden jetzt zurückgehen zu dem Ort, den ihr Erde nennt, und ein paar Menschen überraschen.“

Ich war eine der Ersten, die sie überraschten. Es war kaum zwei Uhr, aber ich wusste, dass meine Schreibstunde für heute beendet war, und schaltete den Computer aus. Ich saß eine ganze Weile genauso erstaunt wie Joseph einfach nur da und starrte aus dem Fenster. Am Horizont sammelten sich Wolken, und in einiger Entfernung konnte man das Geräusch von Donner hören. Die grüne Erde wurde mucksmäuschenstill und wartete auf den kühlen Regen, den der Himmel sehr bald hinunterschicken würde. Das wasserdurstige Leben hatte eine verschwommene Nachricht in Richtung Himmel geschickt, wo sie die schweren Wolken berührte und sie an die Nöte hier unten erinnerte. Die Wolken beherbergten einen See in ihrem Innern. Schon bald sollte er freigelassen werden, nicht als See, sondern sanft Tropfen für Tropfen, den Durst des irdischen Lebens stillend. Die grauen Farben der Wolken vermischten sich am Horizont mit den staubigen Nuancen der Erde. Nicht mehr lang, und der Himmel würde den versprochenen nassen Segen auf sie herabgießen. Ein Sonnenstrahl stach durch die Wolken und ließ die wartenden Blätter eines nahe stehenden Baumes auf mysteriöse Art und Weise erleuchten. Die Blätter schimmerten kalkartig weiß und weidengrün im Kontrast zu den stahl- und perlgrauen Wolken. Auch jetzt noch, kurz bevor die ersten Tropfen fielen, lag in der Luft der Hauch eines Versprechens, das darauf wartete, erfüllt zu werden.

Man konnte den Donner wieder hören, und einen Moment lang erlaubte ich mir den Nervenkitzel, mich vollständig in die Geschichte der Adongohela fallen zu lassen. Vielleicht war das gar kein Donner, den ich da hörte. Vielleicht war das ja das Geräusch von tausend Menschen aus vielen Nationen, aus vielen Stämmen, die ein weiteres Mal durch das Universum reisten. Vielleicht war es das Geräusch der Adongohela, die zur Erde zurückkehrten.

Ich ging zur Hintertür des Hauses und stand dort auf den Stufen. Die heiße Luft war nicht mehr still. Kleine geschäftige Wirbel kühlerer Luft bahnten sich ihren Weg durch die Hitze und ließen sie rastlos erscheinen. Der Sommer blies seinen Atem durch das Spanische Moos, das in langen bartartigen Schlingen von den Eichen herabhing, bis die Bäume letztlich in alte Männer verwandelt schienen, die sich zu dem ewigen Lied des Windes hin und her wiegten. Leichte Brisen befahlen den vertrockneten und brüchigen Blättern, sich schnell zurückziehen wie kleine Kreaturen in die Dunkelheit. Der Donner rückte immer näher. Ich setzte mich auf die Stufen. Kaum hatte ich mich gesetzt, als mir etwas in der Nähe meiner Hand ins Auge fiel – etwas Kleines und Dunkles. Ich beugte mich zur Seite, um es näher zu betrachten. Da, auf den Stufen, lagen vier weitere Tonscherben. Diesmal waren sie so platziert worden, dass die Erdhörnchentheorie unmöglich auf sie zutreffen konnte. Diesmal lagen die Scherben sauber gestapelt, eine auf der anderen liegend. Ich hob sie auf und fühlte einen Schauer meinen Rücken herunterlaufen. Kurz darauf wurde meine Aufmerksamkeit von den Scherben in meiner Hand auf einen kleinen Windwirbel gelenkt, der in geringer Höhe über das Gras und die dort liegenden Blätter wehte. Sein strudelnder Atem bahnte sich seinen Weg durch aufgewühlte, ausgetrocknete Blätter. Einige Meter von mir entfernt ließ er sich an einem bestimmten Punkt nieder. Dort wirbelte er noch eine Weile umher, bevor er sich entschloss abrupt stehen zu bleiben und die in seinem Innern mitgetragenen Blätter fallen zu lassen. Sie fielen auf die Erde und formten einen Kreis, der wie ein Bullauge aussah, dessen Inneres von dem kleinen Wirbelwind vollkommen sauber gefegt worden war. Das war ein Zeichen. In dieser kleinen Lichtung musste etwas liegen, das ich mir anschauen sollte. Ich stand also auf, so wie ich es am Tag der Rosen getan hatte, und ging die notwendigen Schritte, die mich zu meiner neuen Entdeckung führen sollten.

Im Zentrum der kleinen Lichtung lag ein Häufchen Steinfragmente. Es waren jene Art Fragmente, die beim Schneiden einer Speerspitze mit einem Stein zurückblieben. Sie waren aus Bernsteinachat und mussten von einem größeren Stein abgebröckelt sein. Der kleine schimmernde Haufen war in Reichweite. Nicht mehr als ein bis eineinhalb Meter von den Stufen der Hintertür entfernt. Es sah so aus, als wenn der Indianer, der die Speerspitzen gerade bearbeitete, nur kurz zur Seite getreten war, um eine Pause zu machen. Dass die Pause bereits vor 450 Jahren stattgefunden hatte, schien hier nicht möglich. Dennoch entsprach genau das der Realität. Ich sammelte die wunderschönen, scharfen Steinfragmente auf und fügte sie meiner Kollektion hinzu.

Als der späte Nachmittag herankam, hatte sich das Wasser seinen Weg vom Himmel hinunter auf die Erde gebahnt, und das Geräusch des Donners war verstummt. Der Regen hörte auf und ließ die Erde erfrischt zurück. Meine Gedanken an die Adongohela wurden unfreiwillig von der fordernden Routine der anstehenden häuslichen Aufgaben zur Seite geschoben. Lebensmittel mussten eingekauft und gekocht, und das Haus wollte geputzt werden. Ungefähr um neun Uhr am Abend des 9. Juli 1987 stand ich in der Küche und wusch das Geschirr ab. Ich warf einen kurzen Blick aus dem Fenster vor mir und sah, dass der nordöstliche Bereich des Vorgartens erleuchtet war. Der Boden schien in einem warmen, bernsteinfarbenen Licht, ähnlich der Farbschattierung der Steinfragmente. Ich trocknete mir die Hände ab und ging hinaus, um das Licht aus der Nähe zu betrachten.

Als ich mich dem klar umrandeten, circa sechs Meter breiten Bereich näherte, bemerkte ich, dass die Quelle der Helligkeit ein Lichtstrahl war, der aus einer seltsam gelb hervorstechenden Wolke am südlichen Himmel herabstieg. Sie befand sich direkt über dem Dach meines Hauses. Der Lichtstrahl kam aus Richtung Süden, obwohl die Sonne bereits im Westen untergegangen war. Dieses Phänomen verlangte nach einem Zeugen. Ich rief nach meiner Familie, damit sie raus kam und sich selbst unseren schimmernden Vorgarten anschauen konnte, in der Hoffnung, dass Craig nun endlich davon überzeugt wurde, dass hier wirklich unerklärliche Dinge vor sich gingen. Aber es hat wohl nicht sollen sein. „Was, denkst du, ist das?“, fragte ich ihn. Für eine Weile, einen kurzen Moment, sah es so aus, als ob er keine Antwort hätte. Aber selbstverständlich war es notwendig, dass er etwas sagte, was die am seidenen Faden hängende Normalität wieder etablierte. Craigs bisher normaler Haushalt hatte sich in einen Ort verwandelt, an dem die schwarz-weißen Gesetze der Realität sichtbar andere Farben angenommen hatten. Als wir uns so unseren erleuchteten Vorgarten anschauten, konnte ich nicht umhin festzustellen, welchen Humor das Leben der schwarz-weißen Regeln der Realität doch in sich barg. Es ist diese Welt hier, die nur als Illusion existiert. Die wahre Welt verbirgt sich dahinter. Das kann wahrscheinlich nie wirklich ganz erklärt werden. Ich schritt über die Linie, die an diesem Abend seine Welt von der meinigen abgrenzte, und trat in das orange Licht. Die Kinder „ooohhhten" über meine leuchtende Erscheinung. „Nun?", sagte ich zu Craig. Er blickte grimmig in das Licht und dann zu mir. Die Hälfte meines Gesichts und meines Körpers schimmerte jetzt in einem bersteinfarbenen Licht. Er testete den Bereich mit einem Fuß, so wie man unbekannte Gewässer testet. Er merkte, dass es ihm nicht weh tat, trat zu mir ins Licht – wir beide warfen einen Schatten in Richtung Norden – und sagte: „Das ist nichts. Das ist nur die Sonne."

„Aber die Sonne ist bereits untergegangen", sagte ich und zeigte zum leeren westlichen Horizont. „Dort drüben."

Er schaute in Richtung Westen, um meine Aussage zu überprüfen, und sagte schließlich: „Ich weiß nicht, was es ist, aber ich bin mir sicher, es hat nichts zu bedeuten."

Die Kinder und ich blieben noch draußen in dem orangefarbenen Schein, der noch für circa zwanzig Minuten anhielt. Craig jedoch trat wieder aus dem Licht hinraus und ging zurück ins Haus.

Ungefähr um Mitternacht in dieser Nacht wurde ich von etwas geweckt, das wie Gewitterblitze aussah. Da sie aber von keinem Donner begleitet wurden, stand ich auf und ging in den Vorgarten, um die Sache zu untersuchen. Der Himmel über mir war klar, und dennoch fiel ein leichter Nieselregen, der fast schon Sternenstaub glich. Am südlichen Horizont hing tief eine weitere seltsam einsame Wolke. Sie blitzte in 1-Sekunden-Intervallen hell auf. Obwohl ich mehrere Minuten in dem Nieselregen stehen blieb und die aufblitzende Wolke in der Ferne beobachtete, konnte ich doch kein anderes Geräusch hören als das des vom klaren Sternenhimmel niederfallenden Regens. Genauso wie es da keine Wolken gab, aus denen der Regen hätte fallen können, gab es auch keinen Donner, der die Blitze begleitete. Es war das fehlende Donnern, das mich am neugierigsten machte. In der unheimlichen Stille dachte ich über die Bedeutung dieser seltsamen Darbietungen des Himmels nach, welche er in jener Nacht in einem unvergesslichen Spektakel voller unerklärlicher Zeichen am südlichen Horizont darbot.

Am folgenden Morgen ging ich zu der Stelle zurück, die am Vorabend im bernsteinfarbenen Licht geschienen hatte, und fand dort eine kleine Anzahl von weißen Steinen im Gras. Ich legte sie zu den anderen. Einige Stunden später ging ich noch einmal dorthin zurück und fand noch mehr weiße Steine an der Stelle, wo zuvor die anderen gelegen hatten. Ich hob auch diese auf. Eine Stunde später, als ich ein weiteres Mal zu der Stelle ging, fand ich wieder eine Handvoll Steine zusammen mit einigen Tonscherben und diesmal ein paar zusätzliche Quarzsteinfragmente. Ich wusste, dass ich Hilfe brauchte, um diese Vorgänge zu verstehen. Und sobald ich diese Erkenntnis erlangt hatte, so schien es, wurde mir die ersehnte Hilfe auch schon geschickt. Einer von Craigs Rechtsanwaltskollegen erzählte ihm, dass ein richtiger, anerkannter Medizinmann für kurze Zeit in der Stadt sein würde, um hier Freunde zu besuchen. Er fügte hinzu: „Würdest du ihn gern kennenlernen?“ Craig betrachtete dies als äußerst glückliche

Gelegenheit, so etwas wie professionelle Hilfe für mich zu erhalten. Dankbar nahm er das Angebot an.

Den Tag, an dem ich Fred, den Medizinmann, traf, werde ich nie vergessen. Er war nicht nur in seiner Art, wie er sich gab, und seiner Selbstsicherheit beeindruckend, sondern er schien irgendwie erhabener als das Leben selbst zu sein. Sein einfacher Humor und seine Fähigkeit, das Unerklärliche zu verstehen, verbunden mit seiner Bereitschaft, sein Wissen zu teilen, waren sehr angenehm. Nachdem er mir mindestens ein halbes Dutzend Mal erklärt hatte, dass hier nichts passierte, wovor ich mich fürchten musste (ich habe ihm trotzdem nie geglaubt), bat ich ihn, sich ein paar Seiten meines Romans über Joseph durchzulesen. Ich hatte die Hoffnung, dass wenigstens er einen Sinn in der Sprache erkennen konnte, die ich nicht verstand. Wir aßen Shrimps und Pastasalat zu Mittag. Anschließend setzte Fred, der Medizinmann, seine halb gerahmte Großmutterbrille auf und begann zu lesen. Nachdem er nur ein paar ausgewählte Abschnitte gelesen hatte, begann er leicht vor sich hin zu kichern. Das verärgerte mich ein wenig. Ich hatte eigentlich nicht vorgehabt, mit diesem Werk eine Komödie zu verfassen. An dem Buch war überhaupt nichts lustig, aber ich schwieg. Fred blätterte die Seite um und las noch einen Absatz. Und dann brach er in solch lautes Gelächter aus, dass er das Manuskript niederlegen, seine Brille absetzen und sich ein paar Tränen aus den Augen wischen musste. Erst in dem Moment bemerkte er meinen missbilligenden Gesichtsausdruck. „Was ist so lustig?“, fragte ich.

„Nichts, wirklich nichts. Ich lache nicht über das, was du geschrieben hast“, sagte er, immer noch lachend. „Es ist nur …

Also, weißt du eigentlich, was du hier geschrieben hast?"

„Nein, ich kann nichts von dem, worüber sie sprechen, verstehen. Hat es irgendeine Bedeutung?"

„Oh, ja, das hat es definitiv."

Meine Augen weiteten sich. „Du meinst, das ist eine echte Sprache?"

„Nein, nicht ganz", antwortete er und setzte seine Brille wieder auf seine Nase. Er hatte seine Haltung wiedergewonnen.

„Also, was ist es dann?"

„Das hier ist eine Anzahl von verschiedenen Sprachen. Es enthält ein bisschen modernes Apache- und Lakota-Indianisch, Uto-Aztekisch und die Sprache der Mayas, um nur einige von ihnen zu erwähnen."

„Du machst Witze, oder?" Ich riss meine Augen noch weiter auf.

„Du brauchst keine Angst zu haben", sagte er ruhig, als er meine erschrockenen Augen bemerkte. „vor gar nichts."

„Na, und was sagen sie?"

„Begrüßungen!", sagte er und brach wieder in Gelächter aus. Unter seinen Tränen hervorblinzelnd, sagte er: „Das sind alles Begrüßungen in verschiedenen Sprachen. Sie sagen, ‚Ich grüße dich beim Aufgehen der Sonne.'"

Ich habe von diesem Tag keine andere Erinnerung mehr, außer dass Fred und ich irgendwann auf dem Badezimmerfußboden saßen, wo ich die riesige Muschel gefunden hatte. Während meine Knie unkontrollierbar zitterten, teilten wir die heilige Pfeife miteinander. Nie zuvor in meinem Leben war ich schockierter gewesen als an diesem Tag, als die Bestätigung des Unbekannten sich mit Hilfe meines neuen Freundes Fred seinen Weg bahnte, der mir die Worte der Adongohela, des Stammes aller Nationen, übersetzte. Als Fred an diesem Nachmittag bereits nach Hause in die Okeefenokeesümpfe zurückgekehrt war, fühlte ich mich immer noch wie betäubt.

Am nächsten Morgen stand ich wieder in der Küche, wusch das Geschirr ab und schaute in den nordöstlichen Bereich des Vorgartens, dorthin, wo am 9. Juli das bernsteinfarbene Licht geschienen hatte. Diesmal sah ich eine weiße Wolke, die über genau derselben Stelle hing. Dieser komische Nebel war so dicht, dass ich die weißen Pfähle des Zaunes, über dem er sich befand, nicht sehen konnte. Am Nachmittag bemerkte ich, dass der Nebel immer noch an derselben Stelle war. Und er war auch noch dort, als es Nacht wurde und als der nächste Morgen herangekommen war. Zwei volle Tage lang blieb die Wolke dort, wo sie sich niedergelassen hatte, und wuchs.

Am Morgen des dritten Tages schaute ich überrascht aus dem Fenster. Die Wolke war keine Wolke mehr. Stattdessen war aus ihr eine Zusammenkunft von Indianern geworden. Es waren mindestens tausend. Sie standen überall und schwatzten miteinander, außer einem einzigen riesigen Mann. Er allein hatte es gewagt, aus der Masse herauszutreten, und saß nun vor dem Zaun, auf der Seite des Gartens im Gras, das zuvor orange geglänzt hatte. Auf den Handflächen seiner ausgestreckten Hände lag etwas, was aussah wie ein langer Speer. Ehrfürchtig lief ich von Fenster zu Fenster, um zu sehen, ob das, was ich sah, auch wirklich existierte. Es war real. Sie existierten wirklich. Ich sah sie durch jedes einzelne Fenster, aus verschiedenen Perspektiven. Sie waren alle da. Als Craig an diesem Tag nach Hause kam, machte ich ihn sofort auf den angestauten Nebel aufmerksam.

„Schau mal!“, sagte ich zu ihm, kaum in der Lage, an mich zu halten. „Na? Kannst du was erkennen?“ Er schaute. Zu meiner großen Überraschung sagte er: „Ja.“

„Du meinst, du kannst da wirklich was sehen?“, sagte ich.

„Na klar“, sagte er schulterzuckend, als wenn dort nichts Ungewöhnliches zu sehen gewesen wäre. „Ich kann es sehen.“ Er drehte sich vom Fenster weg und ging an mir vorbei zum Küchentisch, auf dem die tägliche Briefwerbung lag, und begann die Flyer durchzusehen. Ich folgte ihm zum Tisch. „Das ist alles, was du dazu zu sagen hast?“, fragte ich erstaunt.

„Was gibt es da zu sagen?“

„Ich weiß nicht. Ich dachte nur, dass du etwas mehr zu sagen hättest, wenn du sie da draußen alle stehen siehst.“

„Sie?“, sagte er. „Was meinst du mit ‚sie‘? Wovon sprichst du?“

„Von den Indianern!“, antwortete ich. Er legte die Post nieder, schloss seine Augen und stützte sich lange mit beiden Händen schwer auf den Küchentisch. Dann, immer noch leicht gebückt, als wenn er eine schwere Last auf seinen Schultern trüge, ging er zum Fenster und schaute hinaus.

„Na?“, fragte ich. „Was siehst du?“

Schweigend starrte er die besagte Stelle an, drehte sich dann um und verließ den Raum. Seine Antwort schleppte sich hinter ihm her. „Sumpfgase“, antwortete er.

Seine Interpretation beleidigte mich irgendwie, aber ich unternahm trotzdem einen ernsthaften Versuch, die Dinge so wie Craig zu sehen. Ich ging hinaus in den Vorgarten, setzte mich für zwanzig Minuten hin und beobachtete sie. Durch unterschiedliche Methoden versuchte ich, die Sehfähigkeit meiner Augen untauglich zu machen, so dass ich blind für ihre mich anblickenden Gesichter sein würde. Doch wie sehr ich mich auch anstrengte, es war mir nicht möglich, die enorme Anzahl der versammelten Indianer auf eine Sumpfgaswolke zu reduzieren. Während ich da saß, wurden es immer mehr. Als die Indianerwolke sich bis auf den ganzen Wohnblock ausgebreitet hatte, ging ich zurück ins Haus und unternahm den einzigen logischen Schritt, der mir verblieb. Ich rief Fred an. „Das musst du dir anschauen", rief ich. „Da draußen sind Tausende von ihnen. Sie stehen in der Einfahrt und blockieren komplett die Straße bis hin zum Ende des Blocks."

„Kann sie noch jemand sehen?", fragte er.

„Ich glaube, die Kinder haben was gesehen. Sie sprechen in einer Tour von Indianern, aber ich trau mich nicht, sie zu fragen. Wir haben ihnen erzählt, dass sie sich das alles nur einbilden. Craig wäre total sauer auf mich, wenn ich ihnen jetzt etwas anderes erzählen würde."

„Und was ist mit Craig? Kann er etwas sehen?"

„Er kann nur eine Wolke aus Sumpfgas sehen."

„Interessant", sagte Fred.

„Also", unterbrach ich ihn. Meine Stimme überschlug sich. Ich war an solche Situationen nicht ganz so gewöhnt wie Fred. „Was, denkst du, wollen sie?"

Fred wusste bereits, dass ich dazu neigte, mich zu fürchten. „Ich weiß es nicht wirklich", antwortete er ruhig. „Aber was auch immer es ist, du brauchst keine Angst zu haben. Niemand wird dir wehttun."

„Woher willst du das wissen? Was, wenn das 'ne Kriegsparty ist?"

„Ich bin mir sicher, dass es das nicht ist. Ruf mich an, wenn sie morgen immer noch da sind. Dann fahren wir zu euch und schauen sie uns an."

Ich war nicht sehr erfreut darüber, dass die Sache bis zum nächsten Tag warten musste. Ich brauchte einfach eine Bestätigung. Ich brauchte jemanden, der mir bestätigte, was ich sah, dass der glänzende Nebel im Vorgarten und der Einfahrt, der sich jetzt auch noch bis auf die Straße ausbreitete, alles andere als Sumpfgas war. Ich brauchte eine Art Versicherung, dass ich nicht die einzige Augenzeugin war. Aber es ist eine lange Fahrt von den Okeefenokeesümpfen bis zu meinem Haus. Es war also verständlich, dass Fred bis zum Morgen warten wollte. Ich beobachtete die Indianer noch bis spät in die Nacht. Ihre Anwesenheit erleuchtete die Dunkelheit der Straße. Ich hoffte, durch eine Art Gebet zu bewirken, dass das Morgengrauen sie nicht verschwinden ließe und der Tau des kommenden Tages sie nicht verschlingen würde. Beim ersten Sonnenstrahl huschte ich zum Fenster, um nachzusehen, ob sie immer noch da waren. Sie waren an Ort und Stelle, wo ich sie am Vorabend zurückgelassen hatte.

Sobald es die Uhrzeit erlaubte, rief ich Fred an. Er verließ mit seiner Frau Eunice gegen Mittag das Haus und kam mit einem gemeinsamen Freund– dem Anwalt, der uns beide einander vorgestellt hatte – am selben Abend in meinem Haus an. Die Kinder waren im Bett.

Die Indianerwolke war immer noch da. Der sitzende Mann saß immer noch auf dem Rasen. Ich stellte fünf Gartenstühle vor dem Haus auf. Da saßen wir nun also und schauten das an, was für die beiden Anwälte aussah wie eine Sumpfgaswolke, aber für uns drei eine riesige Versammlung von Indianern war. Ich beugte mich zu Fred und fragte ihn: „Was denkst du?"

„Fantastisch", antwortete er im Flüsterton.

„Kannst du den großen Mann dort vorne sitzen sehen?"

„Ja, ich sehe ihn."

„Warum ist er der Einzige, der sitzt?"

„Ich weiß es nicht."

„Und was ist das, was er in der Hand hält?", fragte ich.

„Es sieht wie ein Bepflanzungsstab aus, könnte aber auch eine Art Redestab sein."

„Was ist ein Redestab?"

„Wer ihn in der Hand hält, darf sprechen."

„Du glaubst also nicht, dass es eine Waffe ist? Für mich sieht es aus wie ein Speer."

„Nein", sagte Fred. Ich glaube, er wollte nicht, dass ich sehe, wie er mit den Augen rollte, aber genau das tat er, bevor er weitersprach. „Es ist keine Waffe. Er bedroht uns nicht. Er bietet ihn uns an. Ich glaube, er möchte mit jemandem sprechen."

„Gut", sagte ich. „Geh zu ihm hin, und frag ihn, was sie wollen und warum sie hier sind."

Fred dachte vielleicht zwei Sekunden lang darüber nach, bevor er mir eine Antwort gab. „Nein", sagte er. „Ich glaube, er möchte nicht mit mir sprechen."

„Na, er wartet bestimmt nicht darauf, jemanden zu treffen, der denkt, dass er Sumpfgas ist."

„Nein, nein", sagte Fred, drehte sich zu mir um und lächelte. „Ich denke, er möchte mit dir sprechen", sagte er. Das Blut stockte mir in den Adern. Ein ziemlich eigenartiges

Gefühl. „Ich werde nicht mit ihm sprechen“, sagte ich. „Du bist der Medizinmann. Warum gehst du nicht zu ihm hin und sprichst mit ihm?“

„Nein. Er wartet auf dich.“

„Na, dann sag ihm, da kann er lange warten, denn ich werde bestimmt nicht rübergehen!“

„Er wird dir nicht wehtun“, versuchte Fred zu argumentieren.

Die beiden Anwälte unterhielten sich angeregt über eine andere Angelegenheit und achteten nicht auf den kleinen Streit, den Fred und ich im Flüsterton führten.

„Ich weiß, dass er mir nicht wehtun wird, weil ich nicht in seine Nähe gehen werde.“

„Hör mal“, sagte Fred. „Du verhältst dich albern.“

„Nein, das tue ich nicht. Ich verhalte mich vernünftig.“

„Er hat lange darauf gewartet, mit jemandem zu sprechen. Es wäre sehr respektlos von dir, ihn um diese Gelegenheit zu bringen.“ Dieses Argument leuchtete mir ein. Ich richtete meinen Blick nun wieder auf den Einsiedler, der ganz allein und irgendwie stoisch dort drüben im Gras saß. Es war nicht meine Absicht, auch nur einem dieser Wesen gegenüber respektlos zu erscheinen, nur um meine Distanz zu wahren. Damit gab ich zwar ganz und gar nicht meinen eigenen Bedürfnissen nach, doch Fred hatte recht. Fred muss gespürt haben, dass ich schwach wurde, denn er ging sofort zu der unausgesprochenen Annahme über, dass jetzt alles geklärt wäre.

„Geh rüber zu ihm, und hör, was er dir zu sagen hat“, sagte er.

„Kommst du mit mir?“ Er weigerte sich. Unglaublich.

Bevor ich mich auf die kurze Reise durch meinen Vorgarten machte, gab Fred mir die Anweisung, zuerst ins Haus zu gehen und ein paar passende Geschenke zu holen, die ich dem Mann mit dem Redestab geben sollte. Diese Gegenstände, versicherte mir Fred, würden meine Freundlichkeit und tiefen Respekt zeigen. Er schickte mich rein, um ein wenig Salbei, Maismehl und Tabak zu holen. Ich ging also hinein und suchte Geschenke, die so gut wie möglich den Anordnungen des Medizinmannes entsprachen. Mit einer halb vollen Plastiktüte kam ich wieder raus. Sie enthielt etwas Maisgrütze und fünf Winstons, die ich aus Freds Packung auf dem Küchentisch stibitzt hatte. Ich konnte nirgendwo in meinen Küchenschränken Salbei finden und hatte deshalb zusätzlich eine Handvoll einer bekannten italienischen Kräutermischung in die Tüte gelegt.

So stand ich eine Weile mit meinen Geschenken vor Fred, und überlegte mir eine angebrachte Begrüßung und wie ich mich dem großen sitzenden Indianer wohl vorstellen könnte.

„Nun geh schon", sagte Fred.

„Ich geh ja. Dräng mich nicht." Ich sah den sitzenden Mann nochmals an, und diesmal trafen sich unsere Blicke. Sein Blick war weder hohl noch gespenstig, wie man sich vielleicht das Gesicht eines lang Verstorbenen vorstellt. Es hatte Substanz und drückte Intelligenz aus. Als ich ihn anschaute, fühlte ich, wie mich die Angst verließ und etwas Unerwartetes ihren Platz einnahm: Mitgefühl und Verständnis. Ich wagte den ersten Schritt in seine Richtung und sah, dass er keine Anstalten machte, aufzustehen und mir entgegenzukommen. Es sah so aus, als wenn er die Absicht hätte, sitzen zu bleiben. Ich drehte mich wieder zu Fred um.

„Warum steht er nicht auf?", flüsterte ich.

„Ich weiß nicht“, erwiderte Fred.

Ich spürte, dass es einen sonderbaren Grund dafür gab, dass der Mann nicht aufstand, um mich zu grüßen. Ich spürte auch, dass es unangebracht wäre, auf ihn hinunterzuschauen, während ich auf ihn zuging. Mit diesen Gedanken ging ich schließlich hinunter auf meine Hände und Knie und näherte mich ihm auf diese Art und Weise vor den Augen meines Publikum, das hinter mir saß.

Als ich mich ihm bis auf ungefähr einen Meter genähert hatte, entschied ich, dass das nahe genug sei, und legte die Geschenke zwischen uns auf den Boden. Er schaute sie an. Er hob sie nicht auf. Stattdessen drehte er seinen Kopf und tauschte Blicke mit denen aus, die sich hinter ihm auf der anderen Seite des Zaunes befanden. Es schien eine gewisse Verwirrung zu bestehen. Ich lächelte, hob meine Hand in einer Art, von der ich hoffte, sie wäre eine authentische eingeborene Begrüßung, und sagte: „Aho.“ Er erwiderte nichts. Also saßen wir einfach so da und schauten uns an. Ich versuchte, mir seine Wesenszüge einzuprägen. Als Erstes fiel mir seine Größe auf. Er war ein extrem großer Mann. Besser gesagt, er war ein Riese. Hätte er gestanden, hätte er mich weit überragt, trotz meiner eigenen 1,75 Meter. Mir kam in den Sinn, dass dies vielleicht der Grund war, warum er sitzen blieb. Möglicherweise wollte er mich einfach nur nicht durch seine Größe einschüchtern. Gleichzeitig realisierte ich aber auch, dass ich wahrscheinlich nie eine Erklärung für irgendetwas, was hier passierte, finden würde. Nach einem langen Moment des Schweigens ging mir ein weiterer Gedanke durch den Kopf. Es würde garantiert eine große Sprachbarriere zwischen uns geben, eine Barriere, die ich unmöglich würde überbrücken können. Wenn es zu irgendeiner Kommunikation zwischen uns kommen sollte, musste der sitzende Riese diese Barriere überbrücken. Der Mann schloss seine Augen. Es herrschte Stille, und ich sah, wie sich über seinem Kopf eine glitzernde runde Wolke formte. Sie schien statisch aufgeladen zu sein. Als sie eine Größe von ungefähr anderthalb Meter Durchmesser erreicht hatte, schwebte sie langsam durch die Nachtluft in meine Richtung. Ich musste gegen den Impuls ankämpfen, aufzuspringen und davonzulaufen. Ich schaffte es, sitzen zu bleiben. Die Wolke berührte mich zunächst an der Schulter und schwebte dann auf mich nieder, sodass sie mich vollständig umhüllte.

Es war eine dichte Wolke, deren Elektrizität in ihrem Innern in Form von kleinen blitzenden Funken klar sichtbar war. Meine Haut prickelte leicht, aber nicht unangenehm, von der kühlen elektrischen Ladung. Ich nahm einen frischen salzigen Duft wahr. Die winzigen Härchen auf meinen Armen waren elektrisiert, aber ich hatte keine Angst und blieb sitzen. Es war schwierig, durch den funkelnden Umhang der Wolke hindurchzusehen, und deshalb fokussierte ich, von der Außenwelt vollkommen abgeschottet, meine Aufmerksamkeit auf das, was sich in dieser Wolke befand. Innerhalb des elektrischen Feldes begannen sich Bilder wie Hologramme herauszubilden. Ich betrachtete sie gebannt. Die Bilder erzählten eine Geschichte über die in der Straße stehenden Menschen, ohne dafür irgendeine gesprochene Sprache zu benötigen. Zuerst war es eine gute Geschichte, eine Erinnerung an gute Zeiten. In den Gesichtern der Indianer lag Fröhlichkeit. Aber was ich als Nächstes sah, wird mich für immer verfolgen.

Eines Winters kam in ihr Dorf eine Armee mit seltsamen Männern, die seltsame Ideen hatten. Einige dieser Männer trugen metallene Kleider und altmodische Kopfbedeckungen, und einige von ihnen trugen hohe schwarze Stiefel. Der Stamm hatte offensichtlich keine Ahnung, wer diese Männer waren, doch ich konnte sie durch Bilder, die ich in Geschichtsbüchern gesehen hatte, identifizieren. Ihre Erscheinungen waren wirklich bedrohlich. Die Geschichte erzählte von der Ankunft der spanischen Eroberer in Florida. Viele der Eingeborenen wurden schon bei der Eroberung des indianischen Dorfes getötet. Jetzt lagen sie begraben unterhalb von Tallahassee. Die Eroberer beanspruchten für sich die gesamten Nahrungsmittel und Wintervorräte, die von den Indianern gesammelt worden waren. Sie übernahmen auch die Behausungen der Eingeborenen. Daher blieben die Menschen des Dorfes mitten im Winter ohne jegliche Unterkunft oder Nahrung zurück. Ich sah, wie die Indianer versuchten, die Armee von Soldaten zu bekämpfen, wie sie im Kampf, der Kälte ausgesetzt und vor Hunger starben. Als sie schließlich verschwanden, als jedes einzeln empfangene und wertvolle Leben eins nach dem anderen ausgelöscht war, blieb nichts weiter in der funkelnden Wolke zurück als verdrehte Bilder – Negative der Erinnerungen an jene Leben, die so unrechtmäßig genommen worden waren. Ich sah jedes Gesicht. Als ich nur noch von den Erinnerungen umgeben war, erhob sich die Wolke und schwebte weg von mir zu dem Mann, in dessen Herzen und Bewusstsein sie weiterlebte. Ein letztes Mal schauten wir uns an, und ich fragte mich, wer dieser Hüter der Geschichte wohl war. Wie war sein Name? Wie lange hatte er gewartet, bis er die Kehrseite der Eroberungsgeschichte von

Tallahassee zeigen durfte? Ich hoffte, er würde den Schmerz verstehen, den ich beim Anblick seines persönlichen Berichtes verspürte. Er durchbohrte mich tiefer als jeder Speer. Dann sprach er in klarem Englisch den einzigen Satz, den ich von ihm hören sollte: „Lass die Welt wissen, dass mein Volk keine Wilden waren.“.

„Das werde ich“, antwortete ich.

Unser Treffen war beendet. Ich drehte mich um und ging zu meiner Gruppe genauso zurück, wie ich sie verlassen hatte – auf Händen und Füßen. Ich bemerkte, dass meine Haut, von dem salzigen Dunst der Wolke berührt, im Mondlicht glitzerte. Ich nahm wieder meinen Platz neben Fred ein.

„Was war in der Wolke?“, fragte Fred mich augenblicklich.

„Du hast sie gesehen?“, gab ich zurück. Ich war wieder einmal dankbar dafür, dass ich nicht die einzige Zeugin dieses Ereignisses war.

„Ja“, sagte er. „Ich sah sie näher kommen und sich auf dir niederlassen. Was war in ihr?“

„Tränen, wahrscheinlich, und eine Geschichte.“ Ich erzählte ihm, was ich gesehen hatte. Doch meine Worte waren kaum so bewegend wie die Bilder. Möglicherweise war diese Geschichte nie dazu bestimmt, nur mit Worten erzählt zu werden. Sie ist dazu bestimmt, mit dem Herzen erzählt zu werden. Eine Geschichte, die mit dem Herzen erzählt wird, wird noch lange nachdem die Worte vielleicht schon in Vergessenheit geraten sind, in Erinnerung bleiben.

„Ich schätze, es ist einfach nur schwer zu beschreiben“, sagte ich zu Fred.

„Hast du dir schon die Westseite des Gartens angesehen?“,

fragte mich Fred. Ich schaute nach links und erblickte eine weitere enorm große Ansammlung von Indianern. „Sie sind während deines Treffens angekommen“, flüsterte Fred. „Geh rüber, und lern sie kennen“, sagte Eunice grinsend und stieß mich mit dem Ellbogen an.

„Nein“, sagte ich. Ich brauchte eine Weile, um mich von dem Zusammentreffen mit dem Riesen zu erholen. Ich konnte es nicht ertragen, an diesem Abend noch mehr zu erfahren.

„Na, komm schon“, sagte sie wieder grinsend und zog mich am Arm. „Ich komme mit dir. Du brauchst keine Angst zu haben!“

„Darum geht's nicht“, erklärte ich. „Ich habe keine Angst mehr. Ich denke nur, dass ich genug gesehen habe.“ Sie zog mich wieder am Arm, und so stand ich widerwillig auf, und wir beide gingen durch den Garten rüber zu den Neuankömmlingen, um sie näher zu betrachten.

Diese Gruppe war anders gekleidet als diejenigen, die sich im Norden und Osten des Gartens versammelt hatten. Diejenigen im Westen schienen ein Volk der Prärie, der Hügel oder von Ähnlichem zu sein. Einige saßen auf Ponys. Ich durchsuchte die Menge mit meinen Blicken auf der Suche nach dem Mann aus meinem Traum. Es schien keine bestimmte Person zu geben, die der Häuptling dieses Stammes sein könnte, so wie in der ersten Gruppe. Trotzdem trat ein junger Mann aus der Menge heraus, als wir näher kamen. Wir standen ihm gegenüber und beobachteten ihn aus einer Distanz von circa einem Meter. Er sah uns mit weit geöffneten Augen äußerst verblüfft und forschend an, so als ob wir hier die merkwürdig glänzende Erscheinung wären. Vielleicht waren wir ja genau das. Vielleicht hatte in dieser Nacht die Zeit ihren eigenen

Weg durchkreuzt. Langsam, sehr langsam näherte er sich einen Schritt, und dann beugte er sich näher zu mir rüber, womöglich um zu testen, ob ich real war. Er schaute mir ins Gesicht und hob seine Hand. Ganz sacht berührte er meinen linken Oberarm. Das Ergebnis dieser Berührung war eine knallende Lichtexplosion, die den jungen Mann umwarf und mich fast dazu. „Renn!“, brüllte ich Eunice zu. Doch sie war mir bereits einige Meter voraus. Mit enormer Geschwindigkeit brachte sie sich in die sichere Nähe der Gartenstühle. Als ich zu Craig und meinen Freunden laufen wollte, machte sich in mir eine Langsamkeit breit, und die Entfernung zwischen mir und ihnen wurde plötzlich unheimlich groß. Ich schien in der Luft zu laufen und kam überhaupt nicht vorwärts. Die Luft kam mir wieder schwer und still vor, und jetzt roch sie noch zusätzlich nach Elektrizität. Die Verlangsamung hielt so lange an, bis ich mich unerklärlicherweise in einem Zustand wachsender Liebe für den jungen Mann, der meinen Arm berührt hatte, befand. Ich zweifelte keinen Augenblick daran, dass er keineswegs die Absicht gehabt hatte, mich mit seiner Geste zu verletzen, und dass er einfach nur verblüfft war über das, was er gesehen hatte. Die Explosion hatte ihn genauso erschreckt wie mich. Ich hörte auf zu rennen. Dann, von Liebe überwältigt, drehte ich mich zu ihm um und schaute ihn an.

Er hatte seine Balance wiedergefunden, war wieder aufgestanden und machte seine Kleidung sauber. Als er merkte, dass ich ihn ansah, zeigte sich ein Anflug von Besorgnis auf seinem Gesicht. Ich lächelte und winkte ihm zu. Er muss mich verstanden haben, denn er hob seine Hand und erwiderte die Geste. Wovon auch immer wir in dieser Nacht Zeugen geworden sind – und nicht einmal Fred, der Medizinmann hatte eine gute Erklärung dafür –, es gab ein gemeinsames Element, das als Kommunikationsbrücke diente, und diese Brücke hieß ‚Liebe'.

Am nächsten Morgen, bei Sonnenaufgang, ging ich zurück in den Vorgarten, um mir das Gras dort anzuschauen, wo ich nachts zuvor dem Riesen gegenübergesessen hatte. An der Stelle, wo ich die Geschenke für ihn hinterlegt hatte, lagen dreiundsechzig weiße Steine. Ich sammelte die Steine auf und ging zur westlichen Ecke des Gartens, wo die Vergangenheit die Gegenwart berührt hatte. Mir stockte der Atem. An der Stelle, wo ich versehentlich fast umgehauen worden war, lag eine wunderschöne Feder. In meinen Hände hielt ich Schätze, von denen ich nie zu träumen gewagt hätte. Ich ging zu der Stelle zurück, an der die Steine im Gras gelegen hatten. Ich setzte mich, schaute mir den Sonnenaufgang an und fragte mich, welche Bedeutung diese Ereignisse haben könnten und warum sie wohl passierten.

„Jener, der allein in der Wildnis steht und spricht, kann wenig Veränderungen bewirken", sagte eine sanfte männliche Stimme. „Doch der, der allein in der Masse steht und spricht, kann große Veränderungen bewirken."

Ich drehte mich um, konnte aber niemanden erblicken. „Wer ist da?", fragte ich. Etwas streifte meine Wange, aber ich hörte keine gesprochene Antwort. „Wenn jemand gerade mit mir gesprochen hat", sagte ich „dann soll er mir ein Zeichen geben."

„Die Zeichen wurden dir bereits gegeben", sagte er. „Sieh mit geöffneten Augen. Sieh mit geschlossenen Augen. Dann wirst du auch die anderen sehen."

Ich schaute mich wieder um, sah aber immer noch niemanden. „Woher kommst du?“, fragte ich.

„Wir sind bereits hier“, antwortete er.

„Nein, ich meine, wie heißt der Ort deiner Herkunft? Von welchem Planeten kommst du?“

„Wenn du deine eigene Herkunft nicht kennst“, antwortete er, „welche Bedeutung hat dann die meine?“

Ein plötzlicher Aufruhr am Horizont erregte meine Aufmerksamkeit. Dem goldenen und pinkfarbenen Sonnenaufgang entgegen flog ein riesiger Schwarm blauer Eichelhäher. Im gesamten Staat Florida gibt es nicht genügend blaue Eichelhäher, die ausgereicht hätten, einen Schwarm dieser Größe zu bilden. Doch er war da, ohne jeglichen Sinn zu ergeben. Er fand kein Ende, und ich konnte auch nicht ausmachen, woher die Vögel gekommen sein konnten. Sie waren einfach nur da und riefen laut in den Morgen hinein, so dass niemand diesen Moment verpassen würde – ein großartiges Schauspiel der Natur. Ich beobachtete diesen endlosen Schwarm, bis die Sonne vollständig aufgegangen war und nun den Platz einnahm, der kurz vorher noch mit königlichem Blau erfüllt gewesen war, aufgewühlt durch die Bewegung zahlloser Flügel. Erst in diesem Moment erinnerte ich mich an eine alte Tatsache, ein biologisches Detail. Es war eine alte Information, die ich während meiner vielen Jahre als Naturschützerin aufgeschnappt hatte. Die Federn des blauen Eichelhähers sind nur blau, wenn das Licht direkt auf sie scheint, aber nicht, wenn es durch sie hindurchscheint. Da die Sonne aber hinter ihnen aufging, woher kam dann das Licht, das auf sie geschienen hatte? Ich stand auf und ging zurück ins Haus, um das Frühstück für meine Familie und meine Gäste vorzubereiten. „Ich verstehe überhaupt nichts mehr", sagte ich laut, während ich den Garten durchquerte. Niemand reagierte.

Nach einem ausgiebigen Frühstück machten sich Fred und Eunice auf den Heimweg. Fred hatte alle meine Fragen, auf die er eine Antwort wusste, aufrichtig beantwortet. Alle anderen hatte er mit einem Lächeln und Schulterzucken quittiert. „Abwarten und Tee trinken" war die Devise. Und wieder einmal versicherte er mir, dass, was auch immer geschähe, es nichts zu fürchten gebe. Möglicherweise war ich zu sehr mit den Vorfällen in meinem Vorgarten beschäftigt. Jedenfalls war ich nicht mehr in der Lage, weitere Nachrichten zu empfangen, weder von Joseph Two Horses, wo auch immer er sich gerade befand, noch von den Adongohela, die sich jetzt angeblich in meinem Vorgarten aufhielten. Da ich nicht mehr schreiben konnte, entschloss ich mich, stattdessen zu lesen. Ich suchte insbesondere nach Lesematerial mit näheren Informationen über die ursprünglichen Einwohner des alten Dorfes, das momentan in meiner Nachbarschaft ausgegraben wurde. Natürlich erwartete ich keine Bestätigung einer Geistergeschichte. Ich erwartete auch nicht, den Namen des Riesen mit dem Redestab zu finden. Und trotzdem, in dem großen Gebäude, welches als die Bücherei von Florida bekannt ist, fand ich ganz genau das.

Die kolonialen Eroberer hatten Tagebücher über ihre Expeditionen geführt, und es gab englische Übersetzungen der Garcilaso-de-la-Vega-Erzählungen. Schriftlich niedergelegte Geschichtsdokumente wurden meistens von den Siegern der irdischen Kriege und Kämpfe, den erobernden Überlebenden und Helden verfasst. Daher sind sie auch genauso akkurat und wahrheitsgetreu, wie man es von einer einseitigen Sensationsreportage erwartet. Die Tagebücher und Berichte der Eroberer waren da keine Ausnahme. Hier, in diesen Berichten, fand man die Beweise dafür, dass jeder Einzelne von ihnen der Überzeugung war, dass sie übergeordnete zivilisierte Männer auf einer göttlichen Mission seien. Ihr einziges Ziel war es, neues Land zu finden, welches sie für ihr Heimatland beanspruchten. Und da jedes Land, das sie neu eroberten, bereits von menschlichen Wesen besiedelt war, hatten sie es sich zu ihrer zweiten Aufgabe gemacht, diese Wesen als bekehrte neue Mitglieder in ihre Religion einzuführen. Außerdem suchten sie nach Schätzen, die ihre göttliche Mission finanziell unterstützen würden.

Das neue Land war weit und groß. Die spanischen Eroberer zweifelten nicht daran, dass es genügend Eingeborene gäbe, die es zu bekehren galt, denn ihrer Ansicht nach waren die Naturvölker, welche die verschiedenen Kontinente bevölkerten, nichts weiter als einfältig und unschuldig. In den Tagebüchern wurde vermerkt, dass sie über keinerlei Intelligenz verfügten. Die Spanier nahmen an, dass es ein Kinderspiel sein würde, diese „Wilden“ zu bekehren und direkt von der Kirche aus in die Sklaverei zu führen. Den Eroberern kam es ganz und gar nicht in den Sinn, dass die „nicht-ganz-menschlichen“ Völker eher sterben würden – eine Fehlkalkulation ihrerseits, die in äußerster Verwirrung und vielem Blutvergießen endete. Als die Spanier ihren Besitzanspruch an das ‚neue‘ Land dessen Bewohnern mitteilten, wurde ihre Geduld einem schmerzlichen Test unterzogen. Sie hatten den starken Willen der Eingeborenen tüchtig unterschätzt. Die indigenen Völker schienen sich über die tiefe Bedeutung der Taufe nicht im

Klaren zu sein. Sie wertschätzten auch nicht die Bemühungen der Gouverneure und Offiziere, die sie ja nur vor der Hölle bewahren wollten. Sie wussten ja nicht einmal, was „die Hölle" überhaupt war. Diese Ignoranz und Unwissenheit entsetzte die Botschafter des Seelenheils zutiefst. Sie hatten demzufolge eine wichtige Aufgabe zu erfüllen, deren erster Schritt es war, solche Ignoranz und Unwissenheit zu eliminieren. Andersdenkende, die das Taufwasser der Bekehrung verweigerten, mussten sich der Feuertaufe stellen. Sie wurden an langsam brennenden Pfählen geschmort. Einige entsetzte Nichtbekehrte mussten mitanschauen, wie ihre eigenen Familienmitglieder lebendig an Hunde verfüttert wurden. Andere sture Wilde wurden aufs Schrecklichste verstümmelt, sodass sie letztlich Gehorsam, Scham und Demut lernen würden. Sie dienten gleichzeitig als lebende Beispiele für alle anderen, die sich immer noch weigerten zu konvertieren. Im Namen Gottes wurden die unzivilisierten Wilden auf die eine oder andere Art auf die Knie gezwungen. Eine hundertprozentig wirksame Methode war beispielsweise, ihre Füße von den Beinen abzureißen. Die Eroberer sprachen von einem zürnenden und sich rächenden Gott, und niemand schien zu bemerken, dass sich das Christentum von seinen eigentlichen vorgegebenen Richtlinien entfernte. Die erste Lektion, mit der zivilisierte Männer die unschuldigen Wesen auf diesem und jedem anderen Kontinent unterrichteten, hieß „Hölle".

Durch Gewalt, Überzahl und selbst erlassene Gesetze, die ihr Handeln rechtfertigten, gelang es denjenigen, die am Machthebel saßen, frei über die Erde zu herrschen. Und somit konnte auch die Geschichte sich immerzu wiederholen. Noch heute werden Paraden zu Ehren der Eroberer veranstaltet, wohingegen die Leben und Identitäten derjenigen, deren Land erobert wurde, unbemerkt in der nichtaufgezeichneten Geschichte untergingen. Das heißt natürlich nicht, dass alle von ihnen unbemerkt blieben. Die Eroberertruppe von Hernando de Soto ließ den Namen von wenigstens einem bemerkenswerten „Wilden" in die Geschichtsbücher eingehen.

De Sotos langer Marsch durch Florida und noch weiter ins Landesinnere begann im Jahre 1539 in Tampa Bay. Es war eine beschwerliche, ermüdende Reise. Nicht nur wegen des sumpfigen Gebietes, wo es von Insekten nur so wimmelte, sondern auch wegen der noch frischen Erinnerungen der Indigenen an die kürzlich erfahrenen brutalen Misshandlungen, die sie durch die Hände der Eroberer erfahren mussten. Es war nicht leicht für de Soto, die Überlebenden als Freunde zu gewinnen. Doch moderate Methoden halfen de Soto schließlich, auf seiner Mission einige zarte Bande der Freundschaft zu schließen. Er schien es geschafft zu haben, sich zunächst einmal unter die Eingeborenen zu mischen. Dabei bemerkte er jedoch nicht, dass sie eine Art Gerissenheit und Humor entwickelt hatten, die man von den „Wilden" nicht erwartet hatte. Die Indianer versicherten ihm, dass es tatsächlich ein Land mit großen Schätzen gebe, genauso eines, wie er es suchte. Es beherberge mehr Gold und Perlen, als er sich vorstellen könne. Es befinde sich lediglich ein wenig weiter nördlich, südlich, östlich oder westlich von seinem jetzigen Standpunkt. De Soto brach mit seiner Truppe auf und folgte der von seinen neuen Freunden vorgeschriebenen Richtung: nach Norden, dann Nordwesten, dann Westen, dann Osten, schließlich Nordosten, Nordwesten, doch mehr in Richtung Westen, Süden, Südwesten, wieder mehr in Richtung Norden und wieder in Richtung Westen, wo de Soto schließlich im Gebiet des Mississippi verschwand. Er hatte auf seiner Reise viel Land und viele zukünftige Staaten durchquert, starb jedoch, ohne jemals etwas von Wert gefunden zu haben.

Ungefähr auf halbem Wege dieses langen Abenteuers kam de Soto nach Tallahassee, gerade rechtzeitig zu Weihnachten. Die Bewohner des Dorfes waren zwar aus Angst vor den näher kommenden Soldaten aus ihrer Heimat geflohen, begrüßten die Truppe aber in den umliegenden Wäldern mit einem Schwall von Pfeilen. Angesichts der vielen Pfeile, die an ihnen vorbeiflogen und sich manches Mal auch direkt durch ihre Kettenpanzer bohrten, und angesichts des Rauches, der noch unter den Tontöpfen auf den Feuerstellen im Dorf emporstieg, kann man sich nur fragen, warum de Soto in seinem Logbuch vermerkte, ein unbewohntes Dorf vorgefunden zu haben. Das Dorf bestand aus 250 gut konstruierten Behausungen aus Hüttenlehm und Flechtwerk. Hunderte weitere solcher Behausungen befanden sich auf den nahe gelegenen Lichtungen. Zusätzlich zu den Häusern gab es gut bestellte Felder, die reich an Kürbissen waren. Es gab auch einen großen Vorrat an Fisch, Bohnen und Mais, der von den Bewohnern sorgfältig für den Winter angelegt worden war. Diese Nahrungsvorräte gehörten von nun an den Neuankömmlingen der Armee. Der Winter im nördlichen Florida bringt oft starken Frost und manchmal sogar Schneegestöber mit sich. An dem Tag, als sie das Dorf fanden, auf dem heute Tallahassee ruht, war De Sotos Truppe wahrscheinlich bis auf die Knochen durchgefroren, weil der Winter sie überrascht hatte. Ohne Zögern zogen de Soto und seine Männer ins Dorf ein. De Soto persönlich bewohnte das komfortable Quartier des Dorfhäuptlings, eine Hütte, die sich nicht weit von meinem eigenen heutigen Vorgarten befand. Der Häuptling, der Cacique, wie ihn die Spanier nannten, war ein eigenartiger Mann namens Capalfi. Capalfi war ein Riese.

Die Behausungen, die Capalfis Stamm noch verblieben waren, wurden de Sotos Männern als Baracken zugewiesen. Die Indianer, denen das Dorf eigentlich gehörte, fanden sich auf einmal ohne Nahrung und ohne jegliche schützende Behausung wieder. Alles, was ein ehrenwerter Mann sein Eigen nennen konnte, war ihnen genommen worden. Und deshalb begannen sie einen Feldzug, um das wiederzugewinnen, was rechtmäßig ihnen gehörte. Tag und Nacht, so heißt es im Logbuch, kämpften sie gegen die Spanier. Den angegriffenen Männern de Sotos erschien dieser Aufstand alles andere als rechtmäßig. Er lieferte ihnen lediglich einen weiteren Beweis für das wirre Verhalten wilder Männer. Stur versuchten die Indianer, ihr Land zu behalten, ungeachtet der Tatsache, dass nun spanische Flaggen auf ihm wehten; ungeachtet der Tatsache, dass ihnen mit lauter Stimme (in spanischer Sprache), wie es das Gesetz verlangte, rechtmäßige Dokumente vorgelesen worden waren, welche die neuen Besitzverhältnisse darlegten. Die neuen Landsbesitzer wurden langsam, aber sicher wütend. Ihr Ärger wuchs noch, weil sich Capalfi als fleißiger Stratege erwies. Mit Leichtigkeit überlistete dieser Wilde die spanische Armee mit seinen Kriegsmanövern und ließ sie nicht nur erschöpft und an ihren Wunden leidend, sondern auch äußerst verwirrt zurück. Sie zerbrachen sich den Kopf darüber, wie Capalfi es schaffte, seine Männer durch das Dickicht und die Sümpfe in den Kampf zu führen und dabei komplett unsichtbar zu bleiben. Die Spanier wussten einfach nicht, wie sie solch ein Wesen bekämpfen sollten.

In den langen und dunklen Nächten des Winters entstehen sehr schnell Legenden, ganz besonders in der Dunkelheit seltsamer Grenzgebiete und düsteren Sumpflandes, in der des Nachts die Augen des Unbekannten wie die Glut der Hölle funkeln. In dieser unheimlichen Dunkelheit lauert das Unbekannte drohend außer Sichtweite, und der Schlaf wagt es nicht, sich niederzulassen. In dieser unheimlichen Dunkelheit ist es schwierig, die Geräusche eines vierbeinigen Ungetiers von denen eines sich annähernden Kriegers oder die Laute einer eingesperrten Eule von denen eines Dämons zu unterscheiden. De Sotos Männer, des Schlafes beraubt, gelangten an die Grenzen ihrer Kräfte. Capalfis Kriegsmanöver konnten sie zwar nicht mehr täuschen, dafür erzählten sie sich jetzt allerdings Spukgeschichten über ihn. Während der langen Nächte konzentrierten sich die Gespräche im Lager vollkommen auf das Wesen des Riesen. Jede vergehende Stunde schien ihre Angst vor Capalfi anzuschüren. Es waren ihnen Geschichten zu Ohren gekommen, in denen von den seltsamen Fähigkeiten erzählt wurde, die einige der Eingeborenen hatten. Diese besaßen Kräfte, mysteriöse Kräfte. Es dauerte nicht lange, bis die Männer überzeugt waren, dass Capalfis Kräfte sehr mächtig sein mussten. Sie wussten nicht, wen oder was sie bekämpften. Doch mittlerweile hielten sie an der Überzeugung fest, dass sich Capalfi nicht nur einfach so vor ihnen versteckte. Capalfi war in der Lage, sich unsichtbar zu machen, wann immer er wollte. Als der Morgen graute, entschieden jene, die noch bei Verstand waren, dass es nur einen einzigen Weg geben könne, wieder Ruhe und

Frieden herzustellen, damit sie wieder Schlaf finden konnten. Sie mussten Capalfi persönlich fangen. Sie wussten aus früherer Erfahrung, dass es sinnvoll war, den Cacique eines Dorfes zu fangen. Das verschaffte ihnen eine vorteilhafte Verhandlungsposition. So war es grundsätzlich einfacher, die Eingeborenen zu beruhigen, denn sonst würde der Kopf ihres Häuptlings rollen. Alle Bemühungen waren von diesem Moment an darauf ausgerichtet, den Riesen einzufangen. Dieses Unternehmen erwies sich allerdings als nicht sehr einfach. Doch schließlich, nach großen Anstrengungen, erreichte die Armee ihr Ziel. Capalfi wurde gefangen genommen, gefesselt und in seinem ehemaligen Dorf mit Hilfe der höchst entwickelten Methoden gefangen gehalten. Er wurde rund um die Uhr von bewaffneten Männern bewacht.

Wie von den Soldaten vorhergesehen, verhielten sich die Indianer in der ersten Nacht nach Capalfis Einkerkerung still. Man hätte meinen können, dass die Spanier eine wichtige Schlacht gewonnen hatten. Doch der spanische Sieg sollte nur von kurzer Dauer sein. Die erste Nacht der Gefangenschaft Capalfis sollte auch die letzte sein. Im klaren Morgenlicht entdeckte die spanische Armee, dass alle anwesend waren – mit einer Ausnahme: der Gefangene selbst. Obwohl er unter bewaffneter Aufsicht stand, hatte Capalfi es geschafft, ohne ein Geräusch zu verschwinden. De Sotos Männer waren fassungslos und gleichzeitig wie verzaubert. Sie fanden absolut keine Erklärung für dieses Desaster. Capalfis Verschwinden bestätigte nur seine außergewöhnlichen Kräfte. Zeugen traten vor und erklärten, dass der Riese einfach so vor ihren Augen verschwunden war. Andere wiederum schworen, dass er von Geistern davongetragen worden war. De Soto muss die

Erklärungen für plausibel gehalten haben, denn niemand wurde für diese beschämende Eskapade bestraft.

Die Vorgänge, so wie sie beschrieben wurden, sind tatsächlich sehr irreführend. Das ganze Ausmaß ihrer unerklärlichen Natur kann allerdings nur verstanden werden, wenn man ein kleines denkwürdiges Detail im Logbuch über den Mann namens Capalfi nicht überliest. Capalfi, der unsichtbare Häuptling der örtlichen Wilden, der Stratege, der weder eingefangen noch von einer Armee in Kettenpanzern aufgehalten werden konnte, der Riese, der immer außer Sicht- und Greifweite blieb, war querschnittsgelähmt. Er war unfähig zu stehen, geschweige denn zu laufen. Capalfi führte alle Aufgaben, die von einem großen Häuptling erwartet wurden, auf dem Boden sitzend durch. Wenn er sich von einem Ort zu einem anderen begeben wollte, schleppte er sich selbst auf Händen und Knien dahin, oder er erlaubte einigen seiner Männer, ihn zu tragen. Beide Möglichkeiten waren äußerst schwierig, wenn man seine Größe in Betracht zieht. Sein Verschwinden bleibt ein Rätsel, aber auch eine Tatsache. Capalfi verschwand in dieser Nacht ohne jegliche Spur, ohne ein Geräusch und wurde nie wieder von einem zivilisierten Menschen gesehen, jedenfalls nicht für die nächsten 450 Jahre.

~ 3 ~

Traumreisen

Nach dieser Nacht im Vorgarten sah ich Capalfi nie wieder. In den kommenden Wochen ging ich jedoch immer wieder zu der Stelle zurück, an der er mir seine Geschichte erzählt hatte und wo ich die kleinen Gaben, die Maisgrütze, Zigaretten und die italienischen Gewürze, hinterlegt hatte. Ich fand dort auch viele Objekte im Gras liegen. Verschiedenfarbige Glasperlen, verzierte Knochen, schöne Steine, Muscheln, Töpferwerk und eine Pfeife, aus Knochen geschnitzt, waren dort hinterlassen worden, wo sie auf alle Fälle von einer Person gesehen werden konnten, die sich immer mehr über Gegenstände freute, welche eher die Freude eines kleinen Kindes als die einer erwachsenen Frau wecken sollten. Die Entdeckung und Sammlung meiner kleinen Geschenke gaben mir ein Gefühl der Zufriedenheit und Bestätigung. Ich dachte, fühlte in meinem Herzen und sah mit meinen eigenen Augen, dass sie aus einer anderen Welt kamen oder wenigstens aus einem Teil unserer Welt, vor dem wir alle, mit der Ausnahme von Kindern, seit Generationen unsere Augen verschließen. Kinder können diese andere Welt ganz klar sehen. Dann bringen wir ihnen bei, sie nicht zu sehen, und richten große Verwirrung in ihren reinen Gedanken an.

Ein paar Monate nach meinem Treffen mit Capalfi wurde mir diese Tatsache deutlich vor Augen geführt. Ich erhielt eine Einladung zu einem vorzeitigen Powwow, einem indianischen Festmahl, zu dem auch eine Menge Lakota- und Comanche-Indianer eingeladen waren. Ich versprach, ein paar italienische Speisen vorzubereiten, wie zum Beispiel Lasagne und gefüllte Manicotti. Ich wollte auch meine Kinder mitbringen, damit sie einige meiner neuen Freunde kennenlernen würden, die zum Teil aus weit entfernten Reservaten zu diesem Fest angereist kamen. Als wir am besagten Haus ankamen, erkannte mich ein junger Comanche, der mit einigen Freunden auf der Veranda saß. Er kam mir zum Auto entgegen, um mir zu helfen, das Essen ins Haus zu tragen. Er trug eine Lederweste, und in seinem langen schwarzen Haar steckten zwei Federn. Um seinen Hals trug er eine Kette aus zinkenartigen Knochen.

Ich bewahrte die beiden großen Gerichte in je einer Kasserolle auf. Sie befanden sich auf dem Beifahrersitz. Sie waren noch heiß und dampften. Meine Ofenhandschuhe lagen auf der Alufolie, die das Essen abdeckte. John und Emily saßen in ihren Kindersitzen auf der Rückbank. Ich öffnete dem Mann die Beifahrertür, und er beugte sich nach vorn, um die großen Kasserollen aus dem Auto zu nehmen. Dabei fiel sein langes Haar über seine Oberarme.

„Vorsicht“, sagte ich, „ich habe sie gerade erst aus dem Ofen genommen, und sie sind noch ganz heiß.“ Er zog sich die orangefarbenen und gelben Ofenhandschuhe an und schmunzelte über deren nicht ganz übereinstimmende Erscheinung. Dann hob er seine Hände so hoch, dass auch die Kinder die Handschuhe sehen konnten, und lächelte auch sie an. Sie reagierten darauf weder mit einem Lachen noch mit einem Lächeln. John, der zu diesem Zeitpunkt gelegentlich noch ein Fläschchen bekam, zog den Schnuller der Flasche aus dem Mund und gaffte den Mann mit offenem Mund an. Ein winziger Tropfen Milch rann langsam über sein Kinn. „Emily!" John hob seine Hand und zeigte auf den Mann. Dann schaute er seine Schwester fragend an: „Indianer?" Sie nickte. Auch sie starrte den Mann verwundert an, der inzwischen die Kasserolle mit Lasagne und Manicotti vom Beifahrersitz gehoben hatte. „Ja, mein Sohn", antwortete Emily leise feierlich, wobei sie einen ihrer Lieblingsnamen für ihren Bruder benutzte. „Ich kann ihn auch sehen." Die Augen meiner beiden Kinder weiteten sich vor Verwunderung. Schließlich konnte Emily nicht länger an sich halten und brach das Schweigen. „Mami?", rief sie mir, sich aus dem Fenster lehnend, laut zu. Jetzt zeigte auch sie mit dem Finger auf den Mann, der meine Ofenhandschuhe trug. „Ist das ein richtiger Indianer, oder bilden wir uns ihn wieder nur ein?" Mein Freund, der Comanche, stellte sich aufrecht hin und schaute mich mit einem etwas vorwurfsvollen Blick an – es war nur ein kurzer Augenblick, doch sein Blick war äußerst wirksam. Ich hatte keinen Zweifel daran, dass er sich über meine Erziehungsmaßnahmen sichtlich wunderte. Ich hatte allerdings keine Zeit, ihm alles zu erklären. Mein Gesicht lief rot an, bis es die Farbe der Marinarasauce hatte, in der die Manicotti schwammen.

Trotz der vielen Fettnäpfchen, in die ich trat, wuchs meine

Freundschaft mit den Indianern, insbesondere einigen des Lakota-Volkes stand ich bald sehr nahe. Es waren auch die Lakotas, die mir eine Pfeife aus der Gegend des Pine Ridge Rosebud schickten. Sie wurde mir von einem Boten geschickt mit einer Nachricht, die ich immer in Erinnerung behalten werde: „Wenn du diese Pfeife als Geschenk annimmst, wird sie dein Herz für immer mit dem Herzen des Lakota-Volkes verbinden." Entgegen meinen Erwartungen schickten sie mir wenig später noch ein anderes Geschenk.

Eines Nachmittags fand ich ein kleines Päckchen in der Post. Es war in braunes Papier eingewickelt. Ich öffnete es und fand darin ein kleines Kästchen, aus Fell hergestellt und mit Quasten verziert. Es war leer. Das Fell der Dose war gegerbt, und auch die weichen Quasten, die an ihr baumelten, waren gegerbt. Jemand hatte die Seiten sowie den Deckel des Kästchens in gelber, roter und grüner Farbe mit einem wunderschönen Muster bemalt. Es waren Kreise, deren Ränder sich so überschnitten, dass sie mandelförmige Kreuze auf jeder Seite bildeten. Die Kreise waren vollkommen symmetrisch angeordnet, und die Kreuze zeigten in die vier Himmelsrichtungen. Der kleinen Dose lag auch eine Notiz bei. Sie war von meiner Freundin Kathleen, die in einem abgelegenen Reservat in North Dakota lebt. „Der Großvater, von dem ich dir erzählt habe, hat dieses Kästchen angefertigt." Sie meinte einen Ältesten, über den sie in einem ihrer Briefe geschrieben hatte. Einige Geschichten aus seinem Leben hatten mich mehr als nur einmal in Erstaunen versetzt und zum Nachdenken gebracht. Die Philosophien, gemäß denen er sein Leben verbrachte, hatte er sich selbst erwählt. Einige davon konnte ich nur schwer verstehen. Seine Entscheidung, ohne Elektrizität zu leben, konnte ich am wenigsten begreifen, denn dieser Mann wandelte auf einem jener entlegenen Teile unserer Mutter Erde, die für ihre sehr strengen Winter nur zu gut bekannt sind: North Dakota. „Diese kleine Dose ist für die weißen Steine", erklärte sie in ihrer Notiz. „Er möchte dich bitten, die weißen Steine in ihr aufzubewahren." Dieser Gedanke erschien mir ein wenig seltsam. Ich hatte angenommen, dass, wenn er irgendetwas in diesem Kästchen aufbewahren wollte, es wohl die Tonscherben wären. Aber nein, es waren die einfachen weißen Steine, für die er dieses Utensil mit seinen perfekten Kreisen und Kreuzen angefertigt hatte. Ich verstand die Gründe, die sich hinter dem Wunsch des alten Mannes verbargen, genauso wenig, wie ich seinen Entschluss verstand, in North Dakota ohne Elektrizität zu leben, aber ich respektierte ihn. Ich nahm die Steine, die ich gesammelt hatte, und legte sie in die Schachtel, und jene, die ich noch zukünftig sammeln würde, würde ich ebenfalls hineinlegen.

Das Lakota-Volk machte mir viele Geschenke. Sie schenkten mir Lachen und andere Dinge, die ich von ihnen lernte. Sie schenkten mir eine Pfeife und eine Art Zusammengehörigkeit, eine Art Seelenverwandtschaft. Und den weißen Steinen schenkte das Lakota-Volk ein liebevoll angefertigtes Heim, in dem sie immer sicher aufbewahrt sein würden.

Sosehr sich meine Wahrnehmung während dieser Wochen und Monate auch veränderte, kam Craigs doch nie ins Schwanken. Ich näherte mich dieser anderen Welt immer mehr an, oder vielleicht näherte sie sich auch mir. Doch zwischen mir und Craig entstand zur gleichen Zeit eine Kluft. Sie wurde immer größer. Still, aber beständig, fast unmerklich, bis sie eines Tages irgendwie zu groß geworden war, als dass sie noch zu überbrücken war. Ich entsprach nicht länger dem sozial akzeptablen Image der Frau eines Rechtsanwalts. Craig und ich trennten uns schließlich, nicht abrupt, sondern in Etappen. Für eine ganze Weile lebten wir – als gute Freunde – in gegenüberliegenden Flügeln des Hauses, bevor wir uns scheiden ließen. Die Bande unserer Partnerschaft entflochten sich nach und nach. Währenddessen wurden die Fäden unseres individuellen Lebens in zwei verschiedene, nicht zusammengehörige Teppiche neu eingewebt. Craigs Teppich blieb auf dem Boden, verbunden mit der Erde, während meiner allerdings Eigenschaften anzunehmen schien, die eher denen eines fliegenden Teppichs glichen.

Die Vorgänge, die sich als Nächstes ereigneten, waren sogar noch beunruhigender und verwirrender als meine ersten Begegnungen mit der Geisteswelt. Ohne jegliche Warnung verwandelte ich mich eines Nachts zum Schlafwandler. Zunächst äußerte sich dies nur in sehr kurzen Exkursionen (ansonsten wäre ich wahrscheinlich vor Schock tot umgefallen). Ich ging schlafen und erwachte ganz plötzlich, immer noch träumend und dennoch bei vollem Bewusstsein. Meine Wahrnehmung der Umgebung war geschärft, und ich erschrak, als ich bemerkte, dass ich mich nicht länger in meinem Schlafzimmer befand. In der ersten Nacht meiner nächtlichen Ausflüge wachte ich auf und fand mich wadentief in einem Gebirgsbach stehend wieder. Ich trug ein langes weites Kleid, das ich um meine Knie gewickelt hochhielt. Es war das kalte Wasser, das mich wach rüttelte. Ich sah mich in dieser seltsamen Umgebung um. An diesem Ort schien es später Nachmittag zu sein. Ich befand mich in einem tiefen Wald, den ich vorher nie gesehen hatte. Das Geräusch des plätschernden Bachs hinderte mich wahrscheinlich daran, die beiden Männer zu hören, die sich mir auf ihren Pferden von hinten leise näherten. Ich spürte, dass ich beobachtet wurde, drehte mich um und sah zwei junge Indianer still auf braun-weiß gescheckten Pferden sitzen. „Washday “[1], sagte der eine. „Wash sheets, too“[2], sagte der andere. Dann zügelten sie ihre Pferde, lenkten sie auf einen Pfad und verschwanden langsam dahinreitend im Dickicht des Waldes.

Am folgenden Morgen, einem Samstag – teilte ich Craig, der gerade aus seinem Teil des Hauses kam, mit, dass ich jedes einzelne Laken im Haus waschen müsse, denn ich hätte mystische Anordnungen bekommen. Dieses Projekt nahm einige Stunden des Tages in Anspruch, obwohl ich sowieso schon einen straffen Zeitplan hatte. Fred und Eunice kamen in die Stadt und wollten ungefähr um fünf Uhr nachmittags auf ein paar Bier und Shrimps bei uns vorbeischauen. Als sie endlich da waren, klärte Craig Fred im Flüsterton über meine morgendliche Waschaktion auf. Er nahm wahrscheinlich an, dass Fred, der Medizinmann, der zu diesem Zeitpunkt weitaus normaler zu sein schien als ich, mich wieder zu Verstand bringen und mein zunehmend störendes Verhalten eindämmen konnte. Fred nahm mich zur Seite und fragte mich über meine geheimnisvollen Anweisungen aus. Ich erklärte ihm haargenau, was passiert war, und wartete dann gewohnheitsmäßig die Minuten ab, die er brauchte, um sich von seinem Lachanfall zu erholen.

---

1 Engl. für „Waschtag“

2 Engl. für „Wasch auch die Laken.“

„Das waren Lakota-Indianer", sagte er.

„Woher weißt du das?"

„Weil ‚washtahey' ein Lakota-Wort ist. Es bedeutet ‚gut'."

„Und warum haben sie mir dann gesagt, dass ich die Laken waschen soll?"

Fred brach wieder in lautes Gelächter aus. Ich wartete.

„Sie haben dir nicht gesagt, du sollst die Laken waschen", brachte er zwischen ein paar Glucksern heraus. Ihm liefen die Tränen übers Gesicht. „‚Washeechu' bedeutet ‚weiße Person'", sagte er. „Sie haben dich beobachtet und Kommentare über dich abgegeben."

Es war gut, Fred an meiner Seite zu haben, der mir solche Ereignisse erklären konnte. Aber es kam bald eine Zeit, wo er und Eunice sich ganz plötzlich scheiden ließen und er sogar noch weiter weg zog, als die Okeefenokeesümpfe es bereits waren. Ich war also mehr oder weniger auf mich selbst gestellt und konnte seine Hilfe nur über das eine oder andere Ferngespräch in Anspruch nehmen. Bevor er aber wegzog, gab mir Fred zwei Geschenke. Das eine war ein kleiner Stein, den er von seiner Reise zum Machu Picchu mitgebracht hatte. Das andere war ein flacher Stein von Bear Butte, einem Ort, zu dem der große heilige Mann, den wir Crazy Horses nennen, gegangen war, um in Einsamkeit zu beten. Ich legte beide unter mein Kopfkissen. Ich hatte weder eine Ahnung von dem starken Energiefeld, welches Steine haben, noch davon, welche Dinge aus anderen Welten durchsickern können, wenn man in unmittelbarer Nähe zweier Steinen mit solch unglaublicher Energie einschläft. Sobald ich meinen Kopf auf das Kissen gelegt hatte, zog es mich augenblicklich ins Unbekannte. Ich erwachte plötzlich in der Nähe eines

Lagerfeuers, neben dem ein weißhaariger Ältester saß. Die Nacht war unheimlich dunkel, und ich konnte keinen Mond am Himmel ausfindig machen. Nur der Schein des Lagerfeuers warf Licht auf meine nähere Umgebung. Als der Mann mich erblickte, huschte ein Hauch von Unglauben über sein Gesicht. Augenblicklich sprang er auf seine Füße und schaute mir in die Augen. Der Mann fing an, mit mir zu sprechen – oder besser gesagt, er schrie mich an –, nicht auf Englisch, sondern in seiner eigenen Sprache. Ich war nicht in der Lage, irgendetwas von dem, was er sagte, zu verstehen. Also blieb ich einfach nur da stehen und starrte ihn an. Frustriert nahm er schließlich meinen Arm und gab mir zu verstehen, dass ich mich ans Lagerfeuer setzen und dort warten solle. Er ging in die Dunkelheit und kam erst nach einer langen Zeit zurück. Ich starrte in die Flammen, während ich auf seine Rückkehr wartete, und fragte mich, wo ich überhaupt war.

Als er zurückkam, begleitete ihn ein jüngerer Mann, der, so nahm ich an, so etwas wie sein Lehrling war. Der Älteste und der junge Mann setzten sich, und der Älteste begann zu sprechen. Der Lehrling dolmetschte seine Worte ins Englische. „Er wurde dir als einer deiner Lehrer zugewiesen“, sagte der Lehrling, wobei er auf den Ältesten wies.

„Oh Gott“, sagte ich mit einem breiten Lächeln. „Es ist schön, dich kennenzulernen!“ Der Älteste erwiderte mein Lächeln nicht. Er begann wieder zu sprechen. Diesmal benutzte er seine Hände dazu und zählte an seinen Fingern ab, eins, zwei, drei, vier – viele, viele Male über die, was immer sie auch sein mochten, er angeblich erbost war. Er redete und redete, und ich schaute den Lehrling an, um von ihm ein paar Informationen zu erhaschen. Doch der starrte den

Ältesten an und hörte seinem Bericht gebannt zu. Als der Älteste schließlich seinen langen Monolog beendet hatte, starrte er mich, offensichtlich ziemlich erschöpft, an.

„Er ist nicht glücklich über diese Aufgabe“, sagte der Lehrling. Der Älteste, nicht mehr ganz so erbost, hob wieder zu sprechen an und wartete dann auf die Übersetzung.

„Er wurde dir vor langer Zeit als Lehrer zugeteilt, vor vielen Jahren“, sagte der jüngere Mann. „Aber du hast ihm nicht lange zugehört. Du hast aufgehört, auf ihn zu hören, als du noch ein Kind warst.“ Der Älteste sprach wieder, machte dann wieder eine Pause und starrte mich an. „Er hat immer und immer wieder versucht, mit dir zu reden. Er hat mit seinen Händen vor deinem Gesicht herumgefuchtelt. Doch du hast so getan, als wenn er gar nicht existierte. Er möchte wissen, warum du ihn so ignoriert hast.“

„Bitte sag ihm, dass es mir leid tut“, sagte ich und hoffte auf Gnade, die mich bald aus diesem beschämenden Albtraum erwecken würde. „Aber ich wusste von alldem nichts. Ich konnte ihn nicht sehen! Vielleicht, weil ich ja nur teilweise indianisches Blut in mir habe.“

Der Älteste sprach wieder, und der andere Mann fing an zu lachen. Immer noch lächelnd sprach der Lehrling zu mir: „Er hat versucht, dich durch Tonscherben und glänzende Perlen aufzuwecken. Das war seine letzte Hoffnung.“ Er musste wieder lachen.

„Oh, na klar“, sagte ich, „die Tonscherben!“ Die Erinnerung an meine Schatzsammlung brachte auch mich zum Lachen.

Der Älteste sprach wieder. „Er meint, dass du entweder ganz Indianer bist, oder gar nicht“, sagte der Lehrling. „Es ist ein Entscheidung des Herzens. Du kannst genauso wenig ‚teilweise' Indianer sein wie du nur ‚teilweise' lebendig oder ‚teilweise' tot sein kannst."

„Dann entscheide ich mich, zu leben."

Der Lehrling übersetzte, und mein Lehrer gab mir eine letzte Botschaft. „Für was auch immer du dich entscheidest, merke dir, wir sind alle miteinander verwandt."

Damit endete der Traum. Endlich hatte ich einen meiner Lehrer getroffen. Am nächsten Morgen erwachte ich mit einem Gefühl der Zufriedenheit, endlich einen Teil des Geheimnisses um die Tonscherben gelüftet zu haben. Doch dann fiel mir auf, dass mein Lehrer kein Wort über die weißen Steine verloren hatte. Ich rief meine Mutter an, um ihr von meinem Traum zu erzählen. Sie bestätigte mir, dass ich als kleines Mädchen viele Stunden damit verbracht hatte, mich mit jemandem zu unterhalten, den mein Vater und sie nicht sehen konnten. Wenn sie mich fragten, mit wem ich sprach, erwiderte ich „George der Bär".

Im Winter des Jahres 1987 hatte ich eine schwere Grippe. Ich war zu krank, um mich bewegen, schlafen oder träumen zu können. Und dann kam mir der Lehrer aus meinem Traum zu Hilfe. Der stechende Schmerz der Bronchitis erinnerte mich mit jedem Atemzug daran, dass etwas nicht in Ordnung war. Bei dem Versuch, die winzig kleinen Feinde in mir zu bekämpfen, heizte sich mein Körper bis auf 39 Grad auf. Meine Gelenke und Muskeln schmerzten so sehr, dass ich mich quasi nicht bewegen konnte. Ich rief den Arzt an und machte einen Termin für den nächsten Morgen aus.

Es war weit nach Mitternacht, als ich endlich in eine Art „Schlaf" abdriftete. Ich schloss meine Augen für diese Welt und öffnete sie in der anderen. Ich fand mich in einem schummrig beleuchteten rechteckigen Bauwerk wieder. Neben mir saßen zwei Älteste. Einer von ihnen war mein Lehrer. Das Gesicht des anderen konnte ich nicht erkennen. Ich öffnete im „Traum" meine Augen und sah meinen Lehrer, den ich am Lagerfeuer getroffen und in meiner Kindheit als George den Bären gekannt hatte, über mich gebeugt. Er musste mich bereits eine ganze Weile so aus der Nähe beobachtet haben. Er stand auf. Diesmal sprach er in meiner Sprache zu mir. In einem krächzenden Flüsterton sagte er: „Wir haben lange gewartet!" Er war sichtlich verärgert. Vielleicht wollte er seinem Namen alle Ehre machen. „Warum hast du nicht eher geschlafen?"

„Ich konnte nicht", sagte ich. „Meine Schmerzen waren zu groß."

„Dreh dich um", sagte er. „Leg dich auf den Bauch."

Mit großer Mühe tat ich, was er mir befahl. Er zog mein T-Shirt hoch, und ich spürte, wie er kleine angenehm warme Körner kreisförmig über meinen Rücken streute.

„Was ist das?", fragte ich.

„Maiskörner – Und jetzt sei still."

Er stülpte eine erhitzte Schale über die Körner, setzte sich neben mich auf den Boden und begann ein weiches, dem regelmäßigen Schlag eines Herzens ähnliches Trommeln. Der andere Heiler, dessen Gesicht ich nie richtig erkennen konnte, fing leise zu singen an und bewegte dazu eine Rassel aus Muscheln. Die Vibrationen schienen meinen gesamten Körper inklusive meiner Knochen zu durchdringen. Die von der Schale und den Maiskörnern ausgehende Hitze war enorm, und ich brach in starkes Schwitzen aus. Nach einigen

Minuten wurde die Schale von meinem Rücken entfernt. Das schien auch die Hitze aus meinem Körper zu entfernen, und ich fühlte mich nicht länger fiebrig, sondern angenehm kühl. Mein Lehrer befahl mir, mich aufzusetzen, und reichte mir eine weitere Schale, diesmal mit dampfender Suppe gefüllt.

„Was ist das?", fragte ich und überging dabei seine Anweisung zu schweigen.

„Kürbissuppe", antwortete er mir. „Trink."

Das tat ich. (Die Kürbissuppe von George dem Bären schmeckte wunderbar. Ich versuchte die einzelnen Zutaten zu identifizieren und mir zu merken, um sie später für meine eigene Familie zu machen. Aber es ist mir nie wirklich gelungen, sie genauso gut hinzukriegen.) Ich war dankbar für die Aufmerksamkeit, die er mir trotz seiner Schroffheit entgegenbrachte. Dennoch fragte ich mich, ob seine Medizin wohl Wirkung zeigen würde. Ich war immer noch nicht vollständig von der Wirklichkeit der Traumwelt überzeugt. Dann schlief ich im Traum wieder ein. Danach kann ich mich nur noch an ein Gefühl des Schwebens durch einen leeren Raum erinnern.

Am Morgen streckte ich meine Glieder und erwartete den Schmerz, der meiner Bewegung augenblicklich Grenzen setzen würde. Doch stattdessen merkte ich, dass ich keine Schmerzen mehr hatte. Ich tat einen tiefen Atemzug. Meine Lungen waren frei und ebenfalls ohne Schmerzen. Ich ging ins Badezimmer, um meine Temperatur zu messen. Das Fieber war verschwunden. Ich drehte mich mit dem Rücken zum Spiegel und hob mein T-Shirt hoch in der Erwartung, die kreisförmigen Abdrücke der Schale zu sehen. Aber auf meinem Körper war nichts zu entdecken. Es gab keine Beweise dafür, dass meine

Erlebnisse in der Traumwelt tatsächlich stattgefunden hatten, außer dem einen offensichtlichen Beweis: Irgendwann im Verlauf dieser Nacht war ich durch Mais, Kürbis, zwei Älteste und eine süßliche Medizin geheilt worden. Erfahrungen wie diese führten mich zu der Erkenntnis, dass das Wort „Traum" nicht ganz auf das zutraf, was ich Nacht für Nacht erlebte. Ich erschrak sehr, als ich mitbekam, dass ich Orte in meinen Träumen besuchte, die ich dann am nächsten Tag, manchmal aber auch erst Wochen oder Monate später im physischen Wachzustand besuchte.

Dessen wurde ich mir während einer unserer letzten Ferien, die Craig und ich als getrenntes, aber immer noch verheiratetes Paar machten, bewusst. Anfang des Jahres 1988 fuhren wir in die Berge von Carolina. Die Straße vor uns kam mir auf einmal sehr bekannt vor. In der Nacht zuvor hatte ich davon „geträumt". In diesem „Traum" hatte ich auch gesehen, was sich auf der anderen Seite des Hügels, auf den wir nun zufuhren, befand. Ich krallte mich sofort mit beiden Händen am Armaturenbrett fest.

„Oh nein, fahr langsamer!", schrie ich. „Irgendwas passiert hier gerade."

Erschrocken trat Craig auf die Bremse. „Was soll das heißen? Was passiert hier gerade?"

„Ich weiß nicht. Irgendwas passiert mit mir. Hier stimmt was nicht", sagte ich. Mir war schwindlig, unwohl und klamm zumute. Mein Herz raste. Übelkeit und Déjà-vu-Erlebnisse überschwemmten mich. „Ich glaube, ich muss gleich sterben oder so", sagte ich.

Er fuhr noch langsamer. „Sterben? Was ist los?"

„Ich war letzte Nacht hier."

„Was soll das heißen?“

„Das heißt, dass ich von all dem, was ich gerade sehe, letzte Nacht geträumt habe. Ich war hier. Du musst ganz vorsichtig fahren, wenn wir auf die andere Seite des Hügels kommen. Da liegt ein großer LKW auf der Straße. Er hatte einen Unfall. Er liegt umgeworfen auf halber Höhe auf der Straße.“

Mein verschrecktes Erscheinungsbild und meine überwältigende Angst müssen sehr überzeugend gewirkt haben, denn Craig näherte sich dem Hügel mit großer Vorsicht. Als wir auf die andere Seite kamen, sahen wir den umgefallenen LKW genau so, wie ich es in der Nacht zuvor geträumt hatte. Wir besprachen die Angelegenheit nicht weiter. Ich hatte sowieso keine Erklärung parat. Wann immer ich in jener Zeit ähnliche Situationen erlebte, fühlte ich mich einfach nur schrecklich. Viele Monate lang war ich in den Momenten, in denen sich die Erfahrungen meiner Träume bestätigten, davon überzeugt, auf der Stelle sterben zu müssen. Viele meiner Träume erschienen mir auf die Art und Weise, wie mir die Geschichte der Adongohela erzählt worden war. Sie entfalteten sich vor meinen geschlossenen und dennoch geöffneten Augen in Sprachen, die ich nicht verstehen konnte. Nur in einigen Fällen wurde ich in meiner eigenen Sprache angesprochen.

Nacht für Nacht war es mir erlaubt, indigene Menschen zu beobachten, während sie kochten, Gemüse anbauten, ihre Kranken heilten und Zeremonien abhielten. Einmal, ich stand gerade hinter ein paar Baumwollpflanzen, ritten mehrere Männer auf bemalten Ponys an mir vorbei, ohne etwas zu sagen. Ich wusste, dass sie sich meiner Anwesenheit bewusst waren, denn auf ihren Gesichtern lag ein leichtes Lächeln.

Doch abgesehen davon ließen sie sich nichts anmerken. Das war nichts Ungewöhnliches. Ich wurde regelmäßig ignoriert. Ich konnte nicht verleugnen, dass diese Menschen nicht mich in meinen bizarr klaren Träumen besuchten, sondern dass ich sie besuchte.

Ich besuchte viele eingeborene Völker, während ich schlief und doch bei vollem Bewusstsein war. Ich besuchte die der Buchten, die der Prärie, diejenigen des Gebirges und die der Wüste. Bei vielen Gelegenheiten traf ich auf meinen Lehrer, der mir immer kleine Aufgaben stellte – wobei ich meistens dabei versagte, sie zu erfüllen; manchmal, weil er sich weigerte, mit mir auf Englisch zu sprechen, andere Male erklärte er mir nicht vollständig, was er von mir erwartete. Oft war ich auf mich allein gestellt, und er war überhaupt nicht anwesend.

Als ich eines Nachts durch die Wüste lief, kam ich in die Nähe eines alten Dorfes. Ich sah einen Mann, der in einem kleinen Maisfeld arbeitete. Er trug ein hellrotes T-Shirt. In seinem schulterlangen schwarzen Haar trug er ein blaues Tuch, das an der Seite zu einem Knoten zusammengebunden war. Er hörte auf zu arbeiten, als er mich erblickte, sah mich einen Moment prüfend an, lächelte dann und winkte mir zu. Ich erwiderte seinen Gruß. Dann ging er wieder an seine Arbeit. Als ich so durch das Dorf wanderte, fielen mir die Details der Behausungen und deren individuelle Gärten hinter den Häusern auf. Ich schrieb die Details in einem kleinen spiralgebundenen Notizbuch nieder, in dem ich angefangen hatte, die Erlebnisse meiner Träume festzuhalten. Die Seiten dieses kleinen Notizbuches waren es auch, die mir letztlich klarmachten, dass es keine Grenzen gibt. Es mag zwar eine Schwelle zwischen unserer Welt und der geistigen Welt existieren, diese kann man jedoch auch überschreiten. Uns steht es frei, beide Welten zu erfahren und uns in beiden Welten wohl zu fühlen. In beiden sind wir willkommen.

Die Maisträume ereigneten sich immer öfter, und somit wuchs auch meine Faszination für Mais. Eines Nachts fand ich mich auf einem sandigen gelben Hügel wieder. Ich beobachtete, wie ein ganzes Dorf gemeinsam in der gleißenden Sonne Mais anbaute. Die Menschen klagten nicht über die Sonne, die ihnen auf den Rücken brannte. Im Gegenteil, sie feierten sie. Die Sonne würde notwendig sein, denn sie würde die gepflanzten Samen ins Leben rufen. Anschließend würden die Samen ihnen Geschenke gebären. Dies war das Schicksal eines Samens. In dieser Nacht beobachtete ich eine Zeremonie der Hoffnung und des Vertrauens. Jede einzelne Person war sich dessen bewusst, dass kein Samen jemals im Himmel oder auf Erden, in Träumen oder im Wachen ohne Hoffnung gepflanzt wurde. Sie pflanzten nicht nur Mais. Sie drückten mit diesem Ritual vielmehr ihre Hoffnung aus. Ihr Vertrauen war ganz deutlich darin zu erkennen, wie sie ihre Arbeit verrichteten. Die Menschen in meinen Träumen pflanzten ihren Mais nicht in flachen Furchen, so wie es der moderne Mensch tut. Sie ließen ungefähr ein Dutzend getrocknete Körner in einen beeindruckenden Erdhügel fallen, in den sie zuvor ein fast dreißig Zentimeter tiefes Loch gegraben hatten. Im Herzen eines jeden Loches war ein Fisch begraben. Ich verhielt mich still und drückte nie meine Zweifel daran aus, dass Mais, der so tief eingepflanzt wurde, je das Tageslicht erblicken würde. Mehrere Male, wenn ich über die Unschuld dieser Menschen während der Zeremonie lächelte, schauten sie mich an und erwiderten mein Lächeln. Zur rechten Zeit würde ich verstehen, warum sie lächelten, denn zur rechten Zeit würde ihr Mais emporwachsen. Sie wussten genau, dass er das tun würde. Er entfaltete sich aus starken und dicken Stängeln und erzählte im Guten von dem dichten Nebel und seinen tief verpflanzten Wurzeln in jedem der Erdhügel. Es gab keinen einzigen langen spindeldürren Stängel, und nicht eine einzige Pflanze musste entfernt werden. Nichts wurde in dieser feierlichen Zeremonie vergeudet.

Die Maisträume besuchten mich weiterhin regelmäßig in der Nacht, bis ich eines Tages im Frühling feststellte, dass ich kein Maisfeld oder auch nur die Fotografie eines Feldes ansehen konnte, ohne dessen heiliges Wesen zu spüren. An diesem Tag ging mir noch ein zweites Licht auf. Endlich verstand ich, dass unser Gehirn unsere Träume genauso speichert wie jede andere Erfahrung unseres Lebens. Unsere Träume werden mit derselben Präzision in unser Gedächtnis eingemeißelt wie Erfahrungen des Wachzustandes – und weder den Träumen noch den Erfahrungen des Wachzustandes wird mehr oder weniger Bedeutung zugeschrieben. Beide sind gleichwertig.

Im späten Frühjahr des Jahres 1988 erblühten die gelben Rosen gemäß den Gesetzen der Natur ein weiteres Mal. Ich war jedoch nicht auf das vorbereitet, was als Nächstes passieren sollte.

Ganz plötzlich hörte der Busch auf, Blüten zu tragen. Ich interpretierte dieses Phänomen so, wie ich jedes schmerzvolle Ereignis interpretierte: Der Allgegenwärtige strafte mich für eine Sünde, derer ich mir nicht bewusst war. Ich rief einen Rosenexperten an. Der erklärte mir, dass es häufig vorkommt, dass ein Busch aufhört zu blühen. Das passiere häufiger und sei eher ein Zeichen dafür, dass der Busch sich in einem schlafenden Zustand befindet, als für einen strafenden „Akt Gottes". Ich zweifelte daran, und zwei ganze Wochen lang behielt ich ein Auge auf den Rosenbusch und wartete darauf, dass er neue Blüten tragen würde als Zeichen dafür, dass die Götter der Vergeltung wieder besänftigt waren und meine Strafe vorbei sein würde. Am Ende dieser zwei Wochen gaben die Götter mir jedoch ein Zeichen dafür, dass ich sie wohl doch noch nicht ganz beschwichtigt hatte. Eines Morgens öffnete ich die Eingangstür und stellte fest, dass der gesamte Busch einfach so verschwunden war. Dort, wo mir zuvor das strahlende Gelb der Blüten entgegengesprungen war, befand sich stattdessen gähnende Leere. Die Leere sprang mir allerdings genauso entgegen wie zuvor die gelben Rosen. Schnell ging ich zu der Stelle, an der ich normalerweise die weißen Steine und Tonscherben fand. An diesem speziellen Tag fand ich nichts vor. Es lagen keine Steine und auch keine anderen Geschenke für mich im Gras. Später, am Nachmittag desselben Tages, verschwand die Feder, die ich in Ehren gehalten, die Feder, die ich an dem Ort vor meinem Haus gefunden hatte, wo mich der junge Mann aus dem Westen am Arm berührt hatte. Sie verschwand genauso plötzlich wie der Rosenbusch. Mir ging der Satz „Der Herr gibt, und der Herr nimmt" durch den Kopf. Dieser Satz schien meine Situation voll und ganz widerzuspiegeln, doch er spendete mir in diesem Moment wenig Trost. Ich setzte mich vor das Haus und betrauerte meinen Verlust. Krampfhaft hielt ich den Stein vom Bear Butte in meinen Händen, den Fred mir vor seinem Weggang geschenkt hatte. Ich hoffte, dass er mir vielleicht Stärke und

Mut verleihen würde, und dachte darüber nach, was ich wohl getan hatte, um all dies hervorzurufen.

„Du wirst nicht bestraft", sagte eine ruhige männliche Stimme. Es war dieselbe Stimme, die am Tag der blauen Eichelhäher zu mir gesprochen hatte. Ich drehte mich um, in der Hoffnung, endlich diese geheimnisvolle Person zu sehen. Nichts.

„Werde ich nicht?", fragte ich. „Wenn das keine Strafe ist, was ist es dann?"

„Was du als Strafe missverstehst, ist stattdessen eine Lehre tiefsten Mitgefühls", sagte er.

„Mitgefühl?", fragte ich wieder. „Mir wurden meine Geschenke weggenommen. Meine Rosen sind weg. Der ganze Busch ist weg. Ich werde sie nie wieder sehen."

„Die Rosen sind nicht weg", antwortete er mir ruhig. „Sie blühen jetzt an einem anderen Ort, doch sie gehören dir für immer. Das Herz eines Schatzes liegt nicht im physischen Besitz des Geschenks. Der Schatz liegt in deinem Bewusstsein darüber, dass dir das Geschenk gegeben wurde. Er liegt in der Gewissheit über die Liebe, in der dir das Geschenk überreicht wurde. Die physischen Dinge, die für die Liebe stehen, verlassen diese Welt, wohingegen dein Wissen über ihre Existenz und über die Existenz ihrer Liebe selbst für die Ewigkeit ist. Die Blütenblätter einer Blume mögen verblühen, doch deine Gewissheit über ihr einstiges Blühen bleibt dir für immer. Das wahre Geschenk ist der Akt des Gebens selbst. Er bleibt für die Ewigkeit."

„Dann wurden mir meine Geschenke gar nicht weggenommen?"

„Nein. Du vermisst nur die physischen Dinge, die ein Symbol für das Geschenk sind. Der Akt der Liebe, in dem sie dir gegeben wurden, ist für immer dein."

Ich fühlte mich auf einmal viel besser. Nur der scheinbare Beweis für meine Geschenke war unsichtbar geworden. Die Kenntnis, dass sie mir einst übergeben wurden, blieb mir für immer. Das war ein eigenartiges neues Konzept, eine ganz neue Art, mit Verlusten umzugehen. Es fand zwar nur eine ganz leichte Veränderung in meiner Wahrnehmung statt, doch aus irgendeinem Grund half sie mir, mich leichter und besser zu fühlen. Ich war plötzlich sehr durstig. Ich legte den Bear-Butte-Stein zurück ins Gras, stand mit einem leichten Schwindelgefühl auf und ging auf das Haus zu. Während ich diesen kurzen Weg zurücklegte, bemerkte ich, dass ich zwei Schatten warf, einen durch die Sonne und den anderen durch eine andere Lichtquelle. Ich drehte mich noch einmal um, wieder in der Hoffnung, den Besitzer dieser mitfühlenden Stimme zu erblicken. Ich suchte den Himmel hinter mir nach einer weiteren Sonne, einer anderen Lichtquelle ab, konnte aber keine sichtbare Ursache für diesen zweiten Schatten entdecken.

In der Küche machte ich mir ein Glas Eistee und wiederholte mir dabei immer wieder die beruhigende Botschaft. Eine Art Ehrfurcht erfasste mich für einen Moment – es war offensichtlich, dass der Besitzer dieser Stimme ein großer Lehrer war. Und da er zur gleichen Zeit auftauchte, zu der auch so viele Indianer in mein Leben getreten waren, fragte ich mich, ob er womöglich ein heiliger Mann war, wie Crazy Horses, Chief Joseph oder Black Elk. Dann meldete sich ausnahmsweise der rationale Teil meines Ichs und sprach eine Warnung aus: Es wird nicht gerade als normal betrachtet, wenn jemand unerklärbare Stimmen hört, und es ist sogar noch schlimmer, sich mit ihnen zu unterhalten. Trotzdem, ich hatte gehört, was ich gehört hatte. Ich hatte mich mit einem anderen bewusstseinsfähigen Wesen unterhalten. Als ich meinen Tee nach draußen trug, fühlte ich mich schwerelos. An diesem Tag spürte ich, dass ich ohne jegliche Mühe, die Erde nicht länger berührend, über dem Boden hätte schweben können. Wieder fiel mir auf, dass ich zwei Schatten warf. Beide begleiteten mich zu der Stelle im Gras, wo ich meinen Stein gelassen hatte. Dort angekommen, starrte ich ungläubig auf die Gegenstände, die vor mir im Gras lagen. Auch wenn ich mir noch einige Momente zuvor selbst eine rationale Warnung gegeben hatte, war ich doch jetzt wieder mit weiteren Beweisen konfrontiert, dass das Unerklärliche tatsächlich existierte, ungeachtet meiner eigenen Überzeugungen und ungeachtet der gesellschaftlich akzeptierten Normen. Wo kurz vorher noch nichts weiter als Gras und ein einziger Stein gewesen waren, lagen nun dreiundvierzig weiße Steine, vier Tonscherben, ein handgeschnitzter Knochen, drei Muschelfragmente, zwei Steinfragmente, in derem Zentrum sich der Bear-Butte-Stein befand. Auf ihnen lag meine verschwundene Feder. Ich rannte ins Haus und rief meine Mutter an. „Ich weiß absolut nicht, was hier vor sich geht – oder warum das alles passiert", sagte ich zu ihr. Sie hatte natürlich auch keine Antwort parat. Doch uns beide erfüllte an diesem Tag ein gewisses Erwartungsgefühl – die „heebie-geebies", wie wir diese innere Aufregung bezeichnen, wenn uns ein Schauer den Rücken herunterläuft und wir kaum abwarten können, was wohl als Nächstes passiert. Natürlich war die Rückkehr meiner Feder einfach wunderbar, doch gleichzeitig spürten wir beide, dass da noch etwas anderes dahintersteckte, dass etwas geschehen würde.

Nichts weiter geschah bis ungefähr Mitternacht. Ich erwachte im Dunkeln und fand mich vor einem Berg stehend wieder. Es war ein eigenartiger Berg mit einer scharfen Spitze, dessen Schatten sich vor dem Hintergrund eines schwarzen, mit Sternen geschmückten Himmels abzeichnete. Auf diesem Berg wuchsen weder Bäume, noch konnte ich andere Arten von Vegetation erkennen. Mein Lehrer und sein Lehrling standen ganz in meiner Nähe. Beide hielten Fackeln in der Hand, mit denen sie unseren Weg beleuchteten. Die Nacht war klar, still und kühl. Ich blickte an mir hinunter und sah, dass ich sehr ungewöhnlich gekleidet war. Ich trug ein langes schwarzes Kleid mit Fäden und Bändern in vielen verschiedenen Farben. Die Form des Kleides entsprach ein wenig der eines Ponchos. Es hatte keine Ärmel. Es war einfach nur ein langes rundes Gewand, das man mir übergeworfen hatte.

„Warum trage ich dieses Kleid?", fragte ich. Mein Lehrer antwortete mir auf Englisch.

„Dies ist das Kleid des Mitternachtregenbogens. Du wirst es nur ein einziges Mal tragen, um den Tanz des Mitternachtregenbogens zu tanzen. Komm."

Ich folgte den beiden Männern auf einem steil ansteigenden Weg den Berg hinauf und überlegte, was es wohl mit diesem Tanz auf sich hatte. Als wir die Spitze des Berges fast erreicht hatten, endete der Weg in einem flachen vorragenden Felsvorsprung vielleicht drei Meter unterhalb der Bergspitze. Der Vorsprung sah ein bisschen wie eine ausgestreckte Hand aus. Wir gingen zur Mitte der Handinnenfläche, und mein Lehrer sprach zu mir.

„Tanz jetzt", sagte er.

„Tanzen? Ich kann nicht tanzen", antwortete ich. Er schaute mir einen Moment lang in die Augen – irgendetwas schien ihm Sorgen zu bereiten –, dann drehten er und sein Lehrling mir den Rücken zu, nahmen ihre Fackeln und gingen den Berg wieder hinunter. Ohne ein weiteres Wort zu verlieren, ließen sie mich in der Handinnenfläche des dunklen Felsvorsprungs allein zurück.

„Ich kann nicht tanzen", rief ich noch einmal laut aus, aber niemand hörte mich. Dies war eine weitere Aufgabe meines Lehrers, die höchstwahrscheinlich wieder in einer großen Erniedrigung meinerseits enden würde. Er schien anzunehmen, dass ich bereits wusste, was ich zu tun hatte, und einfach nur ein paar Denkanstöße brauchte. Doch er hatte unrecht, unrecht, unrecht. Niemand hatte mir den Tanz, den er von mir erwartete, beigebracht – und außerdem: Ich war doch immer noch total unerfahren in alldem.

Mein Selbstmitleid überwältigte mich. Ich befand mich mal wieder in einer miserablen Situation, die mir mein Lehrer, der mich anscheinend sowieso nicht leiden konnte, eingebrockt hatte. Also setzte ich mich hin und weinte eine Weile. Ich weiß nicht, wie viel Zeit verging. Es hätten Jahre sein können. Als ich mit dem Weinen aufhörte, merkte ich, dass es ein wenig kalt geworden war. Ein warmes Feuer wäre ganz schön gewesen, aber auf diesem öden einsamen Felsen gab es kein Holz, das man hätte verbrennen können. Da kam mir auf einmal ein Gedanke. Ich könnte doch einfach den Berg wieder hinabsteigen, zum Lager meines Lehrers gehen und ihm sagen, dass ich seine Aufgabe erfüllt hätte. Ich könnte ihm sagen, dass ich den Tanz des Mitternachtregenbogens getanzt hätte, und er würde nichts von meiner kleinen Notlüge erfahren. Es war ein sehr verlockender Gedanke. Doch sie hatten die Fackeln mit sich genommen, als sie gegangen waren. Ich hätte also weder den Weg, den wir gekommen waren, noch einen anderen finden können. Ich änderte meine Sitzposition auf dem ungemütlichen Felsen. Dabei bemerkte ich, dass eines der blauen Bänder an meinem Kleid in einem statischen blauen Licht leuchtete. Es war wunderschön. Ich bewegte das Kleid noch einmal, und auch die anderen Fäden und Bänder leuchteten, als ob das Kleid Leben in sich trüge, das nur darauf wartete, geweckt zu werden.

Ich stand auf und entschloss mich, wenigstens den Versuch eines Tanzes zu unternehmen. Das lange schwarze Kleid fiel von meinem Nacken bis zu meinen Füßen in senkrechten Falten an mir hinab. In dem Moment wurde ich mir meines nächsten Problems bewusst. Der Felsvorsprung war nicht besonders groß und gab mir daher nicht viel Bewegungsfreiraum. Tatsächlich war er nur so groß, dass er gerade mal für die gesamte Weite des Kleides Platz bot, wenn ich mich nur im Zentrum der Innenfläche immer wieder um mich selbst drehen würde. Und da schoss mir die Erleuchtung wie ein Blitz durch den Kopf. Das war der Tanz, den ich tanzen musste. Das war der Tanz des Mitternachtregenbogens.

Ich stellte mich ins Zentrum der Innenfläche und begann mich zunächst langsam zu drehen. Mit meinen ersten Bewegungen fing auch das schwarze Kleid an, nach außen zu schweben, und seine Fäden und Bänder fügten sich in einem Bogen, der in vielen Farben glänzte, zusammen. Ich drehte mich schneller und noch schneller. Das Kleid hob sich weiter in einem mich umgebenden Kreis, bis es sich vollständig nur um meinen Nacken drehte. Die Funken der Fransen hoben sich plötzlich vom Kleid ab und wirbelten in den Mitternachtshimmel. Ich schaute nach oben und sah, dass sich über mir das funkelnde Licht von einer Million Fäden zu einem Regenbogen zusammengeschlossen hatten – keinem gewöhnlichen Halbkreis eines Regenbogens, sondern zu einem vollständigen Kreis. Er ließ den Berg aufleuchten. Er ließ den Weg aufleuchten. Nach Beendigung des Tanzes fiel das Kleid wieder in Falten in sich zusammen. Der Regenbogen aber blieb am Himmel, und ich stieg in seinem Licht den Berg wieder hinab. Mein Lehrer und sein Lehrling warteten unten auf mich. Sie lächelten beide. Bis zu diesem Moment hatte ich meinen Lehrer nie lächeln sehen.

Wir setzten uns ans Lagerfeuer, und der Lehrer packte etwas zu essen aus, das er mitgebracht hatte, in der Hoffnung, dass wir an diesem Abend etwas zu feiern haben würden. Andere Menschen, die den Regenbogen gesehen hatten, gesellten sich zu uns. Sie brachten noch mehr Essen, doch ihre Gesichter konnte ich nicht klar erkennen. Wir ließen es uns schmecken und lachten über viele lustige Geschichten, die George der Bär über seine schwierigen Schüler, so wie ich einer war, erzählte. Ich hatte keine Ahnung gehabt, dass er einen Sinn für Humor hatte. Schließlich hörte er auf zu lachen und gab mir zu verstehen, dass ich näher zu ihm kommen solle. Ich setzte mich näher an ihn heran. Tief in Gedanken versunken schwieg er einen Moment. Dann sagte er leise: „Du bist nur eine Frau.“ Ich spürte, dass er mich jetzt gleich sicher wieder maßregeln würde. Vielleicht wollte er mich auch einfach nur beschämen, um mich daran zu erinnern, dass der Platz einer Frau in der Küche sei. „Und du hast nur die Stimme einer einfachen Frau“, sagte er in fast mitleidigem Ton. Ich nickte beschämt. Tränen traten in meine Augen, denn ich verstand, dass er nun von jenem sehr alten (und ermüdenden) Konzept sprechen würde, das von unzähligen Gruppen, Kulturen und Nationen schon viel zu lange gepredigt wurde. Gleich würde er mir erzählen, dass ich nie viel erreichen könnte, weil ich unglücklicherweise als Frau zur Welt gekommen war.

„Aber eines Tages“, sagte er, „wirst du sprechen.“ Mit einer Geste der Güte berührte er meine Hand und beugte sich näher zu mir, um mir etwas zuzuflüstern. „Und wenn du sprichst – eine Frau –, wirst du wie zwei Männer sprechen.“

Ich schaute ihn an, unsicher, ob ich ihn richtig verstanden hatte. Eine Träne entglitt meinem Auge. „Was?

„Wie zwei Männer“, sagte er und hielt zwei Finger hoch. „Und deshalb ist das von nun an dein Name. Du bist ‚Frau spricht wie zwei Männer‘. Du bist nicht länger nur eine Frau. Du bist einer von uns.“

Diese Neuigkeiten kamen sehr überraschend. Worüber würde ich wohl sprechen?

„Schreib all dies auf“, sagte er, „damit du es nicht vergisst.“

An einem trüben sommerlichen Nachmittag, ich saß gerade vor dem Haus und genoss die Ruhe, schloss ich meine Augen und war erstaunt, mich sofort von meinen Traumfreunden umgeben zu sehen. Sie arbeiteten in einem Maisfeld. Erschrocken öffnete ich die Augen. Meine Freunde samt ihrem Mais waren wieder verschwunden. Ich schloss nochmals die Augen und meine indianischen Freunde nahmen ihre Arbeit wieder auf. Augen auf, weg waren sie, und nur das Gras wuchs dort, wo sie gestanden hatten. Ich brauchte sechs weitere Anläufe dieser Übung, bevor ich ihre Botschaft verstand. Wenn ich mich mit geöffneten Augen nicht mit meinen Freunden umgeben kann, dann kann ich mich doch wenigstens mit ihrer geheiligten Arbeit umgeben. Alles was ich brauchte, war ein Maisfeld genau dort, wo der Rasen momentan noch wuchs. Die Zikaden begannen ihr lautes Lied zu singen.

Als Craig an diesem Nachmittag von der Arbeit nach Hause kam, begrüßte ich ihn mit meiner Idee, die ich persönlich ausgezeichnet fand. „Ich würde gern den Vorgarten umgraben und ein Maisfeld schaffen", sagte ich.

Ein erschrockener Ausdruck zeigte in seinem Gesicht. „Nein", sagte er. „Du wirst den Vorgarten auf keinen Fall umgraben."

„Aber warum nicht? Der Mais würde sehr schön hier aussehen!"

Er sah mich mit einem eigenartigen Blick an, als wenn er Mais noch nie als etwas ‚sehr Schönes' betrachtet hätte. „Nein", sagte er. „Ich möchte, dass der Vorgarten so bleibt, wie er ist: begrast."

„Aber ich möchte ihn gern ändern."

„Nein, und das ist mein letztes Wort."

„Wie wär's denn mit nur einem kleinen Stück."

„Nein!"

„Aber hier gibt es viel Platz – es tut doch niemandem weh, hier ein bisschen Mais anzupflanzen!"

„Der Garten soll so bleiben, wie er ist – eine große Grünfläche, damit die Kinder auf ihr eines Tages mal Volleyball spielen können."

„Aber ich möchte den Boden jetzt bepflanzen."

„Bitte“, sagte er. „Ich möchte nicht, dass du den Vorgarten umgräbst, und das ist mein letztes Wort. Dagegen gibt’s wahrscheinlich sowieso irgendein Gesetz.“

Sechzehn Stunden lang dachte ich angestrengt über unsere unterschiedlichen Meinungen in dieser Angelegenheit nach, bevor ich den Vorgarten umgrub. Das war an dem Tag, an dem Craig nach Hause kam und nicht nur eine Frau vorfand, die ihm mit jedem Tag fremder wurde, sondern er traf eine völlig Fremde an – eine Frau mit einer Schaufel in der Hand, einer Aufgabe im Leben und einer neuen Identität. Ärger machte sich auf seinem Gesicht breit, als er in die Einfahrt bog und aus dem Wagen stieg.

„Was tust du da?“, fragte er. Er erwartete wahrscheinlich nicht wirklich eine Antwort. Und schließlich, als ihn die Ausmaße meiner nachmittäglichen Umgrabungen mit voller Wucht trafen, sagte er aufgebracht: „Schau dir an, was du getan hast!“

Daraufhin antwortete ich: „Ich pflanze Mais an.“ Ich hielt einen Moment in meiner Arbeit inne. Mein Haar klebte schweißdurchtränkt an meiner Stirn, und meine Hände waren schwarz von der Erde. Ich trug einen purpurfarbenen Badeanzug (es war heiß), Wollsocken, die ich bis zu den Knöcheln runtergerollt hatte, und Kampfstiefel. Das war der letzte Tag, an dem ich Nagellack trug. Es war der letzte Tag, an dem ich mein Haar mit Dauerwelle und Haarspray frisierte. Es war mein erster Tag als Individuum, als wirkliche Person, einer Narragansett-Indianerin.

In der folgenden Unterhaltung deckten wir die folgenden Themen ab: die Position des Mannes, der die Entscheidungen im Haushalt trifft, die untergeordnete Rolle der Frau, warum meine Aktion möglicherweise soziale Missbilligung sowie einen Besuch der Rasenpolizei provozieren wird und warum eine Mutter von zwei Kindern nicht versuchen sollte, sich als Individuum zu betrachten. Doch nichts davon traf wirklich auf mich zu, noch ergab es in meinen Augen Sinn. Mir war ein neuer Name gegeben worden, der mir einen männlichen Status verlieh. Ich würde mich nicht länger unterordnen, ich war nun einer von ihnen. Und meine Kinder konnten von einer Mutter, die sich selbst als Individuum betrachtete, nur profitieren. Es war eine hoffnungslose Diskussion, die zu keinem Kompromiss führen würde. Ich erinnere mich, dass es in meinen Ohren irgendwann anfing zu surren, nicht vom Lied der Zikaden, sondern von dem schwindligen weißen Rauschen, das die Natur, so nehme ich an, getreu eingerichtet hat, um uns vor zu vielen demotivierenden Worten zu schützen. Durch dieses Surren schlich sich leicht und vorsichtig eine neue Erkenntnis in meine Gedanken der Gleichberechtigung und des Protestes ein. Ich hatte weitaus mehr als ein Stück Bermudarasen im Vorgarten an diesem Nachmittag entwurzelt. Ich hatte mich selbst entwurzelt und damit den letztmöglichen Funken Hoffnung, unsere Ehe zu retten, gelöscht. Mein Sieg war bittersüß.

Craig drehte sich um und ging aufs Haus zu. Ich hörte ihn noch rufen: „Er wird nie wachsen. Mais wächst nicht mitten in der Stadt." Ich gab ihm keine Antwort, und er fügte hinzu: „Du machst einen großen Fehler." Vielleicht tat ich das, aber es war zu spät, um zurückzugehen; zu spät, um einem Stück Rasen zu erlauben, meine Träume zu verbergen. Für die Rückkehr zu vielen Dingen war es zu spät. Ich lebte in einer anderen Welt und nicht länger in Craigs Welt. Meine

Welt war die Welt zweier Schatten, guter Lehrer und die Welt von Traumreisen. Mit meinem Stiefel stieß ich die Schaufel unter ein weiteres Stück Rasen in den Boden, hob es hoch, grub um und legte die Erde frei, die sich darauf freute, statt Gras Mais wachsen zu lassen.

Ich pflanzte den Mais gemäß den Bräuchen meiner Traumfreunde. Zunächst machte ich große Erdhügel und vergrub in jedem einen Fisch tief in der Erde. Danach vergrub ich auch die Samen tief in der Erde eines jeden Hügels – tief genug, so dass sie in der Nähe des Fisches lagen. Es verging eine Woche, gefolgt von einer weiteren. Jeden Tag, der verging, schien mein Stückchen Erde, das ich umgegraben und mit Hügeln verziert hatte, öde dazuliegen, bar jedes Grüns. Sie schien mich höhnisch daran zu erinnern, dass meine erste offizielle Aktion als Dissident, so wie es aussah, ein Misserfolg war. Das brache Stück Land schien mir sagen zu wollen: „Du hast einen großen Fehler gemacht. Mais wächst nicht mitten in der Stadt!" Doch am vierzehnten Tag stach der kräftige Mais durch den Boden.

Während der kommenden Tage, an denen er höher und höher wuchs, saß ich ganz nah bei ihm, so oft, wie ich konnte. Die Sommertage wurden kürzer, und ich saß da, schaute zu und lauschte. Dort, nahe den Stängeln, die ihre Lebenskräfte aus der Erde, der Sonne, dem Mond, dem Wasser und den Fischen zogen, verstand ich zum ersten Mal, dass die Lebensbedürfnisse des Mais genau wie die meinen waren. Wenn meine Bedürfnisse dieselben wie die des Mais waren, dann mussten wir Schwestern sein. Wenn mein Herz das Liebeslied der Zikaden verstehen konnte, dann mussten sie meine Brüder sein. Ein behaglich wohliges Gefühl übermannte mich und ich realisierte, dass dieses Gefühl nicht einfach nur da war, weil ich inmitten eines Maisfeldes saß. Ich saß da umgeben von meinen Verwandten. Dort gesellte sich an diesem Tag auch der Mann zu uns, der unsichtbare Mann mit der sanften Stimme, die zu mir am Tag der blauen Eichelhäher und am Tag des Mitgefühls – am Nachmittag des Mitternachtregenbogens – gesprochen hatte.

Drei Tage lang hörte ich ihn sein Lied singen, während ich da saß. Ich konnte ihn immer noch nicht sehen, auch konnte ich die Worte seines Liedes nicht verstehen, das im Sommerwind davongetragen wurde und sich mit dem Lied der Zikaden vereinte. Am späten Nachmittag des dritten Tages seines Liedes hörte sein Gesang auf. Ich schaute nach Westen, in die Richtung, aus der seine Stimme gekommen war. Inmitten des Mais sah ich die untergehende Sonne. Tief liegend und flimmernd beleuchtete sie das Feld meiner Schwestern in glänzenden, flackernden Strahlen und Wellen weißen Lichts. Die Sonne schien in diesem Augenblick kein weit entfernter Stern zu sein. Stattdessen schien sie direkt hier zu sein, auf die Erde hinabsteigend, um sie in einer Umarmung des Maisfeldes zu berühren. So sicher, wie der Sommer auf den Frühling folgt, so sicher spürte ich, was als Nächstes passieren würde, ohne irgendwelche in Worte gefasste Details zu kennen. Es war Zeit für mich, der Sonne zu folgen und mich allein auf eine lange, lange Reise zu machen – die längste, die ich jemals gemacht hatte.

Als Craig an diesem Abend nach Hause kam, eröffnete ich ihm, dass ich eine Reise machen müsse. Im Herbst, sagte ich zu ihm, würde ich in die Wüste fahren und dort in ihrer Mitte allein stehen, so wie ich es einst in einem Traum getan hatte.

Ich würde mich dem Westen zuwenden und auf das warten, was auch immer mir entgegenkommen möge. Und wenn es vom Donner begleitet auf einem weißen Pferd dahergeritten käme, würde ich meinen ganzen Mut zusammennehmen und verweilen.

Mein Mut hielt dem Angesicht der Realität nicht lange stand. Craig willigte ein, während meiner Reise in die Wüste bei den Kindern zu Hause zu bleiben. Damit waren theoretisch alle Hindernisse, die meinem Vorhaben im Weg standen, überwunden. In den verbleibenden Wochen des Sommers und schließlich in den frühen Herbst hinein verschob ich meine Reise jedoch immer und immer wieder – ich bekam kalte Füße. Die Wochen vergingen einfach viel zu schnell. Während dieser Zeit unternahm ich einige Versuche, ein neues Kapitel über Joseph und Tioco zu schreiben. Ich war jedoch nicht in der Lage, irgendetwas Neues über sie zu verfassen, weder über die Adongohela, noch über „Harvest Moon". Letztlich resignierte ich und verstaute das Manuskript auf dem Grund meines Schlafzimmerschranks.

Die erste Septemberwoche brach heran, und meine Aufregung und Angst vor der immer noch unvorbereiteten Reise wuchsen mit jeder Stunde. Nie zuvor hatte ich meine Kinder so lange allein gelassen, geschweige denn allein in der Wüste gestanden – außer in meinen Träumen –, noch hatte ich eine Reise so seltsam wie diese geplant. Craig war sich sehr wohl meines Hangs bewusst, mich in Tallahassee zu verlaufen, obwohl ich hier schon seit zwanzig Jahren lebte. Also kaufte er mir eine topografische Wüstenkarte für den Fall, dass das Unvermeidbare eintreten sollte, was nur noch zu meiner Angst beitrug. Bis zum ersten September hatte ich mich regelrecht in einen Zustand der Bewegungslosigkeit hineingesorgt. Jeder Teil meines physischen Körpers schien Beschwerden in sich zu bergen, die das Ergebnis meines mentalen Zustandes ständiger Besorgnis und Angst waren. Jeder einzelne meiner Weisheitszähne hatte sich durch nächtliches Zähneknirschen entzündet. Ich hatte eine Streptokokkenentzündung, derer sich mein abgenutztes Immunsystem nicht entledigen konnte, die Streptokokken befielen anschließend meine Speiseröhre, so dass ich nichts mehr essen konnte. Eine Ansammlung unansehnlicher Gerstenkörner machte es sich an beiden Augen gemütlich, und eine schwere Bronchitis breitete sich in meiner Brust aus. Während ich mich noch fragte, was wohl als Nächstes kommen würde, sprang mir in einem Hustenanfall eine Bandscheibe raus. Wie auf Bestellung brach kurz darauf eine kleine Wunde aus, die schon viel zu lange auf meinem Nasenrücken gelauert hatte. Sie explodierte in etwas, das einem Meteoritenkrater glich, den ich nun nicht länger ignorieren konnte. Die Biopsie enthüllte, dass ich Krebs hatte. Die kleine Wunde war ein krebsartiger Tumor, ein Basalzellenkarzinom.

In einem Wirbelwind des Horrors gefangen, ging ich (gebückt, heiser und blinzelnd) von der ersten Arztpraxis zur zweiten, einem plastischen Chirurgen. Zunächst lief ich nur zwischen einem Wartezimmer und dem anderen hin und her, bis wir drei, die beiden Ärzte und ich, schließlich in ihrem Gefechtsstand zusammentrafen. Die zwei Ärzte machten Schlachtpläne für einen Krieg, den sie auf meinem Gesicht ausführen wollten. Der erste Chirurg schätzte die Zeit, die er brauchen würde, um den Tumor und so viel von der Nase wie nötig zu entfernen, auf ungefähr vier Stunden. Der zweite Chirurg war der Meinung, dass er für die Rekonstruktionen, welche auch immer als Folge der ersten Operation nötig wären, genauso lange brauchen würde. Sie schätzten die gesamte Prozedur von Anfang bis Ende auf ungefähr acht Stunden. Insbesondere der zweite Teil der Operation, die Rekonstruktion, spukte mir immer und immer wieder durch den Kopf. Mit stummer Faszination beobachtete ich den Arzt bei seiner graphischen Demonstration der Prozedur. Na gut, er würde mich also wieder hinkriegen. Er reichte mir einen Spiegel, damit ich sehen konnte, was er mit einem schwarzen Stift auf mein Gesicht zeichnete. Zunächst malte er einen großen Kreis um den beleidigenden Krater auf meiner Nase. Dann malte er einen zweiten großen Kreis um die rechte Seite meiner Nase, gefolgt von zwei „X“ auf meiner Stirn. Danach verband er die beiden „X“ durch Linien, Punkte und Pfeile mit den Kreisen. Innerhalb eines kurzen Moments verwandelte sich mein Gesicht in die taktische Skizze eines Fußballspiels.

„Wir machen das folgendermaßen“, sagte er mit gedämpfter, angespannter Stimme, voll und ganz auf seine Zeichnung konzentriert. „Wir nehmen diesen Teil Ihrer Stirn hier“ – er zeigte auf die beiden „X“ – „zwischen Ihren Augenbrauen. Wir brauchen ihn, um einen neuen Nasenflügel wachsen zu lassen. Er wird zunächst mit Ihrer Stirn verbunden bleiben. Aber wir werden ihn hier rüberziehen und hier befestigen.“ Er zeichnete einen Pfeil über mein Gesicht. „Das Stück Haut Ihrer Stirn wird mit Ihrer Wange direkt neben Ihrer Nase verbunden werden. Dann müssen wir nur warten, bis es anfängt zu wachsen.“

In meinem Kopf drehte sich alles. Ich folgte der Reise seines Stiftes quer über mein Gesicht und versuchte, mich mir mit zwei Nasen vorzustellen. Das bekannte weiße surrende Geräusch begann sich wieder in meinen Ohren auszubreiten, bereit alle anderen Geräusche aus meinem Kopf zu verscheuchen.

„In ein paar Wochen“, sprach der Arzt weiter, “wenn er groß genug ist, werden wir den Hautlappen von Ihrer Wange entfernen und ihn an der Stelle, wo Ihnen das Stück Nase fehlt, annähen. Und dann, so ganz nebenbei, fügte er hinzu: „Ihre Augenbrauen werden danach für immer zusammengenäht bleiben. Aber das sollte kein Problem sein. Als Nächstes werden wir …“

Das war's. Von dem, was er mir anschließend berichten wollte, bekam ich nichts mehr mit. Die Vorstellung, zwei Nasen gleichzeitig zu haben, die eine an der anderen klebend (eine riesige kaputte Seniornase und einen Juniorklumpen mit Aussicht auf Besserung), war nicht der ausschlaggebende Grund dafür, dass mein Gehör von dem weißen surrenden Rauschen überschwemmt wurde. Es war viel mehr das Bild von zwei perfekt gewachsenen Augenbrauen, die sich in einer gigantischen Braue vereinigen, sich über meine gesamte Stirn ausbreiten und mich in einer erschreckend vermummten Erscheinung zurücklassen würden.

„Moment mal“, unterbrach ich ihn. „Was heißt das, meine Augenbrauen werden zusammengenäht bleiben?“

„Naja, wir brauchen dieses Stück Stirn für den neuen Nasenflügel.“

„Können Sie keinen Nasenflügel aus einem Teil meines Körpers nehmen, der nicht ganz so auffällig ist, wie zum Beispiel aus meinem Hintern?“

„Nein“, sagte er kichernd, amüsiert über meinen Vorschlag.

„Die Haut muss mit ihrem ursprünglichen Körperteil neben Ihrer Nase verbunden bleiben, damit sie wachsen kann. Warum? Gibt’s ein Problem?“

„Ähem … ja, es gibt eins. Ich will keine einzige riesige Augenbraue haben!“

Er kicherte wieder, diesmal so, als ob ich nur rumalbern würde. „Keine Sorge. Sie können sie ja immer noch rasieren oder zupfen.“

Ich fand allerdings keinen dieser Vorschläge besonders anregend oder attraktiv. Der Arzt schien meine Besorgnis nicht zu teilen. Ich saß ganz hilflos da, und er fuhr einfach mit seinen Plänen meiner Gesichtsrekonstruktion fort, aufgrund derer ich womöglich bald aussehen würde wie die Mutter einer unserer prähistorischen Vorfahren.

„Hören Sie“, sagte er, durch meinen fehlenden Enthusiasmus leicht beleidigt. „Diese OP ist eine äußerst kunstvolle Angelegenheit, und sie sollte so schnell wie möglich durchgeführt werden.“

„Also, das geht leider nicht!“, sagte ich. Meine Reise in die Wüste sagte mir plötzlich viel mehr zu als diese Operation. Sie war die weniger furchteinflößende der beiden Optionen.

„Ich muss sehr dringend verreisen. Meine Nase wird wohl warten müssen, bis ich zurück bin.“

„Können Sie die Reise nicht umorganisieren?“

„Nein! Unter keinen Umständen!“

„Wann geht es los?“

„Ich bin noch nicht sicher“, sagte ich und versuchte, so gut wie möglich aufzustehen. Meine Antwort verwirrte ihn. Er zuckte mit den Schultern und schüttelte ungläubig den Kopf über so viel Eitelkeit und Tollkühnheit.

„Also, Sie sollten uns aber sofort anrufen, sobald Sie zurück sind."

„Das werd' ich."

„Vergessen Sie eins nicht", sagte er. „Wir spielen hier keine Spielchen. Sie haben Krebs."

Ich schaute ihn an. In meinem Blickfeld befanden sich jetzt ein äußerst sichtbarer Krater und den ihn umzingelnden schwarzen Kreis. „Ich werd's nicht vergessen."

Mit den schwarzen Zeichnungen im Gesicht fuhr ich nach Hause. Dort angekommen versuchte ich im Badezimmer weinend die entstellenden Pläne abzuwaschen. Vom Rest dieses Tages habe ich nur noch bruchstückhafte Erinnerungen.

In dieser Nacht konnte ich nicht schlafen. Ich nahm ein Buch zur Hand, das ich mir von einer Freundin geliehen hatte. Der Inhalt des Buches versetzte mir sozusagen den sprichwörtlichen letzten Schlag. Es handelte vom Ende der Welt und von der lange überfälligen Bestrafung der Menschen. Nachdem ich das Buch durchgelesen hatte, schmiss ich es voller Ekel in die Ecke. Ich wollte es absolut nicht in meiner Nähe haben, war aber gleichzeitig nicht in der Lage, seine dunklen und schwermütigen Prophezeiungen aus meinen Gedanken zu verdrängen. Meine Verzweiflung steigerte sich in eine Düsterkeit, die ich in der Art vorher noch nie verspürt hatte. Mich übermannte eine Art Resignation. So musste sich ein Hase fühlen, wenn er von einem Python verspeist wird. Die Beute kapituliert einfach nur und wartet auf das Unvermeidliche, ohne sich weiter zu wehren.

Ich machte das Licht aus. Alles, was ich in dieser Nacht

des 11. September 1988 lange, lange wahrnahm, waren die Dunkelheit und mein Schmerz. Irgendwann nach Mitternacht übermannte mich gnädig der Schlaf, ein Schlaf, der meiner Situation angemessen schien, ohne Träume, Licht oder Hoffnung. Nicht einmal meine Traumfreunde konnten mich in der Dunkelheit, die mich umgab, finden. Es war die dunkelste Nacht meines Lebens. Ich wusste nicht, dass der Sieg der Dunkelheit nicht von Dauer sein würde. Ich wusste nicht, dass ich kurz davor stand, endlich den Mann zu sehen, der zu mir am Tag der blauen Eichelhäher und am Tag des Mitgefühls gesprochen hatte – den Mann, der in meinem Maisfeld ein Liebeslied gesungen hatte. Ich wusste nicht, dass ich bald wieder davon überzeugt werden würde, dass nichts, was mit Menschenhand niedergeschrieben wurde, unauslöschbar ist. Ich wusste nicht, dass die Dunkelheit um vier Uhr morgens enden und die Nacht sich zum Tag verwandeln würde.

~ 4 ~

Erwachen

Am 12. September 1988 ungefähr um vier Uhr morgens endete plötzlich und abrupt die dunkelste Nacht meines Lebens. Diesmal wurde ich zu keinem Lagerfeuer in einen meiner Träume gerufen. Ich wurde in gar keinen Traum gerufen. Stattdessen wurde ich in aller Stille aus meinem Schlaf erweckt. Ich erwachte von einem hellen Licht, das mir ins Gesicht schien. Mein Bewusstsein erhob sich langsam aus einem verschlafenen Zustand in seine ersten nebligen Gedanken. Vage fragte ich mich, ob die Sonne plötzlich aufgegangen war und, wenn es so war, warum sie an diesem Morgen im Westen aufging. Dann öffnete ich meine Augen und schaute direkt in die Quelle des Lichts.

Nicht ganz zwei Meter von meinem Bett entfernt schwebte eine perfekt geformte helle Lichtsphäre. Sie war groß, circa zwei Meter breit, und drehte sich langsam von links nach rechts um sich selbst. Während das Licht im Kreis herumwirbelte, sendete es kleine strahlende Wellen in den Raum hinein. Sie bewegten sich erst leise, in wolkenartigen Blitzen über mich hinweg, und schließlich drang das Licht direkt in mich ein und durch mich hindurch. Doch dieses Licht war viel mehr als nur ein heller Schein. Es verwandelte nicht nur die Nacht in den Tag. Ich fühlte, wie es die Streptokokkenentzündung in meinem Hals berührte. Ich spürte es meine herausgesprungene Bandscheibe berühren. Ich spürte, wie es meine Weisheitszähne, die Darmgrippe und die Gerstenkörner durchdrang. Es heilte jedes einzelne meiner Leiden. Dann, als ob es genau wüsste, wo es gebraucht wurde, fand das Licht zu meiner Verzweiflung und berührte auch diese. Nur meine Bronchitis und der Tumor auf meiner Nase verblieben und warteten noch auf Heilung. Auf einmal fühlte ich mich unglaublich gut, trotz des angeblich versehentlichen Übersehens der restlichen beiden Krankheiten. Ich blickte sprachlos in das Licht, und in meinem Kopf wimmelte es von Fragen. Wie konnte es sein, dass ein Licht so wunderschön war, dass ich meine Augen nicht von ihm wenden konnte? Wie konnte dieses Licht durch mich hindurchdringen? Und warum verspürte ich plötzlich ein wachsendes Gefühl von Glückseligkeit?

Dann hob das Licht an, in einer Stimme zu sprechen, die kaum lauter war als das sanfteste Flüstern. Es war die weiche Stimme eines Mannes, eine Stimme, die ich sofort erkannte. Seine ersten Worte, die er in dieser Nacht an mich richtete, waren: „Du hast keine Angst, oder?“ Der Mann, der das Liebeslied im Maisfeld gesungen hatte, hatte mich in der Dunkelheit gefunden.

Ich lächelte. „Nein“, sagte ich. „Ich habe keine Angst.“ Ich fühlte mich großartig.

„Gut“, sagte er. „Nichts von alldem soll dich beängstigen.“

„Meine Schmerzen sind weg“, sagte ich grinsend.

„Gut“, sagte er wieder. „Du sollst nicht leiden.“

„Tja, wir leiden viel hier auf diesem Planeten“, sagte ich. Angesichts seiner Erscheinung nahm ich an, dass er nicht von hier war – wahrscheinlich kam er von irgendwo tief aus dem Weltall.

„Was ist die Ursache all dieses Leidens?“, fragte er.

„Ich schätze, wir werden bestraft.“

„Oh?“, sagte er. „Und wer bestraft euch?“

„Die meisten von uns glauben, dass es Gott ist. Er ist voller Rache.“

„Vielleicht ist das, was ihr als Strafe empfindet und betrachtet, ja eigentlich nur Ursache und Wirkung.“

Ich dachte über seine Worte einen kurzen Moment nach, bevor ich ihm widersprach. „Nein, das ist unmöglich“, antwortete ich. „Das würde ja heißen, dass wir unser eigenes Leid verursachen. Und das würden wir nie tun. Nein, es kommt ganz bestimmt von einer anderen äußeren Quelle.“

„Dieser ‚Gott‘ von dir“, sagte er, „wer ist er?“

„Also, erst mal ist er nicht mein Gott. Ich mache mir nichts aus Religion und versuche auch nicht, mich an der Möglichkeit einer Existenz Gottes festzuhalten. Mir gefällt sein Image nicht. Die meisten Religionen predigen, dass er allmächtig, allgegenwärtig und von Zorn erfüllt ist. Er ist alt und verzürnt – ein bisschen wie der Boss aller Durchgeknallten, die je auf die Menschheit losgelassen wurden.“ Ich schmunzelte über mein gewagtes Gleichnis.

„Und deshalb bringt er Schmerz und Leid über euch?“, fragte die Stimme aus dem Licht.

„Ja, die Leute glauben, dass er alle möglichen Sachen macht“, sagte ich. „Fluten, Erdbeben, Hungersnot, Seuchen. Manchmal brennt er unsere Häuser nieder. Wir bezeichnen das als ‚Akt Gottes' und man kann nie sagen, was er als Nächstes tun wird – oder warum."

Er war still, wahrscheinlich dachte er über meine Worte nach, also sprach ich weiter.

„Die Menschen glauben, dass es Sünde ist, sich seinen Gesetzen zu widersetzen", erklärte ich. „Dann werden sie bestraft. Hier gilt nur Schuld und Sühne."

„Vielleicht werdet ihr ja gar nicht von eurem Gott, sondern von euch selbst bestraft", sagte er. „Und vielleicht werdet ihr, statt gepeinigt, von eurem Gott bedingungslos geliebt."

„Naja, manchmal führen wir die Bestrafungen an seiner Stelle durch", stimmte ich ihm zu. „Aber andere Male wieder bestraft er jeden, und niemand weiß, warum. Wir werden nicht bedingungslos geliebt. Wenn das so wäre, hätte er wohl kaum die Hölle erfunden."

„Vielleicht hat er das ja gar nicht."

Das helle Licht der Sphäre strahlte weiterhin durch mich hindurch, und nach einem langen Moment der Stille sagte er zu mir: „Kommst du mit mir? Ich möchte, dass du jemanden kennenlernst."

„Okay", sagte ich.

Das Licht hatte jegliche Angst in mir erlöschen lassen, die ich unter normalen Umständen gehabt hätte, wenn man bedenkt, dass ich im Begriff war, mit einem Wesen aus dem All mitzugehen. Und genau dafür hielt ich ihn auch. Offensichtlich war er nicht vertraut mit dem Leben, wie wir es auf Erden führten. Egal, ich hatte mich entschieden und hatte überhaupt keine Angst. In dem Moment, in dem mein freier

Wille sich dazu entschied, mit ihm zu gehen, trat etwas ein, was ich persönlich als „Sterben“ empfand. Es passierte ganz schmerzlos. In einem Atemzug verweilte ich noch in meinem Körper aus physischer Materie. Im nächsten schwebte ich bereits aus diesem Körper hinaus und spürte, wie mein vollkommen intaktes Bewusstein in einen perfekten Lichtkörper gebettet war. Ich schaute an mir hinunter und sah, dass ich Haare, Finger und Zehen hatte – alles war aus Licht. Für einen Moment schwebte ich nah an der Decke und schaute auf meinen physischen Körper hinunter. Er lag unbeweglich auf dem Bett. Sein Mund stand weit offen, und ich konnte die glitzernden Spuren von Tränen erkennen, die aus den jetzt blinden, aber noch weit geöffneten, verwunderten Augen gekullert waren. Diese Augen hatten etwas Ungewöhnliches gesehen, etwas, dessen Anblick sich ihnen mitten in der Nacht gewöhnlich nicht darbot. Sie hatten die Sonne aufgehen sehen. Ein Welle überragenden Mitgefühls durchdrang mich, und ich wollte meinem Körper sagen: „Weine nicht, alles ist gut.“

„Was siehst du?“, fragte die Stimme aus dem Licht flüsternd, sich wohl meines Erstaunens und meiner Ehrfurcht bewusst.

„Ich weiß nicht, was ich sehe – vielleicht, dass es gar keinen Tod gibt. Ich verstehe nicht, was mit mir passiert, aber ich empfinde eine unglaubliche Liebe für alles.“

„Gut“, sagte er. „Es ist nicht wichtig, alles zu verstehen. Wichtig ist, dass du diese Liebe spürst.“

Im nächsten Augenblick befanden wir uns nicht länger in meinem Schlafzimmer, sondern auf dem Gipfel eines Berges. Der Wind heulte, weder heiß noch kalt. Im Gehen betrachtete ich die Gegend näher. Der Gipfel war trocken, steinig und bar jeglicher Bäume oder anderer Vegetation. Der Sand und die Steine unter meinen Füßen hatten eine gelbbraune, goldene Farbe, als ob wir durch eine Filmszene liefen, deren Farben mit der Zeit vergilbt waren. Wir liefen schweigend, bis wir zu dem Eingang einer Höhle kamen. Der Eingang war von mehreren alten, knorrigen Holzstücken umrahmt, die aus weiter Ferne zu dieser Höhle gebracht worden sein mussten. Von den Holzstücken herab hing eine braune aus Tauwerk gesponnene Decke. Die Stimme im Licht rief nach jemandem, und sofort zog eine Frau mit langen weißen Haaren die Decke zur Seite und schaute uns an. Sie warf mir nur einen flüchtigen Blick zu, bevor sie ihre Aufmerksamkeit meinem Begleiter in der Lichtsphäre zuwendete. In dem Blick, den sie ihm schenkte, lag eine unverkennbare Liebe, aber auch scheinbare Erleichterung, als wenn sie seit Langem auf seine Rückkehr gewartet hätte. Sie sprachen kurz miteinander, wechselten Worte, die ich nicht verstehen konnte, und ich fragte mich, wer sie war. Sie war wunderschön. Ihr Gewand war aus demselben rauen Stoff gemacht wie die Decke. Ich nahm an, dass sie die Weberin von beiden war.

Ihr Gespräch endete plötzlich, als die Lichtsphäre zu der Frau etwas derart Seltsames sagte, dass sie in Schweigen verfiel. Sie drehte sich zu mir und schaute mich mit einem ungläubigen Blick an. Dann hob sie eine Hand, bedeckte damit ihren Mund und starrte mich weiterhin an. Ich fühlte mich irgendwie unsicher. Doch was sie als Nächstes tat, verwirrte mich noch mehr. Sie beugte sich nach vorn, schlug sich mit beiden Händen auf die Oberschenkel und brach in lautes Gelächter aus. Wann immer ihr Lachen abzuklingen schien, musste sie sich nur wieder aufrichten und mich anschauen, um es erneut aufleben zu lassen. Innerhalb von Sekunden hatte sie mich mit ihrem Lachen angesteckt, und meine Unsicherheit war wie weggeblasen. Ein breites Lächeln machte sich auf meinem Gesicht breit, und dann, unfähig, dem länger zu widerstehen, stimmte ich in ihr wildes Gelächter ein. Ich hatte keine Ahnung, worüber wir überhaupt lachten, nur dass es irgendwie mit meiner Erscheinung zu tun haben musste. Aber es war das herzlichste Lachen meines Lebens. Dann wurde ich von dem Licht – immer noch lachend – von der Frau weggeführt, zurück zum Berggipfel. Ich erfuhr nicht, wer diese schöne alte Frau aus gewesen war, denn keine von uns beiden konnte mit dem Lachen lange genug aufhören, um sich der anderen vorzustellen.

Nachdem wir eine Weile auf dem steinigen Berggipfel gewandert waren, fand ich mich schlagartig in meinem Schlafzimmer und in meinem Körper wieder. Er fühlte sich schwer und unbehaglich an. Ich spürte, wie er nach Atem rang und seine Lungen mit der Nachtluft anfüllte. Da mein Bewusstsein von dem herzlichen Lachen auf dem Berggipfel immer noch vollkommen überwältig war, antwortete nun auch mein physischer Körper auf meinen Geist. Er erwachte aus seinem starren Zustand und lachte, bis seine Seiten wehtaten und neue Tränen über sein Gesicht liefen. Mein Atem war nicht länger heiser von der Bronchitis. Das Lachen hatte meine Lungen geheilt. Ich schaute in die Lichtsphäre. Sie war so wunderschön, so vollkommen mitfühlend, und wieder fragte ich mich, welche Lebensform sie wohl in sich trug.

„Woher kommst du?“, brachte ich unter Lachen hervor, in der Hoffnung, dass er es mir diesmal sagen würde. Ich hatte ihm dieselbe Frage schon einmal gestellt, draußen im Vorgarten.

„Wir sind bereits hier“, antwortete er mir ein zweites Mal.

„Nein, ich meine, wie heißt der Ort deiner Herkunft?“, fragte ich.

„Wenn du deine eigene Herkunft nicht kennst, welche Bedeutung hat dann die meine?“ Er gab mir exakt dieselbe Antwort wie beim ersten Mal. Ich nahm an, dass er, was seine Herkunft anging, etwas schüchtern war, und beschloss daher, dieses Thema nicht weiter zu verfolgen.

„Du hast richtig daran getan, die Aussagen in dem Buch, das du gerade gelesen hast, in Frage zu stellen“, sagte er.

Ich hörte auf zu lachen. „Du meinst das Buch, das ich vorhin in die Ecke geschmissen habe?“

„Ja.“

„Seine Prophezeiungen sind nicht korrekt?“, fragte ich hoffnungsvoll.

„Nein.“

„Dann gibt es Hoffnung?“

„Es gibt immer Hoffnung“, sagte er. „Du bist Hoffnung – doch negative Gedanken und Prophezeiungen können die Hoffnung zerstören.“

„Ich verstehe nicht.“

„Gedanken sind eine Form von Energie“, sagte er. „Und der Glaube ist eine Form des Gedankens. Wenn du deinen Glauben an einer Prophezeiung festmachst, gibst du der Prophezeiung Energie – sie wird eigenmächtig und verselbständigt sich. Einmal verselbständigt wird ihr die Möglichkeit gegeben, sich zu bewahrheiten und einzutreten.“

„Gedanken sind so mächtig?“

„Der Gedanke ist ein Werkzeug der Schöpfung, doch die

Menschheit lässt ihn manchmal zum Werkzeug der Zerstörung werden."

„Ja", stimmte ich ihm zu. „Die Menschen sind sehr mächtig."

„Mächtig und außer Kontrolle", fügte er hinzu. „Es ist Zeit für sie, sich weiterzuentwickeln. Es ist an der Zeit, dass neue Gedanken die alten Konzepte ersetzen."

„Nein", korrigierte ich ihn. „Ich glaube nicht, dass das je passieren wird – es ist schwer, alte Ideen zu ersetzen. Die Menschen auf diesem Planeten verehren ihre Traditionen."

„Wenn du die gesamte Welt ändern willst", sagte er, „kannst du auch genauso gut mit einem einzigen Gedanken anfangen – so mächtig ist seine Kraft. Du hast an dem Buch gesehen, wie sehr eine Person von den Gedanken einer anderen beeinflusst werden kann, egal ob diese Gedanken die Wahrheit sagen oder nicht."

„Ja", sagte ich. Ich hatte mich ganz bestimmt von diesem Buch beeinflussen lassen. „Welcher Teil des Buches war nicht korrekt?"

„Das Buch enthält Teile der Wahrheit", sagte er. „Dein Herz weiß dies, doch du hast lieber das geglaubt, was ein anderer geschrieben hat, als das, was dir dein eigenes Herz gesagt hat. Suche selbst nach der Wahrheit. Untersuche sie gut und aus verschiedenen Perspektiven, wenn du sie findest. Untersuche alles an ihr, und lasse keinen Teil im Dunkeln. Die Wahrheit wird durch nähere Untersuchungen nie geschwächt. Es macht sie stärker."

„Was aus dem Buch hätte ich denn näher untersuchen sollen?"

„Das Buch hat nur einen Träger der Pest genannt."

Da hatte er Recht. Der Autor hatte nur Eichhörnchen erwähnt – eine eher unwahrscheinliche Lösung, denn ich wusste aus eigener Erfahrung durch meine Arbeit mit wild lebenden Tieren, dass Eichhörnchen normalerweise nicht gerade Träger von Flöhen waren, die letztlich diese Krankheit übertragen. „Das stimmt", sagte ich. „Es muss noch andere Träger gegeben haben, die eher in Frage kommen – zum Beispiel Mäuse und Ratten."

„Auch das entspricht nur teilweise der Wahrheit", sagte er.

„Was habe ich übersehen?"

„Die Hauskatze."

„Katzen?", fragte ich ungläubig. Er hatte sich bestimmt geirrt. Was für eine Ironie, zu denken, dass genau das Tier, welches uns hilft, die Nagetierpopulation unter Kontrolle zu halten, eine der schlimmsten Krankheiten übertragen könnte. Ich machte mir eine mentale Notiz, um seine Aussage zu einem späteren Zeitpunkt näher zu untersuchen, obwohl ich mir sicher war, dass er sich geirrt hatte. Genauso wie er sich im Irrtum darüber befand, dass wir die Verursacher unserer eigenen Probleme seien und dass wir etwas ändern müssten.

„Du tust gut daran, die Wahrheit mit deinen eigenen Augen zu suchen", sagt er. Vielleicht konnte er ja meine Zweifel spüren. „Suche nach ihr, und untersuche sie gut. Sie wird euch aus eurem primitiven Zustand herausführen. Sie wird euch zeigen, wie ihr die Erde heilen könnt."

„Primitiv?" Er irrte sich schon wieder. „Wir sind nicht primitiv!", sagte ich und lachte. „Wir haben uns vor langer, langer Zeit weiter entwickelt."

„Evolution ist kein Prozess, der irgendwann aufhört. Es ist ein fortlaufender Prozess. Es ist auch weniger ein Prozess technischer Errungenschaften als spiritueller Leistungen und Ziele. Wenn man vom Weg abkommt oder ihn unterbricht, stagniert das Land innerhalb primitiver Konzepte. Trauer und Unruhe herrschen in diesem Zustand vor. Trauer und Unruhe", wiederholte er leise. „Dies ist das Leid, welches über euch gekommen ist, weil ihr euren spirituellen Weg unterbrochen und verlassen habt."

„Aber wir haben uns doch weiterentwickelt." Ich bestand darauf. „Sowohl spirituell als auch technisch. Wir haben einen langen Weg hinter uns."

„Niemand betet mehr." Schon wieder ein Irrtum, den er während dieses nächtlichen Treffens äußerte. Obwohl unsere vorherigen Gespräche nur sehr kurz gewesen waren, konnte ich mich doch an keine andere Unterhaltung erinnern, in der er so oft falsch gelegen hatte. „Die Menschen hier beten!", sagte ich. „Manche Leute beten die ganze Zeit."

„Wie betest du?"

Ich erinnerte mich eine Szene aus meiner Kindheit. Ich betrachtete diese Szene so, als ob ich wieder in das Bewusstsein eines Kindes einträte. Ich war in der Kirche. Mein Rücken war gegen die harte hölzerne Kirchenbank gepresst. Mein gestärkter Unterrock und Rock juckten, und ich fühlte mich unwohl. In der Kirche war es heiß und stickig, und mir war unheimlich langweilig. Ein bernsteinfarbener Lichtstrahl fiel durch eines der getönten Kirchenfenster auf den Boden. Ich starrte auf die Staubpartikel, die in der abgestandenen Luft tanzten. Kaum hörbar im Hintergrund vernahm ich murmelnde Stimmen. Die Menschen in der Kirche sangen in Sprechchören düstere lateinische Worte vor sich hin. Ich verstand nicht, was sie sagten, aber ich wusste, dass dies das feierliche Ritual des Gebets war und dass die Hitze, die Stärke und die harten Kirchenbänke ein notwendiger Test unserer Ausdauer waren. Mit diesem Gedanken endete die Szene. Bis zu dieser Nacht, dreißig Jahre später, hatte ich sie vollkommen aus meinem Gedächtnis verdrängt. Ich kam wieder ins Hier und Jetzt zurück, um ihm meine Antwort zu geben. „Wir beten mit Worten“, sagte ich. „Wir merken und erinnern uns an die Worte und wiederholen sie immer und immer wieder.“

Die Lichtsphäre begann noch heller zu leuchten, als wenn sich etwas in der Tiefe seines Herzens, in seinem Kern entfacht hätte. Trotz des scheinbar inneren Feuers wachsender Leidenschaft strömten die weichen Lichtwellen weiterhin nach außen. Sie durchdrangen mich wie langsame, regelmäßige Gezeiten. Anfänglich hatten sie das Chaos in mir beseitigt, doch jetzt trat ihre Kraft über die Grenzen des reinen Heilens von Körper und Geist hinaus. In mir fand eine Art Erwachen statt. Sinneswahrnehmungen und Emotionen, die lange Zeit unter tiefer Schwere begraben gelegen hatten, erwachten. In unbeschreiblicher Klarheit erfuhr ich jene Bedürfnisse, die für uns Menschen doch am sehnlichsten sind und die wir dennoch nur flüchtig wahrnehmen – Freude, Vergnügen und Wonne. Ich fühlte, dass ich im Begriff war, Zeuge von etwas Unglaublichem zu werden. In diesem Moment wurde der Strom der ausstrahlenden Lichtwellen abrupt unterbrochen, und eine verheißungsvolle Stille erfüllte den Raum.

Das Feuer im Zentrum der Lichtsphäre wurde immer intensiver, bis es in solch einem Glanz erstrahlte, dass ihre Energie alles übertraf, was ich je erfahren hatte. Im Raum schwebte, keine zwei Meter von mir entfernt, eine Lichtkugel, die heller als die Sonne schien. Sie schien heller als jedes Licht, das ich je zuvor gesehen hatte. Die Welt schien stillzustehen, während das herumwirbelnde Licht innerhalb der Sphäre immer intensiver und heller wurde, bis es schier unglaublich weiß, flüssig schimmernd und lebendig glänzte. Mir war, als ob meine Ohren ein hohes Summen vernehmen könnten. Ganz plötzlich öffnete sich die Sphäre in einer lauten grellen Explosion. Ein Strahl weißen Lichts schoss aus ihrem Inneren heraus und drang dann in mich ein. Ich hörte, wie ich nach Luft schnappte, denn als der Lichtstrahl auf meinen Körper traf, entfachte er etwas in mir, was ich zuvor nie gespürt hatte, etwas Gewaltiges und Leidenschaftliches. Der ersten Lichtexplosion folgten schnell eine zweite und dritte. Jede einzelne von ihnen drang in mich ein, durch mich hindurch und ließ das in mir entfachte Feuer noch intensiver werden. Ich war weder in der Lage, mich zu bewegen, noch zu sprechen. Die leuchtenden Strahlen, die mein Herz und mein Inneres jetzt mit dem der Lichtsphäre verbanden, schienen mich in Zeit und Raum festzuhalten. Nie zuvor hatte ich solch vollkommene Liebe gespürt.

„Denke an deinen schlimmsten Feind“, sagte die Stimme im Licht. Das war eine eigenartige Bitte, die er in diesem Moment hervorbrachte, dachte ich. Ich befand mich auf dem Gipfel der höchsten Freude, die ich jemals erfahren hatte, doch ich tat, was er von mir verlangte, und dachte an meinen Feind. In meinem Kopf entstand ein klares Bild von ihr. „Und jetzt schick all das, was dich in diesem Moment erfüllt, zu ihr“, sagte er. Ich tat es. Das Licht, welches mich so vollkommen erfüllte, brach in einen geraden Strahl aus, der direkt auf ihr Bildnis zuströmte. Es strömte aus mir heraus und blieb dennoch unverändert in meinem Innern, ohne seine Intensität oder Helligkeit einzubüßen, und gleichzeitig blieb ich durch seine leuchtenden Strahlen mit der Sphäre verbunden.

Ich beobachtete, wie der von mir ausgesandte Strahl in die Dunkelheit strömte, wie ein Scheinwerfer ins All. Und dann berührte er sie. In diesem Augenblick wurde eine weitere Explosion ausgelöst. Das Bildnis meiner Feindin war umgeben von einem Lichtkranz, und schließlich, ganz wie die Reflexion der Sonne in einem Spiegel, strömte all das Licht, das ich ihr geschickt hatte, zu mir zurück. Mit überwältigender Kraft traf es auf mich. Ich befand mich jetzt jenseits jeglicher Vorstellung von Liebe, die ich bisher gekannt hatte. Jemand hatte die Tore meines Bewusstseins gesprengt, und nun verstreute es sich wie Sternenstaub im Universum. Jedes einzelne Teilchen war sich seiner selbst und seiner Getrenntheit von allem anderen bewusst, und dennoch auch bewusst dessen, dass es keine wirkliche Getrenntheit gibt, dass jeder einzelne Partikel auch Teil eines Ganzen ist. Es gibt kein Alleinsein. Ich befand mich in einem Zustand des Glücks, das unbeschreiblich und vollkommen ist. Mein physischer Körper wusste nicht, wie er auf solch einen Zustand reagieren sollte, und reagierte daher auf alle möglichen Arten und Weisen. Ich war gelähmt, zitterte aber. Ich lachte und weinte. Ich konnte nicht atmen und fühlte gleichzeitig, dass ich gar keine Luft brauchte. Alles, was ich jemals brauchte, war Licht.

Die Nacht war von Licht und einem unglaublich schönen Klang durchströmt. Es war der Klang eines Liedes. Ich hörte zu und fragte mich, ob es das Lied der Lichtsphäre war, welches ich vernahm. Aber ich wusste, dass das nicht möglich war, denn der Klang schien aus meinem eigenen physischen Körper zu kommen, der ebenfalls bis ins kleinste schimmernde Teilchen in sich zerteilt war. Schließlich erkannte ich, dass ich den Klang meiner eigenen singenden Zellen hörte. Bis zu diesem Moment hatte ich nicht gewusst, dass mein Körper ein mir unbekanntes Lied singen konnte, geschweige denn, dass meine Zellen ein eigenes Bewusstsein hatten. Ich war überwältigt von Mitgefühl, Wahrnehmung und Respekt für jede meiner Zellen, die das schönste Lied sangen, das ich je gehört hatte.

Dann ebbte der Glanz der Lichtkugel langsam aus seinem Zustand jenseits aller Schönheit ab und verblieb in einem lieblichen Schein. Mein Bewusstsein kehrte aus dem All zurück und nahm wieder seinen Platz im Kopf des immer noch gelähmten und zitternden Körpers ein. Der Gesang klang weich und langsam ab, und der Raum war wieder erfüllt von Stille. Meine Zellen hörten auf zu vibrieren, und das Leben, so wie ich es kannte, kehrte zu seinem normalen Zustand zurück; so normal, wie es nach dem soeben Erlebten nur sein konnte. Er wartete, bis die Stille im Zimmer sein Flüstern zuließ, und sagte: „Nun, du hast gerade zum ersten Mal in deinem Leben gebetet."

„Das war ein Gebet?", fragte ich. Meine Stimme klang schwach, ganz und gar nicht so klar und schön wie der Gesang, den ich gerade gehört hatte.

„Ja", sagte er, immer noch flüsternd, als wenn jedes Wort, das lauter als ein Flüstern wäre, diesen Moment der wunderschönsten Erfahrung zerstören würde. „Ein Gebet ist ein Liebeslied. Du hast verlernt, es zu singen."

Ich schaute in das Licht, und auf einmal konnte ich sehen, wie sich etwas in seinem Innern bewegte. Das ihn umgebende

Licht war von solcher Intensität gewesen, dass ich erst jetzt in der Lage war, den Mann, von dem es ausging, zu erblicken. Ich setzte mich im Bett auf, stützte mich auf den Ellenbogen meines linken Armes und schaute ihn an. Er blickte auf den Boden, während ich ihn anstarrte und mit meinen Blicken zu erforschen suchte. Sein Gesicht war vollkommen und wunderschön. Er hatte langes Haar, das über seine Schultern fiel und in weichem gelbem Licht schimmerte. Ein leuchtendes weißes Gewand kleidete ihn von seinen Schultern bis zu den Füßen. Noch vor einem Augenblick hatte ich gedacht, dass die Lichtsphäre das Schönste war, was meine Augen je erblickt hatten. Doch jetzt wusste ich, dass er – dieser Mann, den ich endlich sehen konnte – noch viel schöner als die Sphäre war. Er hob seinen Blick und schaute mir direkt ins Gesicht. Ich fühlte, wie meine Augen sich weiteten, in dem Moment, als unsere Blicke sich trafen. Tief in meinem Innern öffnete sich eine verschlossene Kammer. Er hatte sie mit seinen Augen geöffnet. Ich wusste, dass ich mich in der Anwesenheit von etwas – jemandem – mit enormen Fähigkeiten befand.

Ich hatte mich eigentlich immer als eine disziplinierte Person betrachtet – als jemanden, der definitiv zurückhaltend genug ist, um sich selbstlos an einen Würdenträger wie ihn zu wenden. Doch bevor ich noch um irgendetwas Tiefgreifendes im Namen anderer Personen bitten konnte, schoss mir der Gedanke an den wachsenden Tumor auf meiner Nase durch den Kopf und ich platzte heraus: „Kannst du das Ding auf meiner Nase irgendwie wegmachen?" Er lachte laut auf, schaute zuerst auf den Boden und dann wieder in mein Gesicht. Immer noch lächelnd, schüttelte er den Kopf. Ich missverstand seine Geste als Ablehnung und bat: „Bitte."

Sein Lächeln verschwand, und ein Anflug von Trauer zeigte sich auf seinem Gesicht, als er merkte, dass ich dachte, er würde mich zurückweisen.

„Wenn du von deiner Reise aus der Wüste zurückkommst", sagte er, „wirst du die Operation, vor der du dich fürchtest, nicht länger benötigen."

„Werd ich nicht?"

„Nein."

Die Reise in die Wüste rückte plötzlich in ein ganz anderes Licht und bekam eine neue Bedeutung für mich.

„Außerdem", sagte er. „nicht was auf deiner Nase ist, sollte die Ursache deiner vielen Sorgen sein."

„Nicht?", antwortete ich. Meine Alarmglocken läuteten. Hatte er etwa einen anderen bösartigen Tumor in mir entdeckt?

„Es gibt noch etwas anderes, etwas von größerer Bedeutung, was deine Aufmerksamkeit braucht", sagte er. Ich saß ihm jetzt ganz aufrecht gegenüber und stützte mich nicht länger auf meine Ellenbogen. Ich war sehr besorgt.

„Hast du etwas anderes in mir entdeckt?", fragte ich.

„Ja", sagte er. Die Farbe wich aus meinem Gesicht.

„Was ist es? Wie schlimm ist es?"

Er blieb einen Moment still, bevor er mir antwortete. Eines Tages würde ich begreifen, dass die langen Momente der Stille charakteristisch für diesen Mann waren. Er dachte sehr genau über die Dinge nach, bevor er sie aussprach. „Es gibt eine Unausgeglichenheit", sagte er. „Wir werden sie als Defizit bezeichnen." Er lächelte anschließend, und ich hatte keine Ahnung, warum. Vielleicht begriff er die Ernsthaftigkeit der Lage nicht ganz.

„Und, kann ich gerettet werden?", fragte ich.

Er nickte und schaute mir wieder direkt in die Augen.

„Ja", sagte er.

„Na gut", sagte ich erleichtert. „Sag mir, wie. Was brauche ich?"

„Fisch", antwortete er.

„Fisch? Was für eine Art Defizit ist das denn?"

Bevor er mir jedoch eine Antwort auf meine Frage geben konnte, hatte ich schon selbst eine parat. „Oh! Ich muss Jodmangel haben!"

Er lachte. „Seetang ist auch ganz hilfreich bei Jodmangel", sagte er.

„Okay", sagte ich, bereit, jeden notwendigen Schritt zu unternehmen. „Ich fange sofort an, Fisch und Seetang zu essen."

Er lächelte, gab mir aber keine Antwort. Das Licht, das aus ihm heraustrat, begann wieder um ihn herumzuwirbeln, sodass er sich teilweise meinen Blicken entzog. Ich wusste, dass er mich gleich verlassen würde.

„Warte!", rief ich. Ich war noch nicht bereit, ihn gehen zu lassen. Wir hatten uns ja kaum von Angesicht zu Angesicht kennengelernt. „Wie ist dein Name?"

„Du würdest meinen Namen nicht verstehen."

„Das ist okay", flehte ich ihn an.

„Und du könntest ihn auch nicht wiederholen."

„Das ist okay", wiederholte ich. Ich bekam keine Antwort. Ich konnte den Mann jetzt nicht mehr sehen. Ich sah nur das Licht. Also rief ich: „Bitte! Sag ihn mir einfach!"

Er kam zurück und sprach seinen Namen aus. Es war ein wunderschöner Name, aus vielen Klängen, ähnlich wie der Gesang, den ich gehört hatte. Er hatte recht. Ich wäre nicht in der Lage gewesen, ihn zu wiederholen. Nicht, weil es ein geheimer Name war, sondern weil ich nur eine Stimme hatte, und sie hätte niemals all die Klänge seines Namens wiederholen können. Das wirbelnde Licht umgab ihn wieder. Auf einmal rotierte eine große Fläche, ähnlich einer Iris, an die Oberfläche des Lichts. Sie gab dem Ganzen den eher schaurigen Charakter eines riesigen, mich anstarrenden Auges. Die Winde des Lichts wirbelten weiter, und im nächsten Augenblick nahm die Lichtkugel das Aussehen des Planeten Jupiter an.

„Ich weiß, wie du aussiehst!", rief ich durch den Wirbelwind in das Licht. Ich fragte mich, ob er mich überhaupt noch sehen konnte. „Du siehst aus, wie der Planet Jupiter! Ist das deine Heimat?"

„Etwas Wunderbares wird passieren", sagte er aus einiger Entfernung, ein Satz, der, glaube ich, aus einem Hollywoodfilm stammt, in dem es ums Weltall geht. „Finde über den zehnten Mond Jupiters alles heraus, was du finden kannst", sagte er.

„Okay", antwortete ich ihm etwas verstört.

„Denk daran, der zehnte Mond, nicht der neunte, sondern der zehnte."

„Ich denk dran."

„Und vergiss nicht zu beten."

„Keine Angst, das werde ich nicht." Ich dachte an meine alte Feindin und war erstaunt, zu sehen, dass ich sie nicht länger als meine Feindin betrachtete. Wir waren jetzt irgendwie miteinander verbunden. „Warte!", rief ich ihm noch einmal hinterher. „Was ist, wenn ich keine Feinde mehr habe?"

„Dann bete für diejenigen, die du schon liebst!", sagte er lachend. „Und erzähl anderen, wie man betet."

„Okay."

„Jetzt leg dich hin", sagte er. Aber ich konnte mich nicht

hinlegen. Ich war total überdreht und wollte ihn so lange wie möglich anschauen. Durch meinen Kopf rasten die Ereignisse der vergangenen Jahre, die Ereignisse, die letztlich zu diesem eigenartigen Treffen führen mussten. Ich sah Tage, Farben, Zeit, Dialoge und Träume in mir aufblitzen. Worte aus der Vergangenheit hallten in der Gegenwart wider, eines nach dem anderen vereinigten sie sich in einem endlosen Strom. Während ich mich noch inmitten dieser spektakulären Rückschau befand, verschwand die Lichtkugel von einem Augenblick zum anderen. In meinem Zimmer wurde es still, und ich fiel bewusstlos zurück aufs Bett.

Ich weiß nicht, wie lange ich bewusstlos dalag, nachdem die Lichtkugel und der Mann verschwunden waren. Die Sonne ging später an diesem Morgen, wie erwartet, im Osten auf. Als sie dies tat, erwachte ich in einer Art Erstaunen und schaute mich nach ihm um. Von diesem Tag an hat Licht stets diese Wirkung auf mich. Mit jedem Sonnenaufgang werde ich an den Tag erinnert, an dem ich die Sonne zweimal aufgehen sah. Ich setzte meine Füße auf den mir vertrauten Teppich. Zum ersten Mal seit Wochen konnte ich wieder aufrecht stehen. Ich litt nicht länger unter den vielen Beschwerden, die mich wochenlang bedrückt hatten. Der Teppich und auch mein Zimmer mochten mir vertraut gewesen sein, doch alles andere in meinem Leben sollte nie wieder so sein wie vorher.

Ich überfiel Craig sozusagen aus dem Hinterhalt, als er aus seinem Teil des Hauses auftauchte. „Letzte Nacht ist was mit mir passiert“, sagte ich zu ihm.

„Was meinst du?“, fragte er.

„Ich hab etwas Unglaubliches gesehen“, sagte ich mit dramatisch weit aufgerissenen Augen. „Da war ein helles Licht in meinem Zimmer. Es hat mich aufgeweckt und mich verändert."

Craig hatte natürlich die Nase voll davon, Zeuge von rein gar nichts Merkwürdigem oder besonders Ungewöhnlichem in unserem Haus zu sein außer mir selbst und meiner Besessenheit von Tonscherben, Muscheln, Lichtern und Indianern.

„Es hat dich verändert? Wie?"

„Ich bin gestorben." Das wären vielleicht ganz gute Neuigkeiten für ihn gewesen, mit der Ausnahme, dass ich gerade vor ihm stand und ihm persönlich darüber Bericht erstattete und somit anscheinend nicht gleich an Ort und Stelle geblieben war.

„Tja, du hast dich schon ein paar Mal schwindlig gefühlt, als du dachtest, dass du gleich sterben würdest", erinnerte er mich, auf die physischen Effekte hinweisend, die ich ihm auf unserer Reise in die Berge beschrieben hatte.

„Nein, diesmal war es anders. Ich hatte diesmal keine Angst. Da waren das Licht und der Mann, und ich hatte überhaupt keine Angst. Ich bin in das Licht gegangen. Der Tod existiert gar nicht!", sagte ich. „Wir sind eigentlich wirklich aus Licht gemacht! Und der Mann in dem Licht ...", sprach ich weiter. Ich versuchte ihm alles, was ich gesehen hatte, so schnell wie möglich zu erklären. „Er hat mir beigebracht zu beten. Wir sollen eigentlich mit Licht beten."

Craig schloss für einen Moment die Augen.

„Er hat mir gezeigt, was es heißt, meine Feinde zu lieben. Ich verstehe jetzt endlich, was das bedeutet. Wenn wir nur unseren Ärger und unsere Furcht loslassen, können wir lieben. Aber wir können nicht ..."

„Wer war dieser Typ?", unterbrach er mich.

„Das weiß ich selbst nicht richtig. Er hat mir seinen Namen gesagt, aber ich kann ihn nicht aussprechen. Ich glaube er kommt von einem anderen Planeten."

Leise bat Craig mich, ihn in das Esszimmer zu begleiten, wo wir außerhalb der Hörweite der Kinder waren, die im Wohnzimmer fernsahen. „Hör mal, du musst endlich die Realität in den Griff kriegen. Diese Sache fängt an, dein gesamtes Leben zu beherrschen."

„Also, ich finde, ich habe die Realität im Griff. Und ich sage dir, ich bin letzte Nacht gestorben – ich bin in das Licht gegangen. Und dieser Mann – tja, er hat mich mit Lichtstrahlen berührt, und dann hat er mir gesagt, ich soll anderen beibringen zu beten."

„Oh Gott!", murmelte er leise vor sich hin. „Merkst du eigentlich, wie du klingst? Du hörst dich schon an wie Aimee Semple McPherson."

Ich hätte, ehrlich gesagt, in eine Enzyklopädie schauen müssen, um ihren vollständigen Lebenslauf herauszufinden, aber es klang auf keinen Fall sehr motivierend. „Wer ist das?", fragte ich.

„Eine Predigerin, eine Evangelistin."

„Na, ich bin jedenfalls keins von beiden."

„Nein? Eben hast du noch gesagt, dass du anfangen sollst, darüber zu predigen. – Hör mal", sagte er. „Ich bin mir nicht sicher, was hier los ist. Vielleicht hattest du eine Art religiöse Erfahrung, aber niemand will sich diesen Kram anhören."

„Das war keine religiöse Erfahrung", sagte ich tief beleidigt. „Das hatte überhaupt nichts mit Religion zu tun." Und das, inklusive all der anderen Dinge, die ich sagte, war Gottes aufrichtige Wahrheit.

„Ich kann nur hoffen, dass du nicht anfängst, von den Dächern zu schreien", sagte er, offensichtlich verzweifelt. „Merkst du nicht, dass du allmählich peinlich wirst?"

„Ich werde bestimmt nicht von den Dächern schreien, und diese Sache beherrscht überhaupt nicht mein Leben."

„Dann behalt das alles für dich, okay. Ich will nicht, dass du die Kinder mit deinem Gerede aufregst, und ich will selbst auch nichts mehr davon hören." Er verließ das Zimmer. Wahrscheinlich wusste er schon, dass er noch eine ganze Menge darüber hören würde.

„Das war ganz und gar nicht religiös", rief ich hinter ihm her, um meinen Standpunkt nochmals klarzumachen.

Nachdem Craig zur Arbeit gegangen war, rief ich Fred, den Medizinmann an. „Ich bin mir nicht sicher, was da passiert ist", erklärte ich ihm. „Aber ich habe meinen Körper verlassen und bin in das Licht gegangen, und das Nächste, woran ich mich erinnere, ist, dass ich auf einem Berggipfel stand." Ich wartete auf seinen gewohnheitsmäßigen Lachanfall, aber diesmal blieb er aus.

„Wow", sagte Fred. „Und du bist dir sicher, dass es nicht nur einer deiner Träume war?"

„Absolut sicher. Das ist ja gerade das Merkwürdige. Ich wurde aus dem Schlaf geholt, und dann passierte es. Und seine Erscheinung war nicht trüb oder so. Sie war ganz klar."

„Wessen Erscheinung?"

„Der Mann, der im Licht stand."

„Weißt du, wer er war?"

„Nein, aber ich nehme an, dass er von einem anderen Planeten kommt. Er hatte ein paar Ideen und Konzepte, die definitiv nicht von hier sind."

„Wie zum Beispiel?"

„Zum Beispiel ‚Ursache und Wirkung' statt ‚Schuld und Sühne'"

„Hat er noch was anderes gesagt?"

„Ja, er hat mir gesagt, ich soll Fisch und Seetang essen, meine Feinde lieben, dass Nagetiere nicht die einzigen Träger des Pestvirus waren und dass ich alles über den zehnten Mond Jupiters herausfinden soll."

Das war der Auslöser für den Lachanfall. „Na, das ist ja 'ne ganze Menge", sagte er, immer noch lachend. Sein Gelächter dämpfte irgendwie meinen Enthusiasmus, und ich wechselte schnell das Thema. Wir sprachen kurz über banalere Dinge und legten schließlich auf.

Ich beschäftigte mich eine Weile mit den Kindern, machte ihnen Frühstück, zog sie an und legte ihnen schließlich ein paar Buntstifte, Papier und Malbücher auf den Küchentisch. Sie liebten die Augenblicke ihrer morgendlichen Kreativität, und während sie ihrer Arbeit nachgingen, beobachteten sie fasziniert, wie die Buntstifte ihrer Wahl farbenfrohe Zaubereien auf den eben noch blanken Seiten entstehen ließen. Es war ein heller, klarer Herbsttag. Die Morgensonne schien durch das Küchenfenster und badete die Zeichnungen in ihrem Licht. John malte purpurne Spritzer, fügte dann noch andere Farben hinzu und benutzte schließlich zwei Stifte auf einmal, bis sein Blatt mit vielen Farben bedeckt war. Emily hatte ihren eigenen Stil. Ihre Bilder erzählten immer lustige, fröhliche Geschichten.

Ich machte die Betten und stand dann eine Weile in meinem Zimmer. Es war ruhig, und kein Anzeichen oder Beweis der vormorgendlichen Ereignisse, die nur ich allein bezeugen konnte, war zu sehen. Die Bestätigung derartiger Erfahrungen war für mich immer sehr wichtig gewesen, aber jetzt, im Anschluss an das spektakulärste Treffen meines Lebens, bekam ich keine. Ich erledigte meine Pflichten und ging in die Küche zurück, wo ich die Kunstwerke der Kinder bewunderte. Sie hatten gerade ihre Kreationen fertiggestellt und spielten nun im Wohnzimmer. Ich sah, dass John vier weitere weiße Blätter ausgeschmückt und dann in einem Malbuch die einfachen Vordrucke mit seinen eigenen brillanten Designs übermalt hatte. Emily hatte ein Familienporträt gemalt, auf dem das Haus, der Gartenzaun und eine blaue Sonne zu sehen waren. Wir vier standen als Strichmännchen im Vorgarten, winkten und lächelten. Ich sammelte ihre Zeichnungen ein und legte sie in eine Schublade des Garderobenschranks, wo ich die meisten ihrer früheren Werke aufbewahrte. Als ich die Schublade öffnete, bemerkte ich ein Blatt, das ich lange nicht mehr gesehen hatte. Ich nahm es in die Hand.

Auf einem zerknautschten Blatt Papier mit Eselsohren war eine Zeichnung, die Emily ein Jahr zuvor gemalt hatte. Ich weiß das ungefähre Datum der Zeichnung, weil ich es mir in einem meiner Tagebücher notiert hatte. Ich notierte es, weil es ein ungewöhnlich auffälliges Bild war. Es war eine Buntstiftzeichnung von einer blauen Lichtkugel. In der Lichtkugel befand sich ein dunklerer Kreis, der aussah wie ein Auge. Zwei wirbelnde Linien rotierten aus dem Inneren des Auges nach außen. Der Lichtstrahl streckte sich auch außerhalb der Lichtkugel weiter aus. Emily war noch nicht ganz vier Jahre alt gewesen, als sie das Bild gemalt hatte, und trotzdem hatte sie es geschafft, einen fast perfekten Kreis zu zeichnen. Sie war damals nicht in der Lage, mir die Bedeutung des Bildes zu erklären. Doch jetzt, da ich es ein Jahr später am 12. September betrachtete, wusste ich, was es darstellte. Es war eine Zeichnung vom Planeten Jupiter. Trotzdem, um wirklich sicherzugehen, nahm ich das Bild und ging zu Emily, um sie ein zweites Mal darüber auszufragen. Sie war mit John wieder in der Küche und goss sich und ihrem Bruder Obstsaft in kleine Tassen. „Emily“, sagte ich zu ihr. „Erinnerst du dich daran?“ Ich gab ihr die Zeichnung. Sie warf einen kurzen Blick darauf und erkannte sie sofort.

„Oh ja“, antwortete sie feierlich.

„Was ist das?“, fragte ich sie.

„Naja, Mama“, sagte sie und holte tief Luft. „Das ist das größte.“

„Was heißt das? Von was ist es das größte?“

„Es ist das größte von allen großen Dingen.“ Sie begann es mir zu erklären und benutzte dabei jedes Wort und jeden Ausdruck, den ihr junger Wortschatz beinhaltete – ein Wortschatz, der seit ihrem letzten Versuch um ein Jahr gewachsen war.

Es war ein rundes Ding, eine Murmel, ein Ball – all die Dinge, die in der Welt eines Kindes existieren – außer dass dieses hier, wiederholte sie mit weit geöffneten Augen und Armen, das größte von allen war. „Die Kugel war total groß und total schön“, sagte sie. Und sie hatte sie schon lange vor mir gesehen. Wir starrten eine ganze Weile auf das Bild. „Und sie ist blau“, sagte sie und trank ihren Saft aus. Ein Ding, das wie Jupiter aussah, schien eine unerwartete Rolle in unserem Leben zu spielen. Die ein Jahr alte Zeichnung war ganz bestimmt ein Stück Bestätigung für meine mystische Begegnung. Doch ich hatte noch immer das Gefühl, dass ich mehr als nur die Zeichnung eines Kindes brauchte. Ich entschloss mich, den Wahrheitsgehalt der Botschaften, die ich von dem Mann in der jupiterähnlichen Lichtkugel erhalten hatte, zu untersuchen. Ich startete eine Suche nach Beweisen oder versteckten Botschaften, in der Hoffnung, dass ich irgendetwas finden würde, was mir die Bestätigung gab, nach der ich mich sehnte, die Sicherheit, die alle verbliebenen Zweifel über meine Begegnung mit diesem geheimen Botschafter wegblasen würde.

Als Erstes untersuchte ich also seine Bemerkung, die er über den weiteren möglichen Träger des Pestvirus gemacht hatte. Ich holte mein altes Veterinärhandbuch heraus und begann zu lesen. Das Buch enthielt nur wenige Absätze über die Pest und deren mögliche Überträger. Ich musste nicht lange lesen, bis ich zu dem Satz kam, der die Katze als solchen erwähnte. Ich las den Satz wie in Zeitlupe, und merkte, wie sich ein vages Gefühl des Erstaunens in mir ausbreitete. Ich las den Satz noch einmal. Der Mann hatte recht gehabt. Wenn man diesem alten Handbuch Glauben schenkte, war die Katze ein weiterer potenzieller Überträger der Pest. Bis zu dem Zeitpunkt, in dem ich den Mann im Licht traf, war ich mir dieser Tatsache nicht bewusst gewesen, obwohl ich das als eingefleischte Naturschützerin eigentlich hätte wissen müssen. Doch irgendwie war es mir wohl entgangen. Diese Information war mir zwar neu und erschreckte mich ein wenig, aber ich war immer noch nicht zufrieden. Ich brauchte noch mehr Beweise, welche mir die Botschaften dieses Mannes bestätigen konnten.

Ich legte das Buch zur Seite und überlegte einen Moment, woher ich wohl Informationen über den zehnten Mond Jupiters bekommen könnte – wenn es einen zehnten Mond gab. Ich hatte eigentlich immer gedacht, Jupiter hätte nur vier Monde. Ich blätterte das Telefonbuch durch und gelangte zu der Seite mit den Nummern der Florida State University. Unter ihnen war auch die Nummer eines Astronomielabors. Ich machte also einen anonymen Anruf. Ein etwas träge klingender Mann hatte den Hörer abgenommen. Ich stellte ihn mir in einem, für begabte Wissenschaftler typischen, zerknitterten Laborkittel, mit halb gerahmter Brille und wischmoppartigem, unordentlichem Haar vor, das einem weißen Wirrwarr aus Spinnennetzen glich.

„Könnte ich bitte mit einem Astrophysiker sprechen?", fragte ich.

„Sie sprechen mit einem. Was kann ich für sie tun?"

„Also, ich würde gern etwas über den zehnten Mond von Jupiter herausfinden", sagte ich so normal und locker wie möglich.

„Wie bitte?"

„Jupiters zehnter Mond", wiederholte ich. „Jupiter hat doch zehn Monde oder?"

„Äh, ja, er hat sogar mehr als zehn."

„Oh", sagte ich. „Na gut. Da bin ich ja froh. Könnten Sie mir vielleicht ein wenig über den zehnten erzählen?"

„Ist das ein Scherz oder so was Ähnliches?"

„Nein. Ich habe einen Arbeitsauftrag von einem Lehrer." Hoffentlich fragt er mich nicht nach dem Namen meines Lehrers, dachte ich.

Er seufzte, schaute sich vermutlich im Labor um und sagte dann: „Okay, vielleicht kann ich hier was finden. Wann brauchen Sie es?"

„Ähm, jetzt sofort?“ Ich wollte ihm nicht gerade eine detaillierte Beschreibung meiner Hausaufgabe geben, denn ich nahm an, dass er auflegen würde, wenn ich das tat.

„Na gut“, sagte er. „Bleiben Sie dran.“ Er legte den Telefonhörer nieder, schlurfte davon und kam schlurfend zurück. „Jupiter … Jupiter … Jupiter … hier ist es.“ Er las einen Moment still für sich, bevor er mich fragte: „Okay, mit dem zehnten Mond, meinen Sie da den zehnten von der Entfernung her oder den, der als zehnter entdeckt wurde?“

„Das weiß ich nicht. Er hat nur gesagt, ‚der zehnte Mond‘.“

„Wer er?“

„Na, Sie wissen schon – mein Lehrer.“ Er seufzte und begann über die Monde Jupiters zu lesen. Einige Minuten vergingen. Ich wollte ihm gerade sagen, dass es egal sei, als er laut ausrief: „Hier, hier ist es! Das muss es sein, was Ihr Lehrer meinte.“

„Sie meinen, da steht wirklich etwas über den zehnten Mond?“

„Ja“, sagte er mit einem Hauch von Verwunderung in seiner Stimme, und obwohl ich ihn nicht sehen konnte, konnte ich an seiner Stimme erkennen, dass er lächelte. „Hier wird etwas über ihn erwähnt, und es ist etwas Ungewöhnliches, aber Sie müssen sich die Informationen näher anschauen und durchdenken.“

„Okay.“

„Jupiters zehnter Mond ist ein sehr kleiner umkreisender Trabant – er hat einen Durchmesser von nur ungefähr zehn Kilometern.“

„Aha“, sagte ich. „Wie groß ist das?“

„Grob geschätzt ein bisschen mehr als sechs Meilen.“

„Oh."

„Trabanten dieser Größe sind normalerweise nur eigenartig geformte Felsen oder Eisklumpen. Aber dieser hier ist anders."

„Ist er?"

„Ja", sagte er. Offensichtlich hatte er zu Ende gelesen, denn er schlug das Buch mit einem lauten Knall zu. Ich wusste jedoch nicht genug über Astronomie, um an diesem Punkt aus den Informationen bereits eine Schlussfolgerung ziehen zu können. „Also, was meinen Sie damit?", fragte ich ihn. „Inwiefern ist er anders?"

„Der zehnte Mond Jupiters", sagte er, „ist kein Stein- oder Eisklumpen."

„Was ist er dann?"

„Er ist eine perfekt runde Sphäre."

„Oh Gott ...", murmelte ich. „Das ist ungewöhnlich oder?"

„Ja, das ist es", antwortete er. „Und Ihr Lehrer, der ist auch irgendwie ungewöhnlich."

„Ist er das?", fragte ich mit weit aufgerissenen Augen. „Woher wissen Sie das? Was meinen Sie damit?"

„Er weiß, wie man unterrichtet."

Ich legte auf und rief nach den Kindern. „Kommt Kinder, wir müssen einkaufen gehen." Ich setzte sie in die Kindersitze auf die Rückbank, und wir fuhren direkt zum Fischmarkt, damit ich mir Fisch und Seetang kaufen konnte, um meinen Jodmangel auszugleichen, den mein Lehrer nachts zuvor entdeckt hatte. Offensichtlich war er ein Botschafter aus dem All, der es verdiente, erhört zu werden. Am Marktplatz angekommen, hob ich John aus dem Auto, als mir auf einmal eine Art Lichtblitz auffiel. Ich sah nach oben und sah ein seltsam schimmerndes Objekt langsam und geräuschlos durch den wolkenlosen Herbsthimmel gleiten. Seine Oberfläche war glänzend poliert, und während es sich seinen Weg durch den blauen Himmel bahnte, veränderte es seine Form wie Quecksilber. Es flimmerte und bebte, so als ob es lebendig und dennoch aus Wasser gemacht wäre. Die Reflexion der Sonnenstrahlen auf seiner glänzenden Oberfläche ließen es auffunkeln. Das war ganz sicher ein Zeichen. Ein Hinweis, dass ich auf der richtigen Spur war. „Schaut mal Kinder", sagte ich und zeigte nach oben. Wir beobachteten das Objekt eine Weile und winkten ihm schließlich alle drei zu.

~ 5 ~

Schmetterlinge und Sturmwarnungen

Ich betrat den Fischladen und war erfreut, zu sehen, dass sie auch eine Auswahl an unterschiedlichem Seetang hatten. Ich war mir nicht sicher, welche Art Fisch ich brauchte, denn der Überbringer der Botschaften – mein neuer Lehrer des Lichts – hatte nicht ausdrücklich erwähnt, nach welchem Fisch mein Defizit verlangte. Also kaufte ich ein bisschen Dorsch, Zackenbarsch und einige Büchsen Sardinen in Senfsoße. Ich kaufte auch ein paar Venusmuscheln in der Hoffnung, dass auch diese hilfreich sein würden. Dann suchte ich mir eine Tüte getrockneten Seetang aus. Er sah nicht besonders appetitlich aus. Nach dem Mittagessen, während die Kinder schliefen, rief ich beim Busbahnhof an und informierte mich über einige Busse, die mich nach Arizona und wieder zurück bringen würden. Die spirituellen Hintergründe meiner Reise in die Wüste waren mir immer noch unklar, doch inzwischen hatte sich ein weiterer physischer Grund eingefunden. Jedes

Mal, wenn ich meine Augen öffnete, konnte ich ihn klar und deutlich vor mir sehen.

Craig hatte schon des Öfteren Versuche unternommen, mein Abreisedatum festzulegen, nur damit ich es wieder absagen würde. Doch diesmal würde ich meine Pläne zu Ende bringen, denn die Aufrichtigkeit und Korrektheit des Mannes im Licht waren definitiv durch meine neuen Entdeckungen über den zehnten Mond Jupiters bewiesen worden. An diesem Abend rief ich meine Eltern an, um zu hören, wie sie ihren Tag verbracht hatten. Ich erzählte meiner Mutter, dass ich nun auch ein Licht in meinem Schlafzimmer gesehen hatte, und dass ein Mann darin gestanden hatte, der aber nicht wie ein Indianer gekleidet war. Wir spekulierten eine Weile, wer er wohl gewesen sein könnte. Ich sagte, dass ich wirklich nicht dachte, dass er, außer einem sehr freundlichen Mann aus dem All, irgendjemand Besonderes sei. Wir fragten uns auch, ob und auf welche Art und Weise er mit den Indianern in Verbindung stehe. Ich erwähnte auch, dass es eventuell möglich wäre, dass mein Krebs ohne die schrecklich entstellende Operation geheilt werden könnte. Vorsichtig benutzte ich den Ausdruck „eventuell möglich", denn ich wollte auf keinen Fall als zu idiotisch dastehen, falls gerade dieser spezielle Teil der Botschaft meines neuen Lehrers danebengehen sollte. In dieser Nacht ging ich mit einem Gefühl großer Erwartungen zu Bett, darauf hoffend, dass ich den Mann wieder sehen würde. Am nächsten Morgen erwachte ich mit einem genauso großen Gefühl der Enttäuschung. Nichts war während dieser Nacht passiert, nichts, außer dass ich einen langen erholsamen Schlaf genossen hatte. Zu diesem Zeitpunkt wusste ich noch nicht, dass dies ein wichtiger und gut überlegter Teil des

Planes war. Die Zeiten des Ausruhens sind genauso wichtig wie die Zeiten des Vorwärtsstrebens.

Am Nachmittag des nächsten Tages – oder vielleicht war es sogar am Tag danach – stand ich in der Küche und schaute in den Kühlschrank, als ich plötzlich einen exotischen Duft wahrnahm. Einen Moment überlegte ich, welches Lebensmittel im Kühlschrank wohl auf einmal den Duft von Myrrhe und Gewürzen angenommen haben könnte. Ich fand den frischen Brotteig, den ich ursprünglich gesucht hatte, schloss den Kühlschrank und ging zum Herd. Der Duft war immer noch da. ‚Vielleicht habe ich ja einen der Gewürztöpfe offen gelassen', versuchte ich das Phänomen zu begründen. Ich drehte mich um, um nach der Quelle des Duftes zu suchen, und sah mich plötzlich dem Mann aus dem Licht gegenüber. Ich schaute ihm direkt in die Augen. Er lächelte und ich lächelte zurück. Ich war begeistert, ihn zu sehen, und spürte sofort, wie sich ein gewaltiges Gefühl von Liebe und Glückseligkeit in mir ausbreitete.

Während ich vor ihm stand, stellte ich fest, dass er ungefähr einen Meter achtzig groß war. Ich bemerkte auch, dass sein weißes Gewand aus einer Art sonnengebleichtem Leinen mit schimmernden Fäden bestand. Er roch nicht nur nach Myrrhe und Gewürzen, sondern auch nach dem leichten Duft des Ozons, das nach einem Gewitter in der Luft liegt, und nach frisch gewaschenen, in der Sonne getrockneten Laken. Er duftete einfach wunderbar. Ich nahm einen tiefen Atemzug.

„Heute ist ein guter Tag für einen Ausflug", sagte er.

„Hättest du Lust?"

„Oh ja", antwortete ich sofort und fragte mich, welche Art Fortbewegungsmittel wir wohl benutzen würden.

„Wir nehmen dein Auto“, sagte er.

„Wohin fahren wir?“

„Zum Strand – St. Marks.“

Die Realität kam schlagartig zu mir zurück. „Oh, eigentlich kann ich gar nicht“, sagte ich. „Meine Kinder halten gerade ihren Mittagsschlaf und ich weiß nicht, wer bei ihnen bleiben soll.“

„Ihr Vater wird sich um sie kümmern“, sagte er. Er lächelte immer noch.

„Nein, er ist bei der Arbeit.“

Der Mann warf einen Blick auf das Küchentelefon. Ein wenig widerwillig rief ich Craig an.

„Hi“, sagte ich. „Kannst du nach Hause kommen und für ein paar Stunden auf die Kinder aufpassen?“

„Warum?“, fragte er.

„Ich muss zum Strand fahren“, antwortete ich.

„Was heißt das, du musst zum Strand fahren?“

„Ich muss es halt. Ich muss fahren.“

„Hast du wieder irgendwelche Dinge gesehen?“

„Nein.“ Und das war eigentlich die Wahrheit, denn „Dinge“, der Plural, bedeutete, dass ich mehrere sehen würde, und ich sah definitiv nur ein „Ding“ – den Mann, der neben mir stand, während ich telefonierte. Ich war ziemlich überrascht, als Craig einwilligte, nach Hause zu kommen. Kurze Zeit später war er da. In der Zwischenzeit saßen der Mann und ich schweigend im Wohnzimmer. Er schien sehr in Gedanken versunken. Es war aber kein unangenehmes Schweigen, und ich fühlte mich auch gar nicht dazu genötigt, die Stille mit irgendeinem bedeutungslosen Gespräch zu füllen. Es war eine friedliche Stille. Ich nutzte die Chance, ihn wieder einmal schamlos anzustarren, und er tat gnädigerweise so, als würde er es nicht bemerken.

Als Craig nach Hause kam, gingen der Mann und ich aus dem Wohnzimmer hinüber in die Küche. Ich schaute Craig an und forschte nach Anzeichen, die andeuteten, dass er den Mann neben mir sehen konnte. Doch er zuckte nicht mit der Wimper. Offensichtlich sah er niemanden außer mir selbst. Und somit fuhren wir zum Strand. Die Fahrt zum Strand dauerte ungefähr fünfundvierzig Minuten. Je näher wir der Küste kamen, desto mehr fielen mir die Schmetterlinge auf, die als Unfallopfer auf der Straße lagen. September ist der Monat ihrer großen Wanderung. Sie schienen in ihrer unwissenden Unschuld stets die offenen Straßen und Highways zu bevorzugen, blind gegenüber der Tatsache, dass diese Highways nicht für Schmetterlinge, die kaum schwerer als ein Lufthauch sind, sondern für tonnenschwere Fahrzeuge gebaut worden sind. Sobald wir in das Schutzgebiet des St.-Marks-Strandes kamen, hob der Mann zu sprechen an. „Fahr langsam. Sehr langsam", sagte er. „Wenn du zu schnell fährst, wirst du die Antworten auf deine Fragen nicht hören können." Ich drosselte die Geschwindigkeit. Ich war dankbar dafür, mit ihm die Einzige zu sein – ausgenommen die Schmetterlinge –, die es an diesem Nachmittag zum Strand zog. Doch der Mann bestand darauf, dass ich noch langsamer fuhr, bis wir uns kaum noch von der Stelle bewegten. Die Straße wurde von den hohen Bäumen des Nationalparks gesäumt. Der graue Asphalt erstreckte sich vor uns. Der gesamte Weg war mit unterschiedlichsten Farben befleckt, mit den zerfetzten Flügeln jener, deren Reise ein allzu abruptes Ende genommen hatte. „Halt an, und schau dir jeden Schmetterling genau an", sagte er. Ich tat, was er sagte. Wir bewegten uns kaum schneller als im Schritttempo vorwärts. Dann hielt ich an, sprang aus dem Auto und sammelte mehrere Handvoll der winzigen Körper und Flügel auf. Die Konsole zwischen den beiden Vordersitzen war bald mit einem Haufen gelber, orangefarbener, blauer und schillernd schwarzer Schmetterlinge angefüllt. Einige bebten noch, in dem Versuch sich an ihrem kurzen, doch noch wertvollen, verbliebenen Lebensfaden festzuhalten.

Am Strand angekommen, parkte ich in der Nähe des Leuchtturms und betrachtete eine Weile die sterbenden oder bereits toten Schmetterlinge.

„Sie sind wunderschöne Geschöpfe. Sanft. Sie haben niemandem Schaden zugefügt. Und dennoch wurden sie getötet", sagte er.

„Moment mal", protestierte ich. „Sie wurden ja nicht mit Absicht getötet. Niemand hat sie vorsätzlich umgebracht."

„Das Ergebnis ist trotzdem dasselbe. Sie wurden getötet."

„Aber es war ein Unfall."

„Absichten ändern nicht unbedingt die Gesetze von Ursache und Wirkung", sagte er. „Der Schmetterling wird nicht dafür bestraft, dass er eine Straße benutzt, die nicht ihm gehört. Der Schmetterling wird bedingungslos geliebt. Er stirbt, weil er den Aufprall eines Autos nicht überleben kann – Ursache und Wirkung. Wenn eure Pflanzen auf Grund der verstorbenen Schmetterlinge weniger bestäubt werden, wäre der Verlust der Ernte keine Strafe Gottes dafür, dass ihr die Schmetterlinge umgebracht habt. Auch ihr werdet bedingungslos geliebt. Der Verlust der Ernte käme über euch auf Grund der Gesetze von Ursache und Wirkung. Komm mit mir", sprach er zu mir mit seiner sanften und einladenden Stimme.

Wir gingen den langen Strand hinunter. Die Ebbe hatte gerade eingesetzt, und der Duft des salzigen Meeres lag in der Luft. Der Seetang trocknete in der Sonne, und hier und da konnte man einen Pfeilschwanzkrebs entdecken, der sich im Sand sonnte. Winzig kleine Wellen plätscherten in ruhigen regelmäßigen Bewegungen ans Ufer. Strandläufer warteten darauf, dass sich die flachen Wellen zurückzogen, und rannten dann auf ihren staksigen Beinen blitzschnell durch den noch nassen Sand, um ihn nach kleinen Leckerbissen zu durchforsten. Sobald sich die nächste kleine Welle näherte, rannten sie genauso schnell wieder ins Trockene zurück und warteten aufs Neue, begleitet von ihrem unaufhörlichen Gepiepse. Wir gingen schweigend eine Weile dahin und beobachteten die Vögel, die manchmal piepsend auf staksigen, kaum sichtbaren flinken Beinen vor uns den Strand entlangliefen. Sieben Pelikane glitten bewegungslos auf seichten Luftströmen in einer lautlosen V-Formation über das Wasser an uns vorbei.

„Es ist Zeit", sagte er.

„Zeit wofür?"

„Zeit für die Menschheit, sich weiterzuentwickeln."

„Aber ich hab' es dir doch schon gesagt, wir sind keine primitive Gesellschaft. Wir haben uns weiter entwickelt."

„Dann gib mir ein Beispiel von einer primitiven Gesellschaft", sagte er.

Ohne Zögern antwortete ich: „Die alten Azteken."

Er blieb stehen und sah mich erstaunt an. „Die Azteken?"

„Ja. Primitive Völker leben gern im Dschungel. Manche leben dort immer noch."

„Und wie unterscheidet sich dann ein primitives Volk von eurer Gesellschaft?"

„Sie leben in Stämmen und haben keinerlei kultivierte und höherentwickelte Lebenskonzepte", begann ich zu erklären. Er hörte mir zu und nickte. „Ihre Religionen sind bizarr und basieren auf Folklore und Mythen. Sie glauben, sie können ihre Götter beschwichtigen, indem sie eigenartige Rituale ausführen. Sie töten sogar Kinder. Sie zerstören andere Dörfer. Sie …" Ich sprach einige Minuten lang ununterbrochen und zählte viele Punkte auf, die unsere Gesellschaft von einer primitiven abheben sollten. Nicht ein einziges Mal unterbrach er mich oder machte auch nur irgendeine Bemerkung.

Als ich meine Rede beendet hatte, merkte ich, dass ich, indem ich alle Unterschiede zwischen einer primitiven und meiner eigenen Gesellschaft aufgelistet hatte, auch alle ihre Gemeinsamkeiten ausgesprochen hatte. Tatsächlich hatte ich ihm ein schlagkräftiges Argument geliefert, dass die Azteken in ihrer moralischen und spirituellen Entwicklung unserer Gesellschaft weitaus überlegen waren. Wieder liefen wir schweigend nebeneinander her. Ich überlegte, welchen Trick er angewandt hatte, der mich dazu gebracht hatte, ganz von allein den Beweis dafür zu liefern, dass wir nicht nur in einer primitiven Gesellschaft lebten, sondern auch eigenmächtig, kriegerisch, rituell und außer Kontrolle waren. Und dann stellte ich noch etwas anderes fest. Mein Lehrer wusste, wie man Schweigen und Stille als Lehrwerkzeuge einsetzt. „Es ist Zeit für euch, euch weiterzuentwickeln", sagte er. „Und es ist Zeit, die Erde zu heilen."

„Die Erde heilen?", sagte ich.

„Die Erde verlangt dringend nach Heilung", sagte er. „Seid ihr denn nicht die Pfleger und Wächter der Erde?"

„Naja. Ja, ich denke, das sind wir. Aber das Chaos hier ist so groß, dass es ein bisschen viel von uns verlangt ist, momentan etwas dagegen zu tun. Wir können sie unmöglich allein heilen. Wir brauchen ein wenig Hilfe von außen."

„Eure Gesellschaft lebt in Überfluss und Verschwendung", sagte er in leisem Ton, ohne urteilend zu klingen und mir dadurch das Gefühl zu geben, mich verteidigen zu müssen. „Das Nebenprodukt dieses Überflusses und der Verschwendung ist Müll. Die Erde leidet unter den Auswirkungen des Mülls."

„Aber wie können wir das ändern?"

„Hört auf, Müll zu produzieren."

Wir kehrten um. Er schaute hinunter auf den Sand. Während wir gingen, waren seine Hände auf dem Rücken verschränkt. „Wenn du von deiner Reise in die Wüste zurückkehrst, rufe eine kleine Gruppe Menschen zusammen", sagte er. „Sag ihnen, sie sollen einen Tag in der Woche, einen Zeitpunkt an diesem Tag auswählen, an dem sie nur ruhig dasitzen und nichts außer der Luft, die sie atmen, verbrauchen – trinkt kein Wasser, zündet keine Kerzen an, verbraucht gar nichts. Sie brauchen sich nicht als Gruppe zu treffen, um dies zu tun. Sie können in ihrem eigenen Haus bleiben. Der Zeitraum muss nicht unbedingt sehr lang sein. Die Hauptsache ist, sie setzen sich für einen Moment hin. Sag ihnen, sie sollen diese Zeit zum Nachdenken nutzen. Sie sollen an die Dinge denken, die ihnen Freude und Glückseligkeit bringen. Erinnere sie daran, ihr Leben mit Freude zu erfüllen, und denkt darüber nach, wie ihr die Erde heilen könnt. Sag ihnen, wenn sie dies tun, wird die Heilung der Erde bereits beginnen."

Seine Worte kamen mir irgendwie humorvoll vor – das Ganze hörte sich zu einfach an –, und ein kurzes Lachen entwischte mir. „Also“, sagte ich, „erst einmal will ich nicht respektlos erscheinen, aber ich spreche nicht in der Öffentlichkeit. Das ist nicht mein Ding. Und außerdem hätte ich überhaupt keine Ahnung, wie ich eine Gruppe von Leuten zusammenkriegen sollte. Ich wüsste auch gar nicht, wen. Zweitens: Es steht außer Frage, dass ich irgendjemandem weismachen kann, dass eine Handvoll Leute die Erde heilen könnte. Das wäre … naja, das wäre irreführend.“

Er blieb wieder stehen und schaute mich an. „Wenn du verletzt bist“, sagte er ruhig, „ist es dann nicht der Aufwand weniger winzig kleiner Zellen, mit deren Hilfe die Wunde geheilt wird? Was würde ohne die Arbeit dieser wenigen Zellen passieren?“

So hatte ich das noch nie gesehen, doch er hatte recht. Sein plötzlicher Hinweis auf etwas so extrem Kleines, das jedoch eine so äußerst wichtige, große Arbeit vollbrachte, ließ einen weiteren Spurwechsel meiner Wahrnehmung zu. „Ähm, ja“, sagte ich. „Das stimmt – nur ein paar winzige Zellen.“ Ihr Job war nicht nur umfangreich und wichtig. Aus der Nähe betrachtet, hing sogar das Leben selbst von nur ein paar winzigen Zellen ab.

„Sind eure eigenen Fähigkeiten nicht mindestens genauso groß wie die einer einzigen Zelle?“

„Doch“, antwortete ich kleinlaut. Er nickte.

Wir blieben eine Weile stehen und schauten auf das glitzernde Wasser des Golfs hinaus, oder besser gesagt: Ich schaute auf das glitzernde Wasser des Golfs. Als ich meinem Lehrer einen flüchtigen Blick zuwarf, sah ich, dass er mit geschlossenen Augen dastand. Er betrachtete etwas völlig anderes. Er öffnete wieder die Augen und begann in bedächtigen Schritten weiterzugehen, und ich folgte ihm. „Wenn du aus der Wüste zurückgekehrt bist", sagte er, „wird eine kleine Gruppe Menschen auf dich und das, was du zu sagen hast, warten. Erzähl ihnen von alldem hier", sagte er. Mit diesen Worten verschwand er und ließ mich allein mit den Strandläufern und der Ebbe zurück. Die Sonnenstrahlen schimmerten in juwelengleichem Licht auf der ruhigen Wasseroberfläche. In der Ferne lachte eine Möwe. Ich ging zum Auto zurück und fuhr schließlich mit den Schmetterlingen in der Konsole nach Hause. Ihre stille Gegenwart erfüllte mich mit bedingungsloser Liebe, mit Ursache und Wirkung und damit, welche bedeutende Rolle doch die kleinsten Zellen in unserem Leben spielen.

Nachdem ich zu Hause angekommen war, machte sich Craig daran, wieder zur Arbeit zu gehen. Auf dem Weg zur Tür machte er kurz halt, um mir zu sagen, dass einer seiner Arbeitskollegen mich möglicherweise an diesem Nachmittag noch anrufen würde. Er erklärte mir, dass er meinen ungefähren Reiseplan am Tag zuvor in der Firma herumgereicht hatte, damit sie dort wegen seiner damit zusammenhängenden Abwesenheit im Büro zu einer Übereinkunft kommen konnten, die so wenig wie möglich ihre Arbeit beeinflusste. Kurze Zeit später, erzählte er, hatte ihn ein Kollege, Ellis, aus der Empfangshalle angerufen, um sich flüchtig nach den Gründen seiner Abwesenheit zu erkundigen. Craig hatte ihm also gesagt, dass ich für eine Weile in die Wüste fahren würde und dass er deshalb mit den Kindern zu Hause bleiben müsse. Damit war ihr Gespräch beendet. Er hatte nicht weiter darüber nachgedacht, denn die Frage war ja durchaus berechtigt. Als ich jedoch am Strand war, sagte Craig, sei etwas ziemlich Komisches passiert. Ellis rief ihn wieder an, diesmal zu Hause.

„Ich muss zugeben", sagte Craig, „es war schon ein eigenartiger Anruf." Er hatte meine volle Aufmerksamkeit.

Als Craig den Telefonhörer abnahm, schien Ellis so tief in Gedanken versunken, dass er voll und ganz vergaß, sich vorzustellen oder auch nur „Hallo" zu sagen. Stattdessen kam er sofort auf sein Anliegen zu sprechen. „Okay", sagte er zu Craig. „Erzähl mir mehr."

„Erzähl dir mehr wovon?", fragte Craig, der die Stimme des Mannes erkannte.

„Warum fährt deine Frau in die Wüste? Ich kriege das einfach nicht aus meinem Kopf, und ich habe das Gefühl, dass hier etwas wirklich Eigenartiges vor sich geht."

„Oh", antwortete Craig. „Naja, das ist schwer für mich zu erklären. Ich bin mir nicht ganz sicher, was vor sich geht oder warum sie dorthin fährt. Warum rufst du sie später nicht an und fragst sie selbst? Sie ist zum Strand gefahren, aber inzwischen wird sie wohl auf dem Rückweg sein. Sie müsste bald zu Hause sein."

„Bist du sicher, dass sie mit mir darüber sprechen wird?", fragte Ellis. Das war ebenfalls eine berechtigte Frage, denn ich hatte Ellis noch nie vorher getroffen.

„Oh ja", sagte Craig. „Ich bin mir sicher, dass sie darüber mit dir sprechen wird. Du wirst absolut kein Problem haben, sie zum Sprechen zu bringen."

Nachdem er mir diese Neuigkeiten überbracht hatte, ging Craig zur Arbeit, und ich wartete nervös auf den Anruf. Ungefähr um fünf Uhr nachmittags rief Ellis endlich an und stellte sich mir kurz vor. „Sie kennen mich nicht", sagte er. „Ich arbeite mit Ihrem Mann zusammen."

„Ja, ich weiß. Er hat mir gesagt, Sie würden anrufen."

„Verstehe ich das richtig? Sie planen, allein in die Wüste zu fahren?"

„Ja."

„Ich will ja nicht neugierig sein, aber ich kann einfach nicht aufhören, darüber nachzudenken. Warum genau tun Sie das?"

„Also, hier sind ein paar ungewöhnliche Dinge passiert", sagte ich. Ich wusste nicht, wie viel ich ihm erzählen konnte – inwiefern ich Craig bei seinen Arbeitskollegen lächerlich machen würde –, und gleichzeitig verband ich gemischte Gefühle damit, das, was ich gesehen hatte, zu offenbaren. „Ich spüre einen inneren Drang, diese Reise zu machen, aufgrund der Dinge, die ich erlebt habe."

„Haben Sie etwas Ungewöhnliches gesehen?"

„Ja."

„Können Sie mir sagen, was Sie gesehen haben?"

„Das ist eine lange Geschichte", antwortete ich. „Aber vielleicht kann ich sie Ihnen erzählen, wenn ich wieder hier bin."

„Hören Sie", sagte er seufzend, als wenn auch er ein persönliches Geheimnis hätte, welches er sich aber gezwungen sah, plötzlich preiszugeben. „Ich weiß, das hört sich vielleicht komisch an, aber hören Sie mir einfach nur kurz zu."

An seiner Stimme konnte ich erkennen, dass es ihm schwerfiel darüber, was auch immer es war, zu sprechen. Er zögerte. Offensichtlich war er nicht daran gewöhnt, seine persönlichen Angelegenheiten einer Fremden mitzuteilen. „Ich gehöre einer kleinen Gruppe an. Wir haben uns bisher immer abends privat getroffen, um über verschiedene philosophische und religiöse Ansichten zu diskutieren und sie aus unterschiedlichen Perspektiven zu betrachten. Würden Sie vielleicht zu einem dieser Treffen kommen und dort sprechen?" Völlig überrumpelt willigte ich ein, nach meiner Rückkehr vor dieser Gruppe zu sprechen. Zwei weiße Steine fielen aus der Luft auf den Wohnzimmerfußboden. Mein Sohn John war, wie schon einige Male vorher, Zeuge dieses Geschehens. Er hob die Steine auf, gab sie mir und sagte, wie er es auch schon einige Male zuvor getan hatte: „Hier, Mami, die müssen für dich sein." Ich legte sie in das kleine Lakota-Kästchen zu den anderen weißen Steinen. Dann fielen mir die Schmetterlinge wieder ein, und ich ging zum Auto, um sie aus der Konsole zu nehmen. Ich legte sie in einen durchsichtigen Behälter, brachte ihn ins Haus und stellte ihn auf ein Küchenregal, wo ich ihn sehen konnte, wann immer ich wollte, wo sie mich an einen Tag erinnern würden, der optimal für einen kleinen Ausflug war und an dem ich etwas über Schmetterlinge und bedingungslose Liebe gelernt hatte.

Ein bis zwei weitere Tage vergingen ohne irgendwelche besonderen Zwischenfälle. Weder Tonscherben noch kleine weiße Steine fielen auf den Boden, und auch der Mann kam nicht zu Besuch. In dieser gedämpften, stillen Atmosphäre entfaltete sich ein kühler Sturm, der es sich über den Wassern des Golfs heimisch machte. Eine abnormale Stille erfüllte das Haus, während sich das tropische Tiefdruckgebiet zusammenbraute. Alles schien sich ausschließlich auf den Sturm zu konzentrieren. Eine weitere Flut hatte sich auf ihren Weg gemacht.

An diesem dunklen Nachmittag schaltete ich den Fernseher ein, um zu erfahren, wie sehr sich der Sturm bereits ausgebreitet hatte. Er war über dem Golf von Mexiko zu einem massiven Tiefdruckgebiet herangewachsen. Das Unwetter hatte sich still auf dem Wasser niedergelassen. Es hatte auf seinem turbulenten und ungleich wechselnden Kurs haltgemacht und sich einen Breitengrad ausgesucht, auf dem es nun immer weiter heranwuchs. Die Einwohner entlang der Golfküste begannen aufgrund der Wettervorhersagen Vorsichtsmaßnahmen zu treffen für den Fall, dass das Ganze zu einem Desaster ausarten würde. Entlang der Küste verbarrikadierten die Leute ihre Fenster mit Sperrholz, besorgten sich Unmengen an Wasserflaschen und Lebensmitteln in Dosen, bis die Regale der Supermärkte vollkommen leer waren. Die allgemeine Beunruhigung wurde zusätzlich angestachelt, denn das Unwetter hatte sich entschieden, an Ort und Stelle, wie auf einem Wartegleis, hängenzubleiben, seine Stürme anschirrend, in wohlüberlegter Wachsamkeit. Noch hatte es sich nicht entschließen können, wo es seinen Zorn entfesseln und den bedrohlichen Angriff ausüben würde. Regen peitschte in regelmäßigen Flüssen auf die Erde, die signalisierten, dass dies nur der Anfang eines denkwürdigen Sturmes war. Ich stand im Wohnzimmer und beobachtete vom Fenster aus, wie starke Windböen durch die gigantischen Eichen im Vorgarten heulten und das Spanische Moos in einem Tanz schwankender spiralförmiger Stränge hin und her peitschte. Schon bald hatte es den Anschein, als würden nicht nur der Wind, sondern auch die Bäume an diesem Nachmittag heulen. Mein Spiegelbild wurde im Fensterglas reflektiert und überdeckte die dunkle Szene, die sich im Vorgarten abspielte, als ob die Winde mein Bildnis trügen und mich merkwürdig höhnisch anstarrten.

„Die Menschheit erschafft vieles in ihrem eigenen Abbild“, sagte der Mann. Ich drehte mich um und war überrascht, ihn neben mir zu sehen.

„Aber das eben war nur eine Illusion“, erklärte ich mein Spiegelbild im Fenster. „Wir erschaffen keine Unwetter. Und sie sind ganz bestimmt kein Abbild von uns.“

„Es gibt etwas, was du dir anschauen musst“, sagte er.

„Wo?“

„St. Marks“, antwortete er. Er wollte wieder zum Strand fahren.

„Heute?“, fragte ich ungläubig. „Bei diesem Wetter?“ Er lächelte, gab mir aber keine Antwort. Ich musste also wieder Craig anrufen und ihn fragen, ob er nach Hause kommen und auf die Kinder aufpassen könnte. Es war durchaus kein einfaches Telefonat.

„Was heißt das, du musst zum Strand fahren?“, fragte er.

„Ich muss halt einfach fahren“, sagte ich. Diesmal fragte er mich nicht, ob ich wieder Dinge gesehen hatte. Gleichgültig schien er diesen Gedanken aufgegeben zu haben, da er sowieso keine rationalen Erklärungen mehr von mir erwartete. Also stellte er auch keine weiteren Fragen. Während ich darauf wartete, das Craig nach Hause kam, saß der Mann wieder schweigend im Wohnzimmer. Ich entschloss mich, die Spinne zu füttern, die es irgendwie geschafft hatte, sich zwischen dem Fliegengitter und dem Fenster über der Spüle in der Küche einzunisten. Es war dasselbe Fenster, durch das ich in der Vergangenheit diverse Wunder erblickt hatte. Es war das Fenster, durch das ich zuerst die Ansammlung der Indianer und Capalfi gesehen hatte, und durch das ich eines Abends den Vorgarten in bernsteinfarbenem Licht hatte scheinen sehen.

Die Spinne hatte sich ungefähr vor einer Woche eingefunden. Und da sie sich genau dieses Fenster ausgesucht hatte, musste sie, so nahm ich an, eine sehr besondere Spinne sein. Sie war ganz hübsch anzusehen, und oft beobachtete ich sie fasziniert. Jeden Tag saß sie im Zentrum ihres weißen Netzes, in der Hoffnung, dass etwas Essbares vorbeikommen würde. Und jede Nacht spann sie in frischer Hoffnung ihr Netz aufs Neue. Ich bot ihr Teile aufgetauter Insekten an, die ich aufbewahrte, um die Goldfische und die Babyvögel, die ich manchmal aufzog, zu füttern. Ich spießte die leckeren Häppchen auf das Ende eines Strohhalms, berührte damit vorsichtig ihr Netz und schüttelte den Halm hin und her, um die Bewegungen eines in ihrem Netz gefangenen Insekts zu imitieren. Anfänglich zögerte sie ein wenig, mein Angebot anzunehmen. Doch im Verlauf einer Woche hatte sie wohl begriffen, was ich da tat und schien sich durchaus auf meine mittäglichen Besuche zu freuen. Ich stand also vor der Spüle und hielt der Spinne den Strohhalm mit dem Insekt entgegen, als Craig nach Hause und in die Küche gelaufen kam. Hätte er mich gefragt, warum ich ein feuchtes Insekt an einem kleinen Strohhalm hin- und herschüttelte, so hätte ich ihm doch wenigstens für diesen Teil meiner Tagesaktivitäten eine einfache, logische Erklärung geben können. Doch er gab vor, nichts Ungewöhnliches zu bemerken, und stellte keine Fragen. Die Spinne ergriff anmutig ihre Beute. Und auch diesmal erhob Craig keinen Einspruch gegen meinen Plan, zum Strand zu fahren, und ich verließ mit meinem Freund das Haus.

Die Straßen waren leer, denn die meisten Anwohner dieser Gegend hielten sich sicher vor dem Sturm in ihren Häusern auf. Doch obwohl wir den Highway ganz für uns hatten, dauerte die Fahrt nach St. Marks fast eine Stunde. Während der gesamten Fahrt sprach der Mann kein einziges Wort. Seine Augen waren geschlossen und sein Kopf leicht nach vorn gebeugt, aber ich wusste, dass er nicht schlief. Er dachte nach. Von Zeit zu Zeit seufzte er tief, und ich lenkte meinen Blick weg von der Straße, um sein wunderschönes Profil zu betrachten. Ich fragte mich, warum er so tief in Gedanken versunken war – ob er sich an persönliche Momente erinnerte, eine Vergangenheit, über die er nicht sprach. Oder grübelte er über die Zukunft nach? Ich fragte mich, was ihn dazu berufen hatte, so tief in sich selbst, in solche Einsamkeit zu versinken. Bei unserer Ankunft in St. Marks öffnete er seine Augen. Es hatte aufgehört zu regnen, doch der zornige Wind wütete weiterhin. Ich parkte das Auto und stellte fest, dass wir nicht die Einzigen waren, die an diesem Tag den Strand besuchten. Neben uns saßen in einem alten weißen Pontiac drei weißhaarige Damen. Der Mann stieg aus meinem Auto aus und lief auf den Strand zu. Ich folgte ihm. Mein Pullover wehte einem Segel gleich, das in Böen des salzigen Windes gefangen war. Man konnte das riesige Tiefdruckgebiet sehen, das sich auf dem Wasser des Golfs niedergelassen hatte. Stetig anwachsend, wühlte es das Meerwasser und die Luft auf. Gewaltige Wolkenarme stachen wie Tentakel aus dem Innersten des Unwetters heraus, erforschten den Himmel, genossen ihre Überlegenheit und Macht und deuteten auf ihre potenziellen Ziele an Land.

Der Strand war überlagert mit schmutzigem Schaum und braunem Seetang, der vom Salzwasser ausgespuckt worden war. Er lag auf dem Sand, und der Wind ließ ihn nach seinem eigenen Willen hin und her tanzen. Klebrige Pfropfen bedeckten den Strand – schwarzes Petroleum, kein ungewöhnlicher Fund. Ein Beweis dafür, dass ein weiteres Schiff in weiter Entfernung einen Teil seiner teerhaltigen Innereien in den Ozean verschüttet hatte. Vielleicht war dieser Unfall nicht bedeutend genug gewesen, um die Abendnachrichten zu erreichen. Doch das geronnene Treibgut hatte sich lange genug über Wasser halten können, um schließlich diesen entfernten Strand zu erreichen. Ein ausrangierter Reifen, vom Meer ausgespuckt und an Land getrieben, lag inmitten eines Haufen Seetangs. Neben ihm lag ein toter Kormoran, der den Henkel eines Sechserpacks Bier um den Hals trug. In seinem Versuch sich davon zu befreien, hatte er seinen Fuß in einen der anderen Ringe des Sechserpacks gesteckt, sich dabei selbst stranguliert und den Nacken gebrochen.

Der Mann blieb einen Moment lang stehen und blickte auf den Körper des toten Vogels. Dann ging er nah ans Ufer heran und stellte sich den Winden entgegen. Langsam und bedächtig, in erhabener Haltung hob er seine Arme nach vorn und dann nach oben. Der Zorn der Winde wuchs und peitschte sein Gewand, während er ruhig mit ausgestreckten Armen dastand. Mit klarer und deutlicher Stimme, die problemlos das Heulen des Windes durchdrang, sprach er: „Betrachte das Werk der Menschheit." Dann nahm er seine Arme herunter, drehte sich um und schaute mich an.

Der Wind wehte ihm nun in den Rücken. Die peitschenden Böen zerrten an seinem Leinengewand und wehten ihm das Haar ins Gesicht. Er wickelte sich seine Kleidung nicht um den Körper – so wie ich es tat –, um sich warm zu halten; auch machte er nicht den Versuch, sich die Haare aus den

Augen zu streichen. Er stand einfach nur da, im peitschenden Wind, und schaute mich an.

„Wir haben diesen Sturm nicht erschaffen", rief ich laut und trat näher an ihn heran. „So etwas würden wir nie tun."

„Er ist stark und mächtig, tödlich und außer Kontrolle", sagte er. „Und er wurde als Ebenbild seines Schöpfers erschaffen."

„Gott?", fragte ich.

„Nein – der Mensch."

„Aber nein, wir erschaffen keine Unwetter!", widersprach ich ihm.

Ich hörte die Stimmen der drei weißhaarigen Damen. Ich drehte mich um und sah, dass sie ganz in unserer Nähe den Strand entlangspazierten. Sie waren, genauso wie wir, hierher gekommen, um das tiefliegende Unwetter aus der Nähe zu betrachten. Und auch sie blieben stehen, um sich den toten Kormoran anzuschauen. Dann gingen sie weiter ostwärts und plauderten wieder miteinander. Als sie an uns vorbeigingen, verlangsamte die dritte Dame ihren Schritt, bis sie einige Meter hinter ihren Freundinnen zurückgeblieben war. Für einen Moment von der kleinen Gruppe getrennt, sah sie zunächst mich an und blickte dann direkt meinem Freund in die Augen. Sie lächelte und grüßte ihn mit einem stillen Nicken, schaute dann wieder mich an und suchte schnell wieder den Anschluss zu ihren zwei Begleiterinnen. „Die Menschheit führt ein maßloses, verschwenderisches Dasein", sagte er leise. „Das Nebenprodukt dieser Maßlosigkeit ist Abfall. Eure Abfälle verschmutzen die Umwelt. Diese Umweltverschmutzung hebt die Temperaturen der Ozeane an. Wenn sich die Ozeane erhitzen, entstehen dabei starke atmosphärische Reaktionen."

Von dieser Theorie hatte ich noch nie gehört. Es würde

noch einige Jahre dauern, bis ich die gleiche Erklärung in einer Tageszeitung lesen würde, in der Wissenschaftler die Ursache des El-Niño-Phänomens debattierten. Ich suchte eifrig nach einem Argument zu meiner Verteidigung.

„Verstehst du, dass dieses Unwetter jedoch nicht geschaffen wurde, um euch dafür zu peinigen, dass ihr zu viel Abfall produziert?“, sagte er. Offensichtlich hatte er bemerkt, dass ich versuchte, die nächste Verteidigungsstrategie aufzubauen. „Es ist das Ergebnis – es ist Ursache und Wirkung.“

Ich spürte, wie sich in meiner Wahrnehmung, meinem Bewusstsein, wieder einmal eine Tür öffnete – eine sehr große Tür. Endlich fing ich an, die Bedeutung seiner Worte zu verstehen. Ich blieb stehen, um deren Wirkung vollkommen in mir reifen zu lassen. In mir vollzog sich etwas wie das Erwachen meines Geistes. Er hatte die Grenzen meiner Wahrnehmung derart verschoben, dass ich endlich einen Blick auf etwas erhaschen konnte, was ihm sehr am Herzen lag. Ursache und Wirkung.

„Verdammt“, sagte ich. „Schau dir das Chaos an, das wir geschaffen haben.“

„Berichte anderen davon!“, sagte er.

Dieses Mal fuhr ich von St. Marks allein nach Hause zurück. Ich hatte keine Schmetterlinge in der Konsole neben mir. Ich schaltete die Heizung und den Scheibenwischer ein, weil es wieder angefangen hatte zu schütten. Ich fuhr nach Hause und versuchte mich dabei, so gut es ging, vor dem zornigen Werk der Menschheit zu schützen.

In dieser Nacht wurde ich von einem rasselnden Geräusch und tiefem Gesang geweckt. Ich öffnete meine Augen und sah, dass sich in meinem Zimmer merkwürdige, geschnitzte Figuren befanden. Ich war für einige Minuten vor Schreck wie gelähmt. Nie zuvor hatte ich nur annähernd Wesen wie diese hölzernen Dinger gesehen. Dann fiel mir ein, dass sie aussahen wie Kachynas – Wesen, von denen die Hopi-Indianer behaupten, dass sie Energien repräsentieren, die sich in der geistigen Welt unter uns befinden und um uns herum leben. Diese Energien können zum Beispiel der Geist des Donners, des Blitzes oder eines Berges sein. Sie können Geister des Wassers oder lebender Wesen sein, die bei den Hopi als heilig gelten und in Form der Kachyna-Puppen verbildlicht werden. Und diese Puppen standen nun in meinem Schlafzimmer. Einige von ihnen trugen Kostüme in wild-grellen Sonnenfarben, andere Kostüme waren blau und türkis, mit aufwendigen Mustern versehen. Einige der Figuren hielten Mais in ihren Händen, andere dagegen Objekte, die ich nicht identifizieren konnte. Die Köpfe der Wesen bestanden teilweise aus quadratischen Kisten. Andere hatten ovale und wieder andere perfekt runde Köpfe. Eines von ihnen schien einen Kürbis als Kopf zu haben, ein anderes den Kopf eines Adlers, und eines trug einen schwarz-weiß bemalten Kopf auf seinen Schultern, der mich an die Spinne über meiner Küchenspüle erinnerte. Dann fiel mir auf, dass diese Kachynas eigentlich nicht als Puppen bezeichnet werden konnten. Sie waren allesamt größer als einen Meter achtzig, und sie bewegten sich. Sie waren lebendig. Ich schaute sie bewundernd an, während sie sich im Rhythmus eines eindringlichen Liedes wiegten. Seine Worte konnte ich nicht verstehen, doch ich verstand sehr wohl seine Energie. Das Lied war ein Friedenslied.

Am folgenden Morgen schaute ich in eine Enzyklopädie,

um sicherzugehen, dass es auch tatsächlich Kachynas waren, die ich gesehen hatte. Und ich fand sofort die Bestätigung. Ich fand auch eine Karte des Hopi-Territoriums. Das Ziel meiner Reise nach Winslow, Arizona, war selbst nicht weit vom Tafelland der Hopi entfernt. Auf einer dieser Ebenen befand sich das uralte Dorf Oraibi, in welchem diese Indianer bereits seit über 1000 Jahren lebten. Da meine Freunde des Lakota-Stammes und andere mir stets halfen, die unterschiedlichsten Aspekte meiner Erfahrungen zu begreifen, schlussfolgerte ich, dass die mystisch veranlagten Hopi mir bestimmt sagen konnten, warum ich auf einmal Kachynas sah. Nur wenige Tage zuvor hatte ich einen durchaus fruchtbaren anonymen Telefonanruf bei dem Astronomiedepartment der Universität gewagt. Daher wählte ich nun die Nummer der Auskunft und ließ mir die Nummer des Stammes der Hopi in Arizona geben. Ich notierte mir ein paar Fragen, bevor ich schließlich die Nummer wählte. Ein Mann hob den Hörer ab.

„Hallo“, brachte ich heraus. „Letzte Nacht bin ich aufgewacht und sah auf einmal, dass sich Kachynas in meinem Schlafzimmer befanden.“ Ich formulierte das ganze eher als eine Frage denn als eine Aussage.

„Ja“, antwortete der Mann am anderen Ende.

„Naja, ich habe mich gefragt, was das wohl zu bedeuten hat.“

„Oh. Wohnen Sie in der Gegend von San Francisco?“

„Nein. Ich wohne in Florida.“

„Florida? Hmmm. Wir hatten nämlich diese Woche schon vier Anrufe aus der Gegend um San Francisco.“

„Wirklich? Wegen Kachynas?“

„Ja", sagte er freundlich. „Jedes Jahr, wenn die Kachynas die Erde besuchen, rufen uns Leute an, um zu erfahren, wer sie sind. Waren Ihre die ‚großen' oder die ‚kleinen'?"

„Ich weiß nicht genau. Ich hab noch nie davon gehört. Die, die ich gesehen habe, waren weit über einen Meter achtzig, wahrscheinlich ungefähr zwei Meter groß."

„Oh!" Er lachte. „Das waren die richtig großen."

„Und warum waren sie da?"

„Aus keinem bestimmten Grund. Sie haben Ihnen nur einen Besuch abgestattet."

„Was heißt das?"

„Nichts", sagte er.

Die Art der Hopi, das Universum zu betrachten, unterschied sich eindeutig von der, die ich bis vor Kurzem noch gesehen hatte. Und trotz meiner neuen Wahrnehmungsfähigkeiten wollte ich doch nicht glauben, dass der Besuch der Kachynas einfach nichts zu bedeuten hatte.

„Wie kann das nichts zu bedeuten haben?", fragte ich.

„Sie besuchen die Menschen einfach gern. Manchmal, wenn sie Menschen außerhalb des Reservates besuchen, rufen diese hier ganz erstaunt an."

Vielleicht entschloss ich mich dazu, dem Mann mehr von mir zu erzählen, weil ihm diese ganze Situation so alltäglich vorkam, weil er so vertraut war mit himmlischen Besuchern, die einfach nur gern Besuche abstatteten. Jedenfalls erzählte ich ihm mehr. Er hörte mir geduldig zu, während ich ihm von Lichtern, Muscheln, Tonscherben, Steinen, den Adongohela und meiner Nase erzählte.

„Ich werde in ein paar Tagen in die Wüste fahren", sagte ich schließlich. „Denken Sie, es wäre möglich, dass sich jemand von den Hopi kurz mit mir trifft und wenigsten kurz einen Blick auf einige der Steine wirft?"

„Warum fahren Sie in die Wüste?", fragte er.

„Das weiß ich nicht so richtig, aber ich werde mich dort hinstellen, allein."

„Und – ich möchte nicht unhöflich erscheinen – Sie sind eine Weiße?"

„Irgendwie ja, das war ich jedenfalls. Ich bin nicht mehr sicher, was ich jetzt bin oder was hier vor sich geht. Doch so wie ich das sehe, sind es die Hopi, die darin irgendeinen Sinn sehen können."

Er lachte. „Also, ich weiß nicht, ob ich eine Erklärung habe, aber ich denke, ich kann Sie kurz treffen, wenn Sie hier sind." Ich dankte ihm vielmals. Er gab mir sowohl seine Büronummer, als auch seine Nummer zu Hause, wo er mit seiner Frau und seinen Kindern lebte.

~ 6 ~

In Richtung Westen

Die Spinne wob jeden Tag ein neues Netz, und von Zeit zu Zeit häutete sie sich. Sie trat ganz einfach aus ihrer alten Haut heraus und ließ sie leer auf das Fensterbrett fallen. Ich entschied, dass es wohl notwendig sein würde, das Fliegengitter vom Fenster zu entfernen und sie ins Freie zu entlassen, bevor ich meine Reise in die Wüste antrat, denn es gab niemanden, der sie füttern würde. Doch am Morgen meiner Abfahrt, als ich nach ihr schauen wollte, war sie verschwunden. Ich nahm die letzte ihrer schönen Häute und legte sie zu den Überresten der Schmetterlinge.

Dies war der bezeichnende Anfang eines düsteren Tages. Ich hatte versucht, meine Kinder, so gut es ging, auf meine Abfahrt vorzubereiten. Da ich aber nie zuvor für längere Zeit von ihnen getrennt gewesen war, waren sie nicht imstande, die Bedeutung meines „für eine Weile nicht da"-Seins zu begreifen. Wenn ich bisher eine Weile nicht da gewesen war, dann immer nur für kurze Zeit – gelegentliches Kaffeetrinken am Nachmittag mit meiner Mutter und, seit Kurzem, meine Ausflüge zum

Strand. Sie hatten absolut kein Problem mit meiner Abreise, bis wir vier am Busbahnhof ankamen. Ich hatte eine kleine Reisetasche bei mir, in der sich ein paar wenige Kleidungsstücke befanden. Ich stand vor dem Bus und kämpfte mit den Tränen. Ich sagte ihnen, wie sehr ich sie liebte, dass sie brave Kinder sein sollten und dass ich in ein paar Tagen zurück sein würde. Ein Funken des Begreifens zeigte sich auf ihren Gesichtern, und sie versprachen mir, brav zu sein, und dann küssten und umarmten wir uns zum Abschied. Ich betrat den riesigen, alten Bus und suchte mir einen Fensterplatz, von dem aus ich die Kinder sehen konnte. Sie starrten immer noch auf die Tür, durch die ich soeben gegangen war und Craig zeigte auf das Fenster, durch das ich ihnen zuwinkte. John riss seine Augen weit auf, als er mich auf der anderen Seite des Fensters erkannte, und hob ganz plötzlich in Angst und Schrecken zu schreien an, denn erst jetzt wurde ihm die volle Auswirkung meiner Abreise klar. Aus seiner Sicht brach sein gesamtes Universum komplett zusammen. Er weinte bitterlich. Craig versuchte ihn zu trösten und warf mir einen flüchtigen Blick zu. Ich glaube, an diesem Tag konnte ich seine Gedanken lesen. Ich glaube, sein Blick fragte mich, ob all das denn wirklich nötig sei. Als Emily sah, in welchem Elend sich ihr Bruder befand, bekam auch sie Angst und begann, die Hand ihres Vaters haltend, ebenfalls zu weinen. Dieser Anblick meiner zwei Kinder, die auf den Bus zeigten und hysterisch weinten, brannte sich für immer in mein Gedächtnis ein. Der fast leere Bus verließ den Busbahnhof.

Der Sitz, den ich ausgewählt hatte, war verbeult, und der Platz zwischen ihm und dem Sitz vor mir konnte unmöglich die gesamte Länge meiner Beine beherbergen. Eine Weile später ging ich deshalb den Gang zwischen den Sitzreihen runter und nahm auf einem anderen Fenstersitz Platz, diesmal auf der Fahrerseite. Ich hatte aber immer noch nicht genug Platz für meine Beine. Ich hatte also die Wahl, entweder meine Knie gegen das Metallgerüst am Vordersitz zu drücken oder mich zur Seite zu drehen und meine Beine auszustrecken. Die zweite Variante schien mir gemütlicher, und so legte ich meine Beine auf den Sitz neben mir, bis eine Frau aus dem hinteren Teil des Busses sich ebenfalls dazu entschloss, ihren Platz zu wechseln. Unerklärlicherweise ging sie nach vorn und wählte den leeren Platz neben mir aus. Sie trug eine große Handtasche bei sich, eine Boulevardzeitung und ein Wegwerfkissen. Ich zwang mich dazu, meine Beine wieder einzuziehen und mich aufrecht, eingeklemmt hinzusetzen, damit sie neben mir Platz nehmen konnte.

In dem Versuch, sie zu ignorieren, schaute ich aus dem Fenster. In meinem Schoß hielt ich ein Polaroidfoto der Kinder. Ich weinte leise vor mich hin. Während die Landschaft an mir vorbeiflog und die Sonne langsam am Horizont tiefer sank, fragte ich mich, was die Kinder wohl jetzt machten.

„Oh, Liebes", sagte die Frau schließlich zu mir und legte ihr Boulevardzeitschrift auf ihren Schoß. „Sie müssen die Mutter dieser Kinder sein, oder?"

Aus meinen Gedanken gerissen, schaute ich sie an und sah, dass sie ganz und gar nicht meine Gedanken las, sondern auf die Fotografie in meinem Schoß zeigte.

„Ja", antwortete ich.

„Sind Sie das erste Mal von ihnen weg?"

„Ja", antwortete ich wieder.

„Na, machen Sie sich mal keine Sorgen", flüsterte sie mir zu, gerade so, als wenn sie mir ein Geheimnis zuflüstern würde. „Es wird alles gut werden, und Sie werden früher wieder zu Hause sein, als Sie glauben."

Sie öffnete ihre übergroße Brokathandtasche und nahm ein großes, in Alufolie und Papiertücher gewickeltes Paket heraus. Sie wickelte es auseinander und bot mir ein Stück von dem gebratenen Hühnchen an, das sie bei sich getragen hatte. Ich dankte ihr für das liebe Angebot und dafür, dass sie ihr Abendbrot mit mir teilen wollte, lehnte das Hühnchen aber ab. Ich erklärte ihr, dass ich ein ernsthaftes Lebensmitteldefizit hätte und ich mich daher an eine strikte Diät aus Fisch und Seetang halten musste – obwohl mir der Seetang nicht gerade zusagte. Sie nickte, als wenn sie von dieser Art Diät schon mal gehört hätte, als wenn ihr dieses Art Defizit bekannt wäre, und machte sich daran, ihr Hühnchen zu verspeisen. In ihrer Handtasche trug sie außerdem zwei Dosen Limonade, eine Tüte Kartoffelchips und Fudge Brownies. All dies wollte sie gern mit mir teilen, doch ich war an diesem Abend einfach nicht in der Stimmung zu essen. Ich lehnte meinen Kopf gegen die Sitzlehne und schloss meine Augen für eine Weile. Ab und zu hörte ich einen Kartoffelchip zwischen ihren Zähnen knirschen, während sie allein zu Abend aß. Ein wenig später wickelte sie die übrig gebliebenen Reste ihrer Mahlzeit wieder ein, steckte alles in ihre Handtasche zurück und lehnte sich, ihre Arme über der Handtasche verschränkt, in ihrem Sitz zurück.

„Genießen Sie die Ruhe und Stille", sagte sie zu mir. „Denn am nächsten Halt werden einige Passagiere dazusteigen. Gegen Mitternacht wird der Bus proppenvoll sein. Es wird keinen freien Platz mehr geben", sagte sie.

„Fahren Sie die Strecke öfter?“, fragte ich, denn sie schien mit den Details des Fahrplans vertraut zu sein.

„Nein“, antwortete sie und schloss ihre Augen. Dann, ganz plötzlich, schlief sie ein.

Die Nacht senkte sich herab und versprach, diesem Tag endlich ein Ende zu machen. Ich versuchte ein Buch zu lesen, während der Bus an mehreren Bahnhöfen anhielt und immer mehr Leute an Bord nahm, bis jeder Platz besetzt war. Ich legte das Buch weg, denn ich hatte gemerkt, dass ich dreiundzwanzig Seiten gelesen hatte, ohne mich an die Einzelheiten erinnern zu können. Meine Sitznachbarin verschlief all dies, alle Haltestellen, und auch die grelle Deckenbeleuchtung des Busses, die während der gesamten Zeit gnadenlos brannte, konnte sie nicht wecken.

Ich weiß nicht, wie lange er schon am Horizont war, bevor ich ihn bemerkte, doch lange nachdem der Bus sich wieder in Richtung Westen in Bewegung gesetzt hatte, schaute ich aus dem Fenster in die Dunkelheit und war überrascht über den Anblick, der sich mir darbot. Aus den schwarz schimmernden Wassern eines unbekannten entfernten Hafens erhob sich langsam Orion, klar sichtbar durch seinen geraden Gürtel aus drei Sternen. Ganz in seiner Nähe befand sich ein bernsteinfarbener Planet, und ich fragte mich, ob das wohl Jupiter sei. Das Wasser, über dem Orion aufstieg, schimmerte verheißungsvoll wie ein Versprechen, die Vorfreude auf noch etwas anderes, das sich schon bald aus derselben Bucht emporheben und seinen Platz neben Orion einnehmen würde. Was das wohl sein könnte?

Als ich ein zweites Mal durch das Fenster in die Nacht

blickte, sah ich die Quelle dieses Schimmerns und dessen verheißungsvollen Versprechens. Dort am Horizont, langsam, in majestätischer Geduld aus dem Wasser empor, ein Stück weiter westlich von Orion, erhob sich der größte Harvest Moon des Jahrhunderts, der größte und hellste Herbstvollmond, der je den Himmel verziert hatte. Mich überkam das schaurig merkwürdige Gefühl eines Déjà-vus, und mir fiel ein, dass ich von dieser Szene nachts zuvor geträumt hatte, und auch von Joseph Two Horses und Tioco. Ich beobachtete den Mond, bis er hoch am schwarzen Himmelszelt stand, und versuchte mich an die Details meines Traumes zu erinnern. Aber alles, was hängen geblieben war, war, dass Joseph sich wieder auf eine Reise gemacht hatte. Er war auf der Suche nach etwas, was er finden musste, doch ich konnte mich nicht daran erinnern, was es war.

In dieser Nacht wurde ich von der singenden Stimme einer alten Frau geweckt. Sie sang ein merkwürdiges Lied, das aus nur zehn Noten bestand. Die ersten sieben waren identisch, die letzten drei dagegen waren tiefer. Ich schaute mich unter meinen Reisegefährten um, um zu sehen, wer da sang, aber alles schlief. Ich veränderte meine verkrampfte Haltung auf meinem Sitz und stellte mit Schrecken fest, dass der Gesang aus meinem Inneren selbst kam. Ich veränderte noch einmal meine Sitzposition. Die Töne kamen aus meiner Brust. Meine erste Hoffnung war, dass ich mir nicht irgendwo in meinem Körper ein Leck gerissen hatte auf Grund der ungemütlichen und verkrampften Sitzhaltung. Doch ich konnte keinerlei Verletzung wahrnehmen. Ich atmete ein paar Mal tief durch, aber mein Atem konnte die singende Stimme der alten Frau auch nicht verstummen lassen. Ihr Lied drang weiterhin aus meiner Brust. Vor meiner Abfahrt hatte ich einige der kleinen weißen Steine und eine Sandsteinschnitzarbeit aus der Wüste, einen eigenartigen dreieckigen Stein mit eingeschnitzten Mustern, in meinen BH gesteckt. Ich überlegte, ob die Töne dieses Liedes von den Steinen kommen könnten. Vielleicht machten Steine ja komische Geräusche, wenn es dunkel wurde und alles schlief. Diese Erklärung kam mir so gut wie jede andere vor. Die Frau sang immer noch. Ich hoffte, dass der Gesang die Dame neben mir oder die anderen Passagiere nicht aufwecken würde. Dreimal wiederholte sich das Lied, bis die alte Frau Gott sei Dank verstummte. Irgendwann schlief ich wieder ein.

Am Morgen erwachte die Dame mit dem gebratenen Hühnchen frisch und munter, bereit für den neuen Tag. „Fühlen Sie sich heute Morgen ein bisschen besser?“, fragte sie.

„Ja, danke“, erwiderte ich. Emotional fühlte ich mich wirklich besser, aber meine Knie waren total zerschrammt.

„Erinnern Sie sich immer daran, was ich Ihnen gesagt habe“, sagte sie mit einem Lächeln. Dann stand sie auf und stieg aus dem Bus. Da der Sitz neben mir nun endlich wieder frei war, konnte ich auch meine Beine wieder ausstrecken. Mein Glück sollte aber nur wenige Stunden andauern. Die Landschaft wechselte und hatte bald den bürstenartigen, strauchigen Anblick einer Wüstenlandschaft angenommen. Wir waren immer noch weit von Arizona entfernt, doch schon jetzt waren Anzeichen der auf mich wartenden Wüste zu erkennen. Der Bus blieb, oder so kam es mir jedenfalls vor, ein ziemlich langes Stück der Straße in der Luft hängen. Seine Geräusche deuteten darauf hin, dass die Meilen dahinflogen, aber das flache und verschwommene, unscharfe Bild der Landschaft vermittelte den Eindruck, dass wir auf der Stelle stehen geblieben waren. Vor uns auf der rechten Seite des Highways konnte ich ein sehr kleines Dorf sehen, das nur aus wenigen bescheidenen Häusern bestand. Der Busfahrer drosselte die Geschwindigkeit und bog in die Dorfstraße ein. Dann hielt er vor dem kleinen Busbahnhof im Adobestil an.

Ein Indianer, der sich eine Decke um die Schultern gelegt hatte, wartete schlafend auf den Treppen des Eingangs. Das Geräusch des sich nähernden Busses weckte ihn, und er stand auf. Die Bustüren öffneten sich, und er stieg ein. Er war herkömmlich gekleidet, mit Ausnahme der Decke, die er sich über die Schultern gehängt hatte. Er war ein junger Mann – ohne Frage ein Sonnenanbeter oder vielleicht jemand, dessen Arbeitsleben auf dem Feld stattfand. Seine Haut war tief gebräunt. Er war ziemlich groß und fit, hatte langes, schwarzes Haar, und sein Gesicht war von gutaussehender, kantiger Form. Er suchte sich nicht sofort einen Sitzplatz aus, sondern stand erst mal eine Weile im Eingangsbereich des Busses und betrachtete die Passagiere sorgfältig. Er beugte sich zu dem Busfahrer hinunter und sprach ein paar Worte zu ihm, hörte dann seiner Antwort zu, stellte sich wieder gerade hin und schaute wieder die Passagiere an. Unsere Augen trafen sich für ein paar Sekunden. Und dann wählte er einen Sitz fünf Reihen vor mir aus, direkt hinter dem Fahrer. Als der Bus sich wieder in Bewegung gesetzt hatte, stand der Mann mit der Decke auf. Er verließ seinen Platz und begann lächelnd den Mittelgang hinunterzuschreiten. Wieder trafen sich unsere Blicke flüchtig, und ich hörte die Glocken einer irrationalen Warnung in meinem Kopf läuten. Etwas von sehr eigenartiger Natur würde in Kürze eintreten. Schnell wich

ich dem Blick des Mannes wieder aus und schaute aus dem Fenster. Mit langsamen Schritt bewegte er sich weiter den Gang herunter – ich beobachtete ihn genauestens aus dem Augenwinkel. Hinter jedem Sitz, an dem er vorbeischritt, blieb er für einen kurzen Augenblick stehen. Ein paradoxes Gefühl durchströmte mich. Ich hatte große Erwartungen und war gleichzeitig steif vor Schreck. Ich fühlte mich irgendwie gefangen. Ich richtete meinen Blick krampfhaft auf die nicht vorhandene Landschaft, in der Hoffnung, dass der Mann, wenn ich seinen bohrenden Blick einfach ignorieren würde, vielleicht an mir vorbeiging.

Er ging an Sitz Nummer drei vorbei, hielt kurz an, sein Blick immer noch starr auf mich gerichtet. Mein Herz begann wild zu klopfen. Der Bus polterte über den Asphalt, und meine Augen fixierten den gelben Sand am Straßenrand. Er ging am vierten Sitz vorbei und blieb wieder kurz stehen. Und schließlich stand er neben dem Sitz in der Reihe direkt vor mir. Er blieb stehen, so wie er es bei den anderen Sitzen getan hatte. Eine Sekunde verging, dann eine weitere. Er hatte nicht nur einen Moment angehalten, er blieb dort ganz stehen. Ich warf einen kurzen Blick in seine Richtung und sah, dass er mich anschaute. Schnell blickte ich wieder aus dem Fenster. Er blieb an Ort und Stelle stehen, beobachtete mich und wartete auf ein Zeichen von mir, das ihm andeutete, dass ich seine Anwesenheit bemerkt hatte.

Da ich ihm dieses Zeichen allerdings nicht gab, fing er schließlich an zu sprechen. „Ich grüße Sie“, sagte er grinsend. Seine Worte kamen ihm langsam aus dem Mund, so als ob er sie mit großer Sorgfalt für diesen speziellen Moment ausgesucht hätte. Seine Begrüßung kam mir etwas seltsam vor. Ein einfaches „Hallo“ wäre besser gewesen, auf alle Fälle wäre es normaler gewesen. Ich tat, als ob ich ihn nicht gehört hätte.

„Macht es Ihnen etwas aus, wenn ich mich neben Sie setze und ein wenig mit Ihnen plaudere?“, fragte er und deutete dabei auf den leeren Sitz neben mir. Ich starrte weiterhin aus dem Fenster.

„Ich denke, Sie sind diejenige, nach der ich gesucht habe“, sagte er. „Ich soll Ihnen eine Nachricht überbringen. Können wir reden?“

Ich war ziemlich dankbar, dass meine Ohren sich mal wieder mit diesem surrenden Geräusch betäubten, welches mich vor unangenehmen Worten schützte. Mit etwas Glück würde es zu einem lauten Brummen anschwellen, sodass ich am Ende nichts von dem hören würde, was dieser seltsame Fremde zu mir sagte. Ich heftete meinen Blick immer noch auf den Sandboden neben der Straße. Mein Gesicht wurde plötzlich ganz heiß und rot. „Es dauert nur einen kleinen Moment“, sagte er. Ich erstarrte. Dann beugte sich der Mann vornüber, stützte sich mit seiner Hand auf den leeren Sitz neben mir, bis sein Kopf nur noch wenige Zentimeter von meinem entfernt war, und flüsterte mir ins Ohr: „Ich bin Joseph.“ Meine Augen weiteten sich ungläubig. Ich drehte meinen Kopf zu ihm und schaute ihn mit einem Gesichtsausdruck an, der ziemlich bizarr gewesen sein muss, denn er lachte plötzlich. Er fasste dies als Einladung auf, sich hinzusetzen, nahm neben mir Platz und reichte mir seine Hand. Etwas widerwillig schüttelte ich sie zur Begrüßung.

„Ich bin Mary“, sagte ich.

Er nickte lächelnd. „Und Mary hat etwas gesehen, was sie

sich nicht erklären kann, oder?", sagte er, übersprang damit alle weiteren Förmlichkeiten, die sonst wahrscheinlich in einem normalen Begrüßungsszenario erwartet werden, und sprach zu mir merkwürdigerweise in der dritten Person.

„Sehe ich etwa aus wie irgend so 'ne Verrückte?", fragte ich nervös und etwas beleidigt. „Sie kommen hier einfach hergelaufen und fragen mich so mir nichts, dir nichts, ob ich seltsame Dinge gesehen habe?"

„Nein, nein", antwortete er und wurde für einen Moment vollkommen ernst, grübelte über meine Worte nach und sagte schließlich mit einem leichten Akzent: „Keine Verrückte, keine Verrückte! Sie sehen aus wie ... wie heißt das? Miss Amerika." Immer noch ernsthaft, schaute er mich an, um zu sehen, ob seine Entschuldigung der Situation angemessen war. Es fiel mir nicht leicht, keine Miene zu verziehen, und mein Lachen vor ihm zu verstecken. Er musste auch lachen, offensichtlich erfreut darüber, dass mir sein Humor gefiel. Dann hörte er auf zu lachen. „Aber Sie haben doch etwas gesehen, oder?", sagte er. Seine Augen blickten nun wieder ernsthaft drein. „Und jetzt fahren Sie in die Wüste. Sie glauben, dass Sie dort etwas finden werden – Antworten."

Im Kopf ging ich blitzschnell die Liste jener Leute durch, die wussten, welchen Bus ich genommen hatte und zu welcher Zeit er abgefahren war. Niemand, außer meinen Eltern, meinem Mann und meinen Kindern, wusste von meiner Abfahrtszeit. Weder Fred noch meine Hopi-Freunde, ja noch nicht einmal Craigs Kollegen wussten davon. Und kein Einziger von uns, inklusive meiner selbst, wusste davon, dass ich durch einen winzigen, namenlosen Wüstenort fahren würde, in dem ein Mann namens Joseph auf den Eingangstreppen des Busbahnhofs sitzen und auf einen ganz speziellen Bus mit einem ganz speziellen Passagier warten würde. Niemand, außer natürlich Joseph selbst. Mein erneutes Schweigen konnte ihn ganz und gar nicht abschrecken. Auch nicht die Tatsache, dass ich seine Fragen zu ignorieren schien, während ich in meinem Kopf die Liste der unmöglichen Möglichkeiten dieser Situation durchging.

„Darf ich mal Ihre rechte Hand sehen?", fragte er. In der Innenfläche meiner rechten Hand befindet sich ein kleines weißes Dreieck, mit dem ich eines Morgens, als ich fünfzehn Jahre alt war, einfach aufgewacht bin. Er betrachtete meine Hand aus nächster Nähe und zeigte dann auf das kleine Dreieck. Er tippte mit seinem Finger drauf, so als ob er eine wichtige Entdeckung gemacht hätte. „Ja, du bist diejenige. Ich wusste es, sobald ich dich gesehen hatte."

„Diejenige für was?"

„Diejenige, die ich finden sollte. Ich bin einen langen Weg gekommen, um dich zu finden."

„Wovon sprichst du?"

„Ich war in Deutschland, als ich die Nachricht bekam, dass du bald deine Reise in die Wüste antreten würdest. Wir waren uns erst nicht sicher, wer es sein würde. Ich hoffte, dass ich vielleicht ausgewählt werden würde, aber die Wahl fiel auf dich."

„Ich verstehe nicht, wovon du sprichst", sagte ich zu ihm.

„Du wurdest dafür ausgewählt. Ich wurde hierher geschickt, um sicherzustellen, dass du gesund und sicher in der Wüste ankommst." Dann grinste er, als ob ihm diese Situation unheimlich Spaß machte. „Es ist mir eine Ehre, hier zu sein." Dann bemerkte er die Fotografie der Kinder, die immer noch auf dem uninteressanten Buch in meinem Schoß lag. „Darf ich?“, fragte er. Ich reichte ihm das Bild. Er betrachtete es kurz, nickte und gab es mir zurück. „Du bist die Mutter eines Hohepriesters.“

„Wirklich?“

„Ja.“

„Mein Sohn ist ein Hohepriester?“

„Deine Tochter ist eine Hohepriesterin. Warum hast du sie nicht mit auf deine Reise genommen?“

„Naja, mein Gott, sie ist doch gerade mal fünf Jahre alt.“

„Alter. Was ist schon Alter? Das Zählen der Tage ist bedeutungslos. Sie kann sehen, so wie du sehen kannst. Und du sollst sie unterrichten in dem, was dir beigebracht wird. Das ist wichtig. Glaube nicht, dass sie einfach nur ein Kind ist, und lass sie nicht noch einmal zurück.“

„Und mein Sohn?“, fragte ich, denn er hatte offensichtlich auch die Gabe, zu ‚sehen‘.

„Beide sind ein Teil von dem hier.“

„Ein Teil von was genau? Was hat das alles zu bedeuten?“ Vielleicht hatte ich am Ende einen wohlverdienten und durchaus überfälligen Zustand der Sinnesüberladung erreicht, denn mehr ist mir nicht von dieser langen, langen Unterhaltung mit Joseph an diesem Tag und in dieser Nacht im Gedächtnis geblieben, außer dass er über das Weltall und das Licht, die Sterne und die Sonne sprach – und dass er in gruselig genauen Details Teile meiner Geschichte „Harvest Moon“ wiedergab.

Am folgenden Morgen, um acht Uhr fünfundvierzig, hielt der Bus bei einem McDonald’s außerhalb von Phoenix. Die Passagiere stiegen aus dem Bus, und dabei schien ich die Einzige zu sein, die feststellte, dass wir in völliger Dunkelheit das Fahrzeug verließen. Die Sonne war noch nicht aufgegangen, und die Sterne schimmerten immer noch am tiefschwarzen Himmelszelt. Ich folgte Joseph in das fluoreszierend beleuchtete Restaurant, wo wir uns jeweils eine Tasse Kaffee bestellten. Er war sehr ruhig an diesem Morgen, in Gedanken versunken. Alle schienen in Gedanken versunken zu sein, und doch schien sich niemand über die Dunkelheit, die uns umgab, zu wundern.

„Joseph", sagte ich schließlich, „kannst du an diesem Morgen gar nichts Ungewöhnliches feststellen?"

„Wie zum Beispiel …?", fragte er.

„Schau mal auf deine Uhr." Er schaute auf seine Uhr und nickte.

„Na, und wo ist die Sonne heute Morgen?"

Er lächelte und zeigte auf den Busfahrer, der immer noch irgendwie betäubt mitten auf dem Parkplatz stand. Er hatte seine Mütze abgenommen. „Warum gehst du nicht zu ihm rüber und fragst ihn?", schlug Joseph vor. „Geh ruhig. Geh und frag den Fahrer, wo die Sonne heute Morgen abgeblieben ist."

Ich ging nach draußen zu dem Fahrer. Er war ein großer magerer Mann mit grauem Haar. Er sah ein wenig zerzaust und irgendwie verdattert aus. Ich fragte mich, warum er da ganz allein auf dem Parkplatz stand. „Entschuldigen Sie bitte, Sir. Aber bemerken Sie hier irgendetwas Komisches?"

Er rieb sich die Stirn – meine Frage schien ihn ein bisschen durcheinanderzubringen – und antwortete: „Nein, es ist alles in Ordnung. Völlig in Ordnung.", und rieb sich das Kinn.

„Aber es ist fast neun Uhr morgens", sagte ich „Und die Sonne ist noch nicht aufgegangen."

Er schaute auf seine Uhr, rieb sich wieder die Stirn, sodass ihm schließlich seine grauen Haare zu Berge standen, schaute dann nach oben und starrte lange die Sterne am dunklen Himmel an. „Naja", sagte er. „Wir hatten in letzter Zeit ungewöhnlich kaltes Wetter für diese Jahreszeit."

Ich drehte mich um und ließ den Fahrer stehen, um wieder zurück zu Joseph zu gehen. Ich fühlte mich, als ob ich gerade in die Zwielichtzone eingetreten, durch sie hindurchgegangen oder sogar einer ihrer neuen Staatsbürger geworden wäre. Als ich mich umdrehte, stellte ich fest, dass Joseph bereits hinter mir stand und lächelte. Er hob seine Kaffeetasse, als ob er mir zuprosten wollte. Dann hakte er sich bei mir ein und eskortierte mich zum Bus zurück. Wir waren die Ersten, die wieder an Bord gingen, und nahmen unsere Plätze ein.

„Und, was hat er gesagt?", fragte er, immer noch lächelnd.

„Er hat gesagt, dass sie hier kürzlich sehr ungewöhnliches Wetter für diese Jahreszeit gehabt haben."

Joseph lachte. „Na, mach dir nichts draus."

„Aber wo ist die Sonne?"

„Mary", sagte er und nahm meine Hand. Sein Lächeln schien ihm fast ins Gesicht gemeißelt. „Der Sonne geht's gut. Es gibt nichts, worum du dir Sorgen machen müsstest. Also hör auf, dir Sorgen zu machen, ja? Alles wird gut und die Sonne wird bald hier sein."

Kurz bevor wir in Phoenix ankamen, ging die Sonne auf.

Joseph begleitete mich zu dem Leihwagenhändler, wo ein reserviertes Auto auf mich wartete. Er mochte das Auto jedoch nicht, welches man für mich ausgewählt hatte. Also machte er diese Reservierung rückgängig und führte mich, meine Tasche tragend, zu einem anderen Autohändler ein Stück weiter die Straße hinauf. Als er ein seiner Meinung nach passenderes, robusteres und beständigeres Auto gefunden hatte, verstaute er meine Tasche auf der Rückbank. Er hatte seine Mission erfüllt.

„Und wo fährst du jetzt hin?"

„Weiß ich nicht. Wo immer ich hingeschickt werde", sagte er. Er schaute mich einen Moment lang an und umarmte mich dann. „Ich liebe dich", sagte der Mann, den ich erst gestern kennengelernt hatte. Er hatte Tränen in den Augen, die seine Emotionen verrieten. „Ich wünschte, ich könnte mit dir gehen."

„Wirklich? Willst du wirklich mit mir kommen?", fragte ich. Ich war auf einmal sehr dankbar dafür, dass mich jemand, auch wenn es ein Fremder war, auf dieser immer merkwürdiger werdenden Reise begleitete.

„Nein, das sollte ich besser nicht tun. Du musst diese Reise alleine antreten."

„Woher weißt du das?", fragte ich ihn.

„Ich soll dich nur bis hierher und nicht weiter begleiten."

Ich wusste, dass ich nichts sagen oder tun konnte, was Joseph hätte umstimmen können. „In Ordnung", sagte ich. „Aber soweit es mich angeht, kannst du gerne mitkommen, ja? Wenn du deine Meinung ändern solltest, ich werde irgendwo in Winslow unterkommen."

„Wenn ich dich finden möchte, werde ich dich finden", erwiderte Joseph. Und mit diesen Worten begann er, sich von mir zu entfernen. Doch dann blieb er plötzlich stehen und kam noch einmal zu mir zurück. Er nahm meine rechte Hand in seine beiden Hände. „Mary?", sagte er.

„Ja?"

„Du wirst eine Einladung erhalten, etwas zu tun."

„Was zu tun?"

„Etwas sehr Ungewöhnliches. Etwas, was dir helfen wird, Antworten auf offene Fragen zu finden."

„Also, ich werd bestimmt nichts tun, was mich in Gefahr bringt oder mir Angst macht", warnte ich ihn.

Joseph lachte. „Du brauchst dich vor nichts zu fürchten. Versuche keine Angst zu haben, okay?"

„Okay."

„Ich würde dich gerne um etwas bitten."

„Okay."

„Wenn du sie siehst", sagte er und schaute auf seine Hände, die immer noch meine festhielten, „kannst du ihnen eine Botschaft von mir überbringen?"

„Ja", sagte ich, obwohl ich überhaupt nicht wusste, von wem oder was er sprach, wollte mich aber nicht bloßstellen.

„Sag ihnen, dass Joseph immer noch hier ist. Sag ihnen, dass Joseph immer noch wartet." Dann verabschiedete er sich und ging davon. Seitdem habe ich ihn nie wieder gesehen oder gehört und noch heute denke ich über die Bedeutung seiner Botschaft nach.

Ich fuhr nach Winslow und machte als Erstes bei dem riesigen Meteoritenkrater halt. Ich wanderte um ihn herum und bestaunte das unglaublich große Loch, dass er in der Erde zurückgelassen hatte. Dann kaufte ich ein paar Meteoritenkrater-Steinbrocken in dem Souvenirgeschäft. Ich hatte die Absicht, sie in der Nacht unter mein Kopfkissen zu legen und zu schauen, wohin sie mich wohl führten. Nachdem ich mir ein Zimmer gemietet und mich nach der langen Fahrt und der Wanderung um den Krater ein bisschen frisch gemacht hatte, ging ich heißhungrig in ein Restaurant. Dort musste ich feststellen, dass es gar nicht so einfach ist, in der Wüste Fisch und Seetang zu bekommen. Zum Glück wurde auf der Speisekarte aber ein Shrimps-Cocktail angeboten, den ich mir dann auch bestellte. Nachdem fast eine ganze Stunde vergangen war, servierte mir der Kellner eine große Suppenschüssel, die bis zum Rand mit Ketchup gefüllt war. In der Schüssel lagen sorgfältig angeordnet vier einzelne kleine blasse Shrimps, die mir ins Gedächtnis rufen sollten, dass ich mich jetzt in der Four Corner Region[3] befand, und die höchstwahrscheinlich Überbleibsel aus jener Zeit waren, als sich statt der Wüste draußen einst das Meer befand. Viele, viele Jahre hatten sie darauf gewartet, für diese besondere Gelegenheit aufgetaut zu werden für jemanden, der eines Tages in Richtung Westen reisen und dort Meeresfrüchte bestellen würde.

„Lassen Sie sich's schmecken", sagte der Kellner.

„Vielen Dank", erwiderte ich.

Nachdem ich in mein Zimmer zurückgekehrt war, rief ich zu Hause an, um mit meinen Kindern zu sprechen. Sie hatten sich natürlich wieder beruhigt, waren aber äußerst erleichtert, endlich meine Stimme zu hören und nochmals dessen versichert zu werden, dass ich „bald" wieder bei ihnen sein würde. Dann rief ich meine Eltern an. Ich erzählte meinem Vater von dem Meteoritenkrater, und meiner Mutter erzählte ich von Joseph. Obwohl ich mich bereits auf meinen vierzigsten Geburtstag zubewegte, hielt sie mich dazu an, nicht so leichtsinnig mit Fremden ins Gespräch zu kommen. Ich erklärte ihr, dass so

---

3 Gegend, in der die vier US-amerikanischen Staaten Arizona, New Mexico, Utah und Colorado aneinandergrenzen

eine Busreise ganz anders war als andere Reisen. Da gibt es keine Fremden. Jeder Einzelne kommt einem irgendwie nahe, bis es Stück für Stück, Haltestelle für Haltestelle für jeden Passagier an der Zeit ist, die Treppen des Eingangsbereiches wieder hinabzusteigen und den Bus zu verlassen.

Ich hielt meine Begegnung mit Joseph in demselben spiralgebundenen Buch fest, in dem ich auch über die Steine, die Rosen, meine Träume und den Mann in der Lichtsphäre, das Lichtwesen, geschrieben hatte. Ich freute mich auf den morgigen Tag, meinen ersten Tag allein in der Wüste. In dieser Nacht träumte ich von einigen Orten, die ich besuchen würde. Am nächsten Morgen erwachte ich kurz nach Sonnenaufgang mit einem schrecklichen Kohldampf. Ich warf einen Blick durch die Glasschiebetüren meines Zimmers und sah, dass sich zufällig auf der anderen Seite des Parkplatzes ein McDonald's befand. Dort konnte ich bestimmt Fisch bestellen. Der Fisch wurde allerdings nicht vor dem Mittagessen serviert. Also bestellte ich einen Egg McMuffin ohne Fleisch und eine Tasse Kaffee mit der Anweisung für die Bedienung, ein paar Eiswürfel hineinzutun. Dann machte ich mich auf den Weg in die Wüste. Nach nicht allzu langer Zeit fuhr ich an einem Mann vorbei, der am rechten Straßenrand den Daumen raushielt. Ich fragte mich, ob es wohl den Wüstenanstandsregeln entsprach, Anhalter mitzunehmen. Nach wenigen Augenblicken des Überlegens hielt ich an, machte kehrt und fuhr zurück. Der Mann hatte die Straßenseite gewechselt und stand somit nun wieder zu meiner Rechten am Straßenrand und wollte in die entgegengesetzte Richtung mitgenommen werden. Ich fuhr an ihm vorbei. Mein Warnlämpchen leuchtete auf. Hier stimmte irgendwas nicht.

Nachdem ich aus seiner Sichtweite verschwunden war, hielt ich wieder an und schlürfte nachdenklich meinen lauwarmen Kaffee. Erst wollte er in Richtung Wüste mitgenommen werden. Dann auf einmal wollte er in Richtung Winslow fahren. Ich wollte bei den Leuten hier wirklich keinen unhöflichen Eindruck hinterlassen, aber irgendetwas an diesem Mann kam mir gespenstisch vor.

Ich wartete einige Minuten und fuhr dann auf demselben Weg wieder in Richtung Wüste. Der Mann hatte wieder die Straßenseite gewechselt und befand sich wieder, seinen Daumen raushaltend, zu meiner Rechten. Aber diesmal stimmte noch etwas anderes mit ihm nicht. Irgendwas war mit seinem Gesicht nicht in Ordnung. Ich nahm meinen Fuß leicht vom Gaspedal, sodass ich langsamer fuhr und ihn erkennen konnte. Als ich ihm ins Gesicht schaute, verdunkelte es sich auf einmal. Es wurde gespenstisch dunkel, so als ob es ganz langsam in einem zu heißen, höllischen Ofen zu lange gebraten worden wäre. Und dann, zu meinem äußersten Erschrecken, veränderte es seine Form. Bei diesem Anblick weiteten sich meine Augen, und der Mann brach in lautes Gelächter aus. Sein Lachen war von gezackten Kojotenzähnen umrahmt. Er senkte seinen Daumen. Er wusste, dass ich ihn unmöglich in mein Auto lassen würde, nachdem ich gerade Augenzeuge dieser Szene gewesen war. Er wusste, dass ich seine Veränderung sehr wohl mitbekommen hatte. Ich trat aufs Gaspedal und raste mit trockenem Mund die Straße entlang. Im Rückspiegel konnte ich sehen, wie der Mann immer noch lachte und mir zuwinkte. Ich brauchte Wasser.

Eine Meile flog dahin, dann eine weitere. Ich hatte tierische Angst, noch einmal in den Rückspiegel zu schauen,

Angst, dass der Mann mit dem seltsamen Gesicht immer noch hinter mir sein könnte und mir folgte. Dann erschien vor mir auf der linken Seite eine Tankstelle. Ich bog ab und hielt an einer Tanksäule. Mein Herz raste. Ein Navajo kam zu meinem Auto gelaufen.

„Einmal voll machen, bitte", sagte ich. Ich muss ziemlich verstört ausgesehen haben, denn der Mann fragte mich, ob mit mir alles in Ordnung sei.

„Ja", antwortete ich.

„Mir geht's gut. Es ist nur … ich hab' grad was ganz Schreckliches gesehen. Da war ein Mann einige Meilen von hier entfernt. Er ist getrampt. Erst wollte ich ihn mitnehmen, aber dann – und das ist echt seltsam –, naja, dann ist was fürchterlich Abscheuliches mit seinem Gesicht passiert."

Der Tankwart starrte mich an. „Was ist denn mit seinem Gesicht passiert?"

„Es war, als wenn es gebraten würde, und es wurde ganz rissig, und seine Nase wurde total groß. Und dann hat sich sein gesamtes Gesicht in etwas ganz anderes verwandelt, etwas mit riesigen Zähnen."

„Na und, warum haben Sie ihn nicht mitgenommen?"

„Ich … ich hatte Angst."

„Angst, Angst, Angst." Der Mann lächelte. „Immer habt ihr Angst. Ihr weißen Leute kommt hier raus auf der Suche nach Abenteuern und mystischen Erlebnissen, und immer endet es damit, dass ihr Angst habt. Sie haben dieses schöne Auto, und dieser arme Kerl steht da draußen und verbrät in der Sonne. Und Sie lassen ihn einfach da stehen, nur weil er 'ne große Nase hat." Das kränkte mich. Ich war definitiv viel mehr als nur eine „weiße" Person.

Der Mann begann meine Windschutzscheibe zu säubern. Ich stieg aus dem Auto und ging in den staubigen Tankstellenkiosk. Ich kaufte eine kleine Styroporkühlbox, ein wenig Eis, eine Flasche Wasser und ein paar andere nichtalkoholische Getränke nur für den Fall, dass mein Mund in der Wüste noch einmal austrocknen würde. Ich legte alles in die Kühlbox und ging zum Auto zurück. Nachdem ich die Box und mich selbst im Auto verstaut hatte, wendete sich der Mann mir wieder zu.

„Also, ich wette, Sie fahren da raus, weil Sie die Hopi besuchen wollen, richtig?"

„Naja, nicht heute, aber ja, das ist Teil meines Plans."

„Sie haben ein paar mystische Sachen zu bereden, was?"

„Naja, in meinem Leben sind ein paar merkwürdige Dinge passiert. Aber woher wissen Sie das?"

„Die Hopi – jeder, der anfängt Dinge zu sehen, möchte die Hopi besuchen, weil jeder weiß, dass die Hopi sehr mystisch sind. Uns kommt nie jemand besuchen."

Ich gab ihm das Benzingeld. Er nahm das Geld und lehnte sich in das geöffnete Autofenster. Er war offensichtlich noch nicht fertig.

„Warum fahren Sie nicht zurück und nehmen diesen Mann mit?", fragte er. „Ich wette, der steht da immer noch und wartet auf Sie."

„Meinen Sie? Soll ich das wirklich tun?", fragte ich. Ich fühlte mich ein wenig schuldig, weil ich mich so leicht hatte abschrecken lassen.

„Na klar. Fahren Sie zurück, und lassen Sie ihn in Ihr Auto steigen."

„Okay", sagte ich, ergriff das Lenkrad und ließ den Motor

an. Da streckte der Mann seinen Arm durch das Fenster und berührte meine linke Hand.

„Hören Sie, Lady, ich hab' nur 'nen Witz gemacht. Halten Sie sich von ihm fern."

„Kennen Sie ihn? Wer ist er?"

„Nein, ich kenne ihn nicht. Aber ich weiß dafür, was Sie gesehen haben."

Ich sah ihn mit einem ausdruckslosen Blick an und wartete darauf, dass er zu Ende sprach und mir alles erklärte.

„Sie haben keine Ahnung, oder?", fragte er und schüttelte den Kopf. Ein Ausdruck alarmierender Beunruhigung huschte für einen Moment über sein Gesicht.

„Nein", sagte ich. „Ahnung wovon?"

„Was Sie gesehen haben, war ein Shapeshifter. Deshalb wusste ich auch, dass Sie wahrscheinlich auf dem Weg zu den Hopi sind, um mit ihnen über diverse Dinge zu sprechen. Wenn Ihnen ein Shapeshifter auf den Fersen ist, Lady, sollten Sie sich lieber vorsehen."

„Okay", sagte ich. Mir lief es kalt den Rücken herunter. Bis zu diesem Tag, an dem ich tatsächlich einen sah, hatte ich nie von ‚Shapeshiftern' gehört.

„Nehmen Sie sich in Acht, mit wem Sie reden. Und passen Sie auf, wen Sie in Ihr Auto lassen." Ich nickte und dachte darüber nach, in welche gefährliche Situation ich mich beinahe begeben hätte.

„Es gibt da eine alte Frau, die ganz allein in einer Hütte lebt", sagte er. „Sie ist mein Tantchen. Sie sollten vielleicht zu ihr fahren und mit ihr reden. Sie spricht zwar kein Englisch, aber das ist schon in Ordnung." Er gab mir eine Wegbeschreibung, die mich zu dem Haus der alten Frau führen sollte, eine Wüstenwegbeschreibung, sozusagen. „Fahren Sie erst mal diese Straße entlang“, sagte er und zeigte dabei auf den Horizont auf der anderen Seite des Highways. „Bis Sie zu einem großen Hügel kommen. Dann fahren Sie um den Hügel herum. Da ist eine kleine staubige Nebenstraße, die nach rechts abbiegt. Auf der rechten Seite der Straße sehen Sie einen Maschendrahtzaun mit ein paar Sonnenblumen und ein bisschen Mais dahinter. Nachdem Sie an den Sonnenblumen und dem Mais vorbeigefahren sind, gelangen Sie an einen Graben, der sich durch die Straße zieht. Sie werden ein paar Schafe sehen und ihre Hütte. Gehen Sie zu ihr, und sprechen Sie mit ihr. Sie wird Ihnen helfen.“

Ich dankte dem Mann für seine Hilfe und fuhr davon, ohne jede Absicht, die alte Frau, die kein Englisch sprach, zu besuchen. Es wäre mir schier unmöglich, mich mit irgendjemandem zu unterhalten, der kein Englisch sprach.

Ich fuhr also auf dem Highway so vor mich hin. Irgendwann fielen mir die Reifenspuren auf, die gelegentlich abseits der Straße den Sand durchkreuzten. Im voranrückenden Nachmittag fasste ich dies als Einladung auf, die Straße hinter mir zu lassen und die Gegend mit meinem robusten und zuverlässigen Fahrzeug mal etwas gründlicher unter die Lupe zu nehmen. Ich fuhr mehrere Meilen durch die sandige Wildnis. Von Zeit zu Zeit hielt ich an, stieg aus dem Wagen und stellte mich mit dem Blick in Richtung Westen (das nahm ich jedenfalls an) still hin, in der Hoffnung, damit mein Vorhaben und meine Berufung, hierherzukommen und „allein zu stehen“, zufriedenstellend zu erfüllen. Schließlich, nachdem ich an den verschiedensten Standorten gestanden hatte, setzte ich mich wieder ins Auto und fuhr weiter. Ungefähr eine halbe Stunde nach meinem letzten Stehversuch fiel mir etwas in weiter Entfernung ins Auge. Ich überlegte, was das sein könnte, und beschloss, näher heranzufahren und die ganze Sache zu untersuchen. Ohne lästige Straßen, welche mich immer wieder in verschiedene Richtungen irreführten, konnte ich quer durch den Sand fahren und mich dem Objekt auf direktem Wege nähern.

Je näher ich kam, desto mehr schien mir das Objekt ein menschliches Wesen zu sein. Noch näher dran erkannte ich, wie es seinen Arm waagerecht zu seinem Körper ausstreckte und seinen Daumen raushielt. Es war ein menschliches Wesen bei dem Versuch, zu trampen. Mitten in der Wüste. Eine Welle des Schreckens ergriff mich. Gleichzeitig war ich aber auch sehr neugierig. Ich wollte einfach wissen, ob das wieder der Shapeshifter war. Wolken gelben Sandes vernebelten den Weg hinter mir. So näherte ich mich der einsamen Figur und erkannte schließlich, dass es nicht derselbe Mann war, dem ich zuvor an diesem Tag begegnet war. Es war stattdessen ein älterer Navajo. Er starrte mit erhobenem Arm geradeaus, als ob die Regeln der Wüste nahe legten, aus Höflichkeitsgründen keinen Augenkontakt mit einem potenziellen Fahrer aufzunehmen, während dieser noch überlegte, ob er anhält oder nicht. Er stand absolut bewegungslos einfach nur da. Ich fragte mich, wie lange dieser arme Mann wohl hier draußen umhergelaufen war, und hielt das Auto neben ihm an. Per Knopfdruck ließ ich das automatische Fenster auf der Beifahrerseite runter, und er trat näher

„Winslow?“, fragte er mich durch das geöffnete Fenster.

„Ja“, antwortete ich ihm. Es war sowieso an der Zeit zurückzufahren. „Winslow“, sagte ich.

Er setzte sich auf die Rückbank. Ich bot ihm eines meiner Getränke an, aber er lehnte ab. Als wir so dahinfuhren, startete ich den Versuch, mich ein wenig mit ihm zu unterhalten. Ich erzählte ihm, wer ich war und wohin ich fuhr. Nachdem ein paar Augenblicke vergangen waren, merkte ich, dass der Mann aus dem Fenster schaute und mir gar nicht zuhörte.

Ich brauchte noch paar weitere Meilen, bis mir klar wurde, dass der Mann kein Englisch sprach.

„Winslow?“, fragte er wieder.

„Ja“, versicherte ich ihm. „Winslow.“

Er tippte mir auf die Schulter und deutete auf den Horizont zu unserer Linken. „Winslow“, sagte er. Wir hatten bisher eine schöne Fahrt gehabt, nur nicht in die richtige Richtung. Ich drehte um und fuhr durch den Sand in Richtung Stadt. Er tippte mir wieder auf die Schultern, und ich drehte mich nach ihm um. Es ist schon in Ordnung, sich nach dem Mitfahrer auf der Rückbank umzuschauen, wenn man quer durch die Wüste fährt.

„Tioco“, sagte er. „Me Tioco.“

Ich hatte leider keine passende Antwort bereit, die ich ihm in diesem Moment geben konnte, also starrte ich ihn einfach mit offenem Mund eine Weile an. Auf einmal ergab das Ganze irgendwie einen absurden Sinn. Ich hätte wissen müssen, dass, wo auch immer Joseph auftauchte, Tioco nicht weit sein würde. Ich entdeckte schließlich eine gepflasterte Straße, die mich anschließend auf den Highway führte, der uns in die Stadt brachte.

Sobald wir in Winslow ankamen, wiederholte der alte Mann immer und immer wieder die einzigen englischen Worte, die er zu kennen schien.

„Me Tioco. Me Tioco. Me Tioco."

Mehrere Male erwiderte ich: „Ja, ich weiß. Du bist Tioco, und ich bin Mary."

Diese Antwort schien ihm jedoch nicht zu genügen, denn er wiederholte seine Worte noch lauter. „Me Tioco."

Ein paar Mal hielt ich den Wagen an und sagte: „Winslow", denn ich wusste nicht, wo genau er in Winslow aussteigen wollte. Er blieb jedoch jedes Mal fest auf seinem Platz sitzen. Dann begann er, mir Straßen zu zeigen, in die ich abbiegen sollte. Ich folgte seinen Anweisungen, und wir fuhren an diversen Häuserblocks dieser kleinen Stadt vorbei, bis wir zu einer Kreuzung kamen, an der sich eine Tankstelle befand. Er zeigte auf die Tankstelle und brüllte in mein rechtes Ohr: „ME TIOCO!", was mich dazu veranlasste, auf die Bremse zu treten. Im stehenden Wagen schaute ich auf den großen Stern, das Zeichen der Tankstelle, und auf die Buchstaben daneben, die den Namen des Besitzers darstellten. Auf dem Zeichen stand: „Mikes Texaco".

Ich las ihn laut vor, und der alte Mann klopfte mir auf die Schulter und lächelte. „Mikes Texaco?", fragte ich noch einmal. Der alte Mann nickte, offensichtlich froh darüber, endlich an seinem Ziel angekommen zu sein. „Ja, Me Tioco." Ich fuhr an die Me-Tioco-Tankstelle heran, und der Mann stieg aus dem Auto, bevor er einige seiner sehr erfreuten Enkelkinder begrüßte. Dann kam Mike persönlich zu mir ans Fenster.

„Oh! Ich sehe, Sie haben unseren Großvater mitgenommen. Danke, dass Sie angehalten haben", sagte er.

„Keine Ursache", gab ich zurück, noch ganz benommen von den Ereignissen dieses Tages. „Aber Sie sollten vielleicht wissen, dass er da draußen ganz allein mitten in der Wüste stand."

„Ja", lachte Mike. „Von da aus trampt er immer in die Stadt."

„Nein", sagte ich. „Da, wo er war, waren gar keine Straßen. Er stand mitten im Nirgendwo, im Sand."

Mike lachte wieder. „Wenn Großvater in die Stadt kommen will, wartet er da auf Touristen, die sich verfahren haben." Und damit endete die meiner Meinung nach ziemlich gute Begegnung mit Joseph und Tioco.

In dieser Nacht, nachdem ich eingeschlafen war, folgte ich der Wegbeschreibung des Navajo von der ersten Tankstelle und besuchte sein Tantchen. Ich kam zu ihrer Hütte auf dem Weg, wie er ihn mir beschrieben hatte. Ich trat ein und fand sie schweigend am Küchentisch sitzend vor. Als sie mich sah, stand sie auf und ging zu einem Holzregal, das an der Wand stand und auf dem sich verschiedene aus Stein gemeißelte Gefäße befanden. Ich konnte nicht sehen, welche Gefäße sie öffnete, aber kurz darauf kam sie zu dem Tisch in dem schummrig beleuchteten Raum zurück. Sie begann, Blätter und einige andere getrocknete pflanzliche Zutaten in einer steinernen Schüssel zu verbrennen. Ein eigenartiger, mir neuer, aber wunderbarer Duft stieg aus den roten Funken hervor. Mein Besuch war für uns beide sehr angenehm, obwohl wir kein einziges Wort wechselten. Lange nachdem die Asche der verbrannten Pflanzen erkaltet war, verließ ich die alte Frau.

Am nächsten Tag fuhr ich wieder hinaus in die Wüste. Ich hatte vor, an den Ort zu fahren, den man hier als Little

Painted Desert bezeichnet. Den Straßenzeichen und meiner Karte folgend, fuhr ich eine Weile umher, bevor ich endlich mein Ziel erreichte. Ein „X" kennzeichnete die Stelle auf meiner Karte, und auch ein großes Schild direkt vor dem Auto sagte mir, dass dies hier tatsächlich die Little Painted Desert sein musste. Das Problem war: Von der Stelle aus, wo mein Auto stand, konnte ich nichts Neues an der Umgebung erkennen. Der Ausblick blieb in alle vier Himmelsrichtungen genau derselbe – flach. Ich blieb im Auto sitzen und überlegte einen Augenblick, warum gerade eine Gegend der Wüste, die haargenau wie der übrige Teil aussah, einen Namen erhalten hatte, der ihn vom Rest unterscheiden sollte. Letztendlich stieg ich doch aus dem Auto, um mir das Kleingedruckte auf dem Schild durchzulesen. Und dann sah ich sie – die Little Painted Desert. Sie zeichnete sich nicht vor dem Horizont ab. Sie befand sich unten, unterhalb des Horizonts. Man muss sich an den Rand der Wüste stellen, welche die Little Painted Desert umgibt, und hinabschauen, um dieses Wunder betrachten zu können. Es ist ein eigenartiger, uralter Ort. Ich stand ganz allein am Rand der Wüste und blickte in die von Wasser und Wind eingemeißelten Canyons und die Torbögen des Gesteins hinunter. Ihre Korridore und Höhlen, die einst ein Meer, Fische und Leben versprechendes Wasser in sich getragen hatten, waren jetzt ausgetrocknete Kanäle, heimgesucht von ächzenden, flüsternden Winden. Dieses längst versiegte Meer war ein geheimnisumhüllter Platz. Er war eine Wüste inmitten einer Wüste.

Dies war der Ort, an dem ich allein stand und in die Heimat des Windes hinabblickte, in der plötzlich ein Schatten auf die Regenbogenfarben des Canyons unter mir fiel. Ich dachte zunächst, es wäre der Schatten einer Wolke. Die Farbe des Canyons verwandelte sich in Orange und wurde dann dunkel im Angesicht des immer größer werdenden Schattens, bis dieser die unter mir liegende Wüste vollkommen bedeckte und sie in phantomgleiche Nuancen tunkte. Nachdem der Schatten die Little Painted Desert vollkommen eingenommen hatte, wuchs er weiter. Mit langsamer Behaglichkeit kletterte er die steilen gezackten Canyonwände hinauf. Je höher der Schatten stieg, desto mehr breitete er sich aus. Er beanspruchte nicht nur die Wüste unter mir für sich, sondern das gesamte Wüstengebiet, in dem ich mich befand. Er breitete sich wie Flüssigkeit im Sand aus.

Im Halbdunkel des Augenblicks, meine Augen auf den Schatten unter meinen Füßen fixiert, wurde ich plötzlich des Objekts gewahr, welches den riesigen Schatten warf. Irgendetwas stieg langsam und lautlos vom Himmel herab. Und in diesem Moment schwebte es schweigend direkt über mir. Es war riesengroß. Es nahm den gesamten Himmel ein. Ich hatte Angst, nach oben zu schauen und ihm direkt ins Angesicht zu blicken. Und obgleich meine Augen nach unten auf den überschatteten Sand gerichtet waren, wusste ich instinktiv, dass dieses Objekt eine gewaltige, enorme Kugel war. Mein Instinkt sagte mir auch, dass ich auf keinen Fall nach oben schauen durfte – dass einige Dinge besser ungesehen bleiben – dass, wenn ich nach oben schaute, ich zu viel sehen würde.

Ich würde Jupiter sehen.

Emilys Versuch, mir dieses Ding, welches auch sie gesehen hatte, zu beschreiben, fiel mir wieder ein. Ihre Worte halfen mir für den Moment, in dem ich mutterseelenallein da stand, in der

Gegenwart von etwas, das einfach zu groß war, um angeschaut zu werden. Dies war das größte aller großen Dinge. Und es war blau. Es schien mir eine unausgesprochene Einladung geben zu wollen. Es schien sagen zu wollen: „Schau her!“ Einige meiner Instinkte waren an diesem Tag extrem ausgeprägt, und ich wusste: Wenn ich diese Einladung annahm, wenn ich Jupiter erblickte, wie er auf die Erde herabstieg, würde ich nach oben in ihn hineinfallen. Zu Tode erschrocken machte ich einen kleinen zögernden Schritt auf mein Auto zu. Es war mehr der Schritt einer Maus, in der Hoffnung, dass Jupiter meine Gedanken nicht lesen konnte und mich nicht einfach so mitten in meinem Fluchtversuch vom Wüstenboden absaugen würde. Ich machte noch einen zweiten kleinen Schritt, doch Jupiter machte noch immer keine Anstalten, mich zu packen. Als ich das mitkriegte, riss ich mich von Ort und Stelle los und rannte in Hochgeschwindigkeit zu meinem Auto, sprang hinein und verschloss die Türen.

Wenn das die Einladung war, die Joseph aus dem Bus mir prophezeit hatte, dann war sie ganz eindeutig an die falsche Person gerichtet. Ich hatte absolut nicht das Bedürfnis, an diesem Tag in das Auge Jupiters zu fallen. Ich wollte auch keinen Ausflug durch das Weltall machen. Ich wollte einfach nur wieder nach Hause zu Emily und John fahren und Pasteten, Kuchen und Erdnussbutterbrote machen. Ich wollte alles Mögliche machen, nur nicht nach oben fallen. Gnädigerweise erkannte das Objekt die Angst und den Schrecken, der mir in den Knochen saß, und akzeptierte sie ehrenvoll. Langsam zog es sich in den Himmel zurück, und die seltsame Sonnenfinsternis hatte ein Ende. Die Sonne kam wieder zum Vorschein und badete zunächst den Horizont und dann auch die mich umgebende Wüste in ihrem Licht. Ich sah zu, wie das Licht den Platz des Schattens auf dem Boden einnahm und schließlich auch auf mein Auto schien. Dann überflutete es, so nahm ich jedenfalls an, den Canyon, der direkt vor und unter mir lag. Ich hatte allerdings nicht vor, auszusteigen und nachzusehen. Immer noch zitternd und immer noch darauf bedacht, nicht nach oben zu blicken, sondern meine Augen auf den Boden und die Wüste vor mir fixiert zu lassen, startete ich den Motor und fuhr, so schnell ich konnte, nach Winslow. Dort zog ich mich hastig in die sicheren vier Wände meines Motelzimmers zurück.

An diesem Abend ließ ich das Abendessen ausfallen. Ich konnte einfach nicht essen. Ich hielt es auch nicht für nötig, mich auszuziehen und mir meinen Schlafanzug anzuziehen. Ich behielt meine Jeans an für den Fall, dass ich einen weiteren blitzschnellen Fluchtversuch unternehmen musste, nur für den Fall, dass Jupiter zurückkommen sollte. Ich verriegelte die Türen, zog alle Vorhänge so dicht wie möglich zu und ließ jedes einzelne Licht im Zimmer brennen. Von meinem Posten aus hielt ich in einem komischen ockerfarbenen Sessel aus Naugahaut Wache, sah fern und trank eine halbe Flasche Wein. Der Morgen dämmerte schließlich ohne weitere Zwischenfälle.

An diesem Tag, dem Tag nach meiner Begegnung mit Jupiter, hatte ich ein merkwürdiges und dennoch einzigartiges Gefühl. Es war ein Gefühl, das an Furchtlosigkeit grenzte. Bis zu diesem Zeitpunkt meiner Reise hatte ich es geschafft, die Begegnung mit einem Shapeshifter zu überleben, hatte mich in der Wüste verfahren, hatte von einem Mann, der absolut kein Englisch sprach, erfolgreich Wegweisungen zurück in die

Stadt erhalten. Und gerade am gestrigen Tag hatte ich meine Begegnung mit dem größten aller großen Dinge überstanden, ohne eine einzige Schramme abzubekommen. Meine logische Schlussfolgerung aus alldem war, dass ich höchstwahrscheinlich doch in der Lage war, alle möglichen Begegnungen und Ereignisse durchzustehen. Ich fühlte mich einfach wunderbar und spürte in mir ein neues Verlangen nach Abenteuern.

Ich entschloss mich an diesem Morgen dazu, den Hopi anzurufen, der bestimmt schon auf meinen Anruf wartete. Er lud mich ein, am Nachmittag in das Reservat zu kommen, wo wir uns vor einem Café treffen würden.

Das Reservat befand sich in einer Ebene mitten in der Wüste, ungefähr einhundert Meilen von Winslow entfernt. Ich plante zusätzliche fünfundvierzig Minuten für die Fahrt ein, nur für den Fall, dass ich mich verfahren würde. Ich sollte jede einzelne Minute davon brauchen.

Ich hatte mir selbst das etwas schwächliche Versprechen abgerungen, diesmal wirklich nur auf der Straße zu fahren. Doch dann erregte ein merkwürdiges Objekt in der Ferne meine Aufmerksamkeit. Ich fuhr sofort von der Straße runter, um es mir aus der Nähe anzusehen. Langsam fuhr ich quer durch den Wüstensand und hielt schließlich vor dem Objekt meiner Neugierde an. Es stellte sich heraus, dass es ein großes, verlassenes, sehr altes und seltsam aussehendes Gebäude war. Es war dem Anschein nach aus Sandstein erbaut worden. Seine Fenster, Türen und Tore waren allesamt sperrangelweit geöffnet, schwarz und in einer Art T-Form konstruiert, fast als ob hier mal jemand oder etwas gewohnt hätte, das diese spezielle Architektur benötigte, um sich von einem Raum in den nächsten zu begeben. Ich stieg aus dem Auto und machte ein Foto von dem Gebäude. Dann fiel mir ein, dass ich ja bald im Land der Hopi sein würde, wo fotografieren nicht erlaubt war. Ich legte die Kamera wieder zurück in meine kleine Reisetasche im Auto und näherte mich dem Gebäude. Außer meinen eigenen konnte ich keine Fußabdrücke im Sand erkennen. Ich überlegte kurz, wie lange dieser Ort wohl schon so kahl und abgeschieden dalag. Mir wurde ganz flau im Magen, während ich hin und her überlegte, ob ich noch näher heran und durch diese seltsame Tür treten sollte. Oder war es doch besser, und das schien durchaus die klügere Variante zu sein, zu meinem Auto zurückzugehen und weiterzufahren? Ich trat noch näher heran.

Die Luft war plötzlich von dem greifbaren Geruch einer längst vergangenen Ära erfüllt, und ich erkannte, dass ich mich vor einem Gebäude der Anasazi befand. Und was sogar noch phänomenaler war: Ich erkannte, dass ich auf der Schwelle zu etwas stand. Ich stand sozusagen in einem Zwischenraum. Es war eine eigenartige Schwelle. Entweder würde ich einen Schritt nach vorn wagen und in die Vergangenheit eintreten, oder ich könnte mich dafür entscheiden, einen Schritt zurückzutreten und mich in der Gegenwart wiederfinden. Bevor ich meine Entscheidung fällen konnte, entstand plötzlich helle Aufruhr innerhalb des Gebäudes. Etwas großes Schwarzes schoss aus dem Eingangsbereich heraus und flog direkt auf meinen Kopf zu. Es war eine Krähe, die merkwürdigste Krähe, die ich jemals gesehen hatte. Ihr ebenholzschwarzer Körper schimmerte durch das auf sie fallende Sonnenlicht in Marokkoblau. Doch der Kopf der Krähe war in purem Weiß gefedert. Acht Mal schrie sie laut auf. Sie machte den Anschein, auf meinem Kopf landen zu wollen, oder vielleicht wollte sie ja nur darauf tanzen. Ich duckte mich und zog mich schnell in mein Auto zurück. Dort stellte ich fest, dass ich komplett die Orientierung verloren hatte. Ich konnte mich absolut nicht mehr erinnern, wie ich auf die Straße zurückkommen konnte. Ich war so durch den Wind, dass ich eine ganze Weile brauchte, bis mir einfiel, dass ich ja nur den Spuren meines eigenen Autos folgen musste. Das tat ich dann auch. Die einhundert Meilen lange Fahrt in das Reservat der Hopi dauerte drei Stunden. Je näher ich dem Reservat kam, desto mehr wurde ich von Déjà-vus überwältigt. Ich erkannte jedes kleinste Detail um mich herum.

Der Mann, mit dem ich gesprochen hatte, Allan, wartete auf mich vor dem Café. Wir setzten uns rein und tranken eine Tasse Kaffee. Er hörte zu, und ich erzählte. Wieder war er ein sehr geduldiger Zuhörer, während ich ihm von all den seltsamen Dingen, die ich gesehen hatte, berichtete: den Déjà-vus, dem Mann in der Sphäre aus Licht und meinen unerklärbaren Begegnungen.

„Ach ja, und kennen Sie das verlassene Gebäude, das sich circa vierzig Meilen außerhalb von Winslow befindet?“, fragte ich ihn. Ich sprach ohne Punkt und Komma und sprang von einem Thema zum nächsten. Er schaute mich etwas verwirrt an. „Sie müssen es kennen. Es ist einfach beeindruckend. Es ist eine alte Anasazi-Konstruktion, die man von der Straße aus sehen kann.“ Er schaute mich immer noch verwirrt an. „Naja, is' ja auch egal“, sagte ich. „Ich verstehe jedenfalls nicht, was die Krähe, die dort wohnt, zu bedeuten hat. Die Krähe mit dem weißen Kopf. Gehört sie zu jemandem? Ist sie vielleicht ein Haustier oder vielleicht ein Wächter?“

„Ich weiß nichts von solch einer Krähe“, sagte er und fügte

dann hinzu: „Und ich weiß auch nicht, welches Gebäude Sie meinen."

Nach unserer Kaffeepause fuhren wir gemeinsam in seinem Wagen durch das Reservat. Als wir so die Straßen entlangfuhren, erkannte ich auf einmal einen der Gemüsegärten wieder. Und dann erkannte ich auch eines der Häuser. „Ich hab' das hier alles schon mal gesehen", sagte ich verblüfft.

Er schien ganz und gar nicht verblüfft zu sein. „Dieses Haus da drüben, können Sie seine Einrichtung beschreiben?", fragte er mich.

Ich beschrieb ihm das Innere des Hauses und wo sich alle Möbel befanden.

Er nickte. „Ja, das stimmt. Das ist das Haus meines Bruders."

Dann kamen wir an einem Mann und einer Frau vorbei, die auf einem Feld mit kurz gewachsenem Mais arbeiteten – eine Szene, an die ich mich sehr gut erinnerte. Der Mann trug ein hellrotes Oberteil und ein blaues Tuch, das er um seine schulterlangen Haare gebunden hatte. Das Tuch war an der Seite zu einem Knoten zusammengebunden. Er schaute auf, sagte etwas zu der Frau neben ihm, und dann winkten sie mir beide zu. Ich erwiderte ihren Gruß, und sie lachten. Das war genau die Szene, die ich auch in meinem spiralgebundenen Buch einige Monate zuvor niedergeschrieben hatte.

„Sehen Sie", sagte mein Freund neben mir, „sie erkennen Sie wieder."

„Wie bitte?"

„Oh, Sie sind in Ihren Träumen hierhergekommen", sagte er. „Wir sehen Sie schon seit einer ganzen Weile, und wir haben uns Mühe gegeben, Sie nicht zu stören."

„Aber wie ist das möglich?", fragte ich. Ich hatte ja keine Ahnung, dass ich während meiner Traumwanderungen gesehen werden konnte.

Er zuckte mit den Schultern. „Das ist ganz normal."

„Normal? Wie kann denn das normal sein? Wie kann irgend etwas von dem normal sein?", sagte ich. Tränen rannen mir übers Gesicht, denn die Bestätigung, nach der ich seit so langer Zeit gesucht und nach der ich mich so sehr gesehnt hatte, überwältigte mich jetzt. Mein neues Gefühl der Furchtlosigkeit verdunstete bereits wieder wie Nebel in der Sonne.

Meine Tränen verwirrten ihn, und er brauchte einen Augenblick, bis ihm klar wurde, dass er sich ja mit jemandem unterhielt, dem all diese Dinge nicht ganz so vertraut waren wie ihm. Einen Moment überlegte er stillschweigend und gab mir dann die einzig wahre und einfache Antwort, die ich wirklich hören wollte.

„Ich schätze, das ist der Unterschied zwischen eurer Gesellschaft und der unsrigen. Eure Kultur fragt immer nach den Warums. Wir tun das nicht. Wir akzeptieren die Dinge einfach. Wenn sie geschehen, müssen sie normal sein." Das sprichwörtliche Licht ging mir auf. Seine Worte ergaben vollkommenen Sinn. „Ihr denkt immer, dass es eine rationale Erklärung für alles geben muss." Dann lächelte er und sagte: „Und das ist es, was euch am Ende verrückt macht."

Ich war viele, viele Meilen gereist, um diese Worte zu hören, und als er sie aussprach, fielen mir noch andere Worte ein, die mir jemand gesagt hatte. Es waren die Worte meines Lehrers aus dem Licht: „Es ist nicht wichtig, dass du alles verstehst, was du siehst. Wirklich wichtig ist, dass du die Liebe spürst."

Ich fühlte, dass ich jetzt nach Hause fahren konnte. Ich war in Richtung Westen gefahren und hatte alles entdeckt, was mich dort erwartete. Es war kein Krieger auf einem weißen Pferd, der im donnernden Galopp auf mich zuritt, um mich scheinbar niederzuwerfen und zu überwältigen. Was mich erwartete, war Bestätigung. Jetzt konnte ich nach Hause fahren und für John und Emily Kekse backen. Aber zuerst musste ich noch eine Botschaft überbringen.

„Kennen Sie einen Indianer namens Joseph?", fragte ich Allan.

„Nein, warum?"

„Ich soll jemandem ausrichten, dass er immer noch wartet."

Der Hopi nickte. „Okay", antwortete er.

An diesem Nachmittag ließ ich das Reservat hinter mir, fest dazu entschlossen, das Anasazigebäude wiederzufinden. Doch es gelang mir nicht. Als ich nach ein paar Wochen den Film entwickeln ließ, sah ich auf den Bildern etwas, was für mich aussah wie eine Sternenexplosion – eine Supernova, ein Beweis dafür, dass die Wege der Vergangenheit und Gegenwart sich ein weiteres Mal gekreuzt hatten. Während meiner Reise in die Wüste und zurück nach Hause wurde mir ziemlich deutlich klar, dass das Phänomen Zeit sich um mich herum wölbte, verzerrte, kräuselte und krümmte. Ganz so, als wenn es kleine Öffnungen innerhalb des Universums gäbe, durch die ein jeder, wenn er Lust dazu verspürt, schlüpfen darf. Ich folgte dem brennenden Drang, nach Hause zurückzukehren. Und somit verließ ich Winslow, gab den Mietwagen, den Joseph eine Woche früher für mich ausgesucht hatte, zurück und stieg in den Bus nach Tallahassee ein. Ich hoffte, dass ich

Joseph wiedersehen würde. Ich hatte ihm viel zu erzählen. Aber diesmal suchte er nicht nach mir.

Die Rückfahrt war den Umständen entsprechend normal, abgesehen davon, dass wir in Tallahassee vor Sonnenaufgang circa zwölf Stunden zu früh ankamen. Ich war zunächst nicht in der Lage, die Stadt zu erkennen, da in der sonst geschäftigen Straße, die zum Universitätsgelände führt, kein einziges Licht brannte. Ich wusste nicht mit hundertprozentiger Sicherheit, dass wir in Tallahassee waren, bis zu dem Zeitpunkt, wo wir auf den Busbahnhof rauffuhren. Der Fahrer hielt an, stand auf und rief „Tallahassee". Wieder einmal waren wir in völliger Dunkelheit angekommen. Und wieder einmal war ich die Einzige, die zu bemerken schien, dass hier etwas Außergewöhnliches vor sich ging. Ich entschloss mich dazu, die beiden Frauen neben mir zu fragen, ob sie bemerkt hätten, dass wir 12 Stunden zu früh waren.

„Wir sind ein bisschen früh", sagte ich in der beiläufigsten Untertreibung des Jahrhunderts.

Sie lächelten. Eine von ihnen sagte: „Na, ist das nicht toll? Da haben wir uns doch gut beeilt."

„Beeilt?", wollte ich sagen. „Lady, wir müssen den gesamten Staat Texas übersprungen haben." Doch das behielt ich lieber für mich.

Ich musste Craig anrufen und ihn bitten, mich abzuholen. Das Telefon klingelte einige Male, bevor er aufwachte und abhob.

„Was machst du hier in dieser Herrgottsfrühe?", fragte er.

„Ich bin mir nicht sicher", antwortete ich. Mehr musste ich gar nicht sagen, denn ich hatte von meinem Freund, dem

Hopi, eine sehr wertvolle Lektion gelernt. Nicht auf jede Frage gibt es eine rationale Antwort.

„Aber könntest du bitte herkommen und mich abholen?"

Er war nicht gerade begeistert davon, mit solch einer Bitte vor Sonnenaufgang geweckt zu werden, aber er holte mich trotzdem ab.

Der Termin für meine Operation war auf acht Uhr am nächsten Morgen festgelegt. Es war für mich eine äußerst schwierige Prüfung gewesen, mich in der ganzen Zeit an meine Fischdiät zu halten. Die Situation wurde noch dadurch verschlimmert, dass der Mann im Licht mich anscheinend verlassen hatte. Mir kam es vor, als wenn ich ihn Ewigkeiten nicht mehr gesehen hätte. Die Zeit, in der sich meine prophezeite Heilung vollziehen sollte, lief allmählich davon. Der Tumor saß immer noch auf meiner Nase. Als Craig mich zur Praxis des Chirurgen fuhr, gelobte ich mir in bitterem Groll, dass, wenn die OP genauso ablaufen würde, wie die Ärzte es geplant hatten, und mich somit für den Rest meines Lebens entstellt zurücklassen würde, dann würde ich den Fisch aufgeben und Steak zum Abendbrot braten. Medium.

Der Chirurg kam in den Praxisraum, wo ich auf den ersten Teil der entstellenden Prozedur wartete. Er begrüßte meinen Tumor.

„Na, das ist interessant", sagte er. „Er scheint geschrumpft zu sein."

Dann nahm er Maß.

„Nö", sagte er. „Ist immer noch genauso groß. Aber er sieht schon irgendwie kleiner aus."

Er näherte sich mir mit einer Spritze, die mit einer Art

Betäubungsmittel gefüllt war. Als er die Nadel der Spritze langsam zu meiner Nase führte, bewegte ich meinen Kopf in einem natürlich sinnlosen Akt des Selbstschutzes genauso langsam von ihm weg. Er unternahm ein paar weitere Versuche, hatte jedoch keinen Erfolg damit, die Nadel in meine Nase zu piksen.

Schließlich sagte er: „Sie müssen aufhören, sich ständig wegzudrehen."

„Ich kann nicht anders."

„Versuchen Sie Ihre Augen zu schließen."

Dieser Vorschlag hörte sich nicht gerade beruhigend an, doch ich gab blinzelnd und zähneknirschend nach, sodass er meine Nase mit mehreren Einstichen betäuben konnte. Daraufhin entfernte er ein kleines Stück des Tumors, sozusagen als Vorspeise.

„Ich bin gleich wieder da", sagte er und ging mit der Probe in den angrenzenden Raum, um sie unter einem Mikroskop zu untersuchen. Nach einigen Minuten kam er lächelnd zurück.

„Das war's", sagte er.

„Was heißt das, das war's?"

„Wir sind fertig. Ich hab' grad' das ganze Ding erwischt." Sein Lächeln war inzwischen in ein Lachen übergegangen.

„Das is 'n Scherz."

„Nö, es ist alles vorbei."

Er wies die Schwester an, den Schönheitschirurgen anzurufen und ihm mitzuteilen, dass seine Dienste nicht mehr benötigt wurden. Die Prozedur, die vor Kurzem noch so sorgfältig auf meinem Gesicht skizziert worden war, war jetzt überflüssig. Innerhalb von fünfzehn Minuten nach meiner

Ankunft in der Arztpraxis fuhren meine Nase und ich wieder nach Hause, ohne eine einzige Naht, ohne einen Tropfen Blut vergossen zu haben. Ich klebte lediglich ein Pflaster auf den winzigen Kratzer.

Zum Abendbrot gab es Fisch.

~ 7 ~

Reisen durchs All

In dieser Nacht hätte ich gebetet – ein „Dankeschön" hinausgeschickt –, aber die Tatsache, dass ich Gott immer noch nicht gefunden hatte, blieb nach wie vor. Ich hatte das Unmögliche gesehen, war Zeuge eigenartiger „Zufälle" geworden, hatte einen Mann aus Licht getroffen, dessen Prophezeiungen ziemlich korrekt waren. Doch den Gott, der mir mein gesamtes Leben lang ausgewichen war, hatte ich immer noch nicht gefunden. Kurz gesagt, obwohl ich mittlerweile wusste, wie man betet, und nicht den geringsten Zweifel daran hegte, dass wir Teil einer sehr viel größeren und mystischeren Welt sind, als ich mir je zuvor hätte träumen lassen, fühlte ich mich immer noch nicht dazu inspiriert, zu einem rachsüchtigen Übergott zu beten. Hinzu kam, dass ich gar nicht wusste, wohin ich die Gebete schicken sollte. Auf all meinen Reisen, hatte ich keine einzige Spur von ihm entdeckt. Daher schlussfolgerte ich, dass seine Identität und sein Versteck mir ein ewiges, sonderbares und unnahbares Rätsel bleiben würden.

An dem Abend, der auf meine Nasenabschabung folgte, sprach ich zu jener kleinen Gruppe, die sich auf der Suche nach neuen Philosophien heimlich zusammenfand. Es war die Gruppe, zu der Ellis mich eingeladen hatte, nachdem ich noch am Strand mit meinem Lehrer darüber diskutierte, dass ich nie in der Lage sein würde, eine solche Gruppe aufzutreiben.

Natürlich war ich ein totales Nervenwrack. Jede einzelne Person im Zimmer wurde mir vorgestellt. Und jeder von ihnen trug entweder einen Doktortitel oder war kurz davor, einen zu bekommen. Das war eindeutig nicht meine Kragenweite. Ich hatte lediglich einen Highschoolabschluss. Ich hatte zwar einige Kurse in klinischer Labormedizin belegt und war wahrscheinlich die einzige Person hier im Raum, die ein Elektroenzephalogramm lesen oder eine eher veraltete Methode zur Erstellung eines Blutbildes anwenden konnte – mit einem Mikroskop. Doch ich konnte nur ein bescheidenes niedriges Diplom mein Eigen nennen. Und um die ganze Sache noch schlimmer zu machen, war ich die Einzige in dem mit Erwachsenen gefüllten Raum, die ein Pflaster auf der Nase hatte. Und nun sollte ich zu dieser Gruppe aus Gelehrten, Philosophen und Theologen sprechen und ihnen erzählen, dass, während sie Bücher gelesen hatten, ich Dinge gesehen hatte.

Ich stand vor der versammelten Gruppe, wartete, bis jeder damit fertig war, sich eine Tasse Kaffee oder Tee einzuschenken, und fragte mich, was in aller Welt ich ihnen erzählen sollte. Ich hatte absichtlich nichts vorher einstudiert. Eine sehr reizende junge orientalische Frau namens Ariel ging mit ihrem Partner in die Küche und holte sich ein Glas Wasser.

Dann kam sie zurück und nahm ihren Platz ein. Einige Minuten tickten dahin, während ich weiterhin schweigend vor der Gruppe stand und darauf wartete, dass auch ihr Partner seinen Platz einnahm. Die Gruppe begann allmählich zappelig zu werden. Schließlich räusperte sich jemand und hob zu sprechen an.

„Ähem, Sie können jetzt anfangen, wenn Sie möchten."

„Ja, ich warte nur noch auf den Mann in der Küche", erklärte ich.

„Welcher Mann in der Küche?"

„Der orientalische Mann, Ariels Partner."

Sie sah sich zu ihren Freunden um und wandte sich dann an mich: „Ich habe keinen Partner. Ich bin allein hier."

(Ich würde den Mann, der neben ihr gestanden hatte, letztlich treffen. Es war ihr jüngerer Bruder, Gabriel. Und er war zu diesem Zeitpunkt nicht in der Küche, sondern in Aruba. Was wir alle nicht wussten, war, dass Gabriel gerade tapfer den Kampf seines Lebens gegen Krebs führte.)

Ich begann also zu sprechen und konzentrierte mich dabei nicht auf mich selbst oder darauf, wie idiotisch ich an diesem Abend gewirkt haben muss. Stattdessen konzentrierte ich mich auf die Worte des Mannes, der durch das Licht zu mir gereist war, um seine Botschaft über Liebe und Mitgefühl, Ursache und Wirkung zu überbringen, und seinen Aufruf dazu, aufzustehen und damit zu beginnen, die Erde zu heilen. Nachdem ich zu Ende gesprochen hatte, war die Runde für Fragen und Diskussionen eröffnet.

Ihre Reaktionen waren sehr unterschiedlich. Ein Herr hielt ein Kruzifix vor sich, sodass es ihn vor mir schützte, während ich von meinen seltsamen Begegnungen sprach.

Das war eine ganz neue Erfahrung für mich. Ich war vorher noch nie als teuflische oder gefährliche Person dargestellt worden, jedenfalls nicht so direkt. Er war allerdings nicht der Einzige, in dem an diesem Abend Angst aufstieg. Einige von ihnen setzten das Licht, welches nichts anderes als Mitgefühl ausstrahlte, ganz und gar nicht mit Liebe, sondern mit den schwefelgelben Flammen der Hölle gleich.

Ellis hob seine Hand. „Ich hab' eine Frage", sagte er. Er sah besorgt aus.

„Okay", sagte ich.

„Dieser ‚Mann', mit dem du gesprochen hast …", sprach Ellis weiter. „Du hast gesagt, dass er extrem attraktiv ist?"

„Ja", sagte ich lächelnd. Ich ahnte nicht, in welche Falle ich gerade tappte. „Er ist unbeschreiblich schön."

„Mmhmmm." Ellis dachte einen Moment über meine Worte nach. „Und woher weißt du dann so genau, dass du nicht Luzifer in dein Haus einlädst?"

„Luzifer?", fragte ich mit schwacher Stimme.

„Ja, Luzifer. Der Engel des Lichts. Der schönste aller Engel." Auf diese Frage war ich nicht vorbereitet. „Luzifer ist sehr heimtückisch", sprach Ellis weiter. „Mit seiner Schönheit zieht er Menschen auf die Seite des Bösen."

Was Ellis sagte, hörte sich sehr überzeugend an. Ich wusste nicht, wie ich darauf antworten sollte. Ich stand vor einer ganzen Menge Leute, die jetzt von mir dachten, dass ich mit Wesen aus der Hölle verkehrte. Ich schämte mich und wollte im Boden versinken. Ariel bemerkte meinen Gemütszustand und kam mir zu Hilfe.

„Für mich hört sich das gar nicht wie Luzifer an", sagte sie. „Es hört sich für mich eher wie Jesus an."

Wenn Ellis' Worte mir zuvor eine Ohrfeige versetzt hatten, so gab mir Ariel jetzt die nächste auf die andere Wange. Ich wusste, dass sie nur versuchte, mir in dieser äußerst schwierigen Situation zu helfen. Aber die wunderbarste und liebevollste Begegnung meines ganzen Lebens mit einer Figur zu vergleichen, die ich bereits vor Jahren hinter mir gelassen hatte, erschien mir mehr als beleidigend. Das war erniedrigend. Diese Gruppe geriet außer Kontrolle.

„Woher willst du wissen, dass er nicht Luzifer ist?", unterbrach Ellis.

„Weil er keine Flügel und auch keinen Schwanz hat", sagte ich.

„Und woher willst du wissen, dass es nicht Jesus ist?", fragte Ariel.

„Weil er keinen Bart hat."

Diese Antworten schienen beide zufriedenzustellen, und die Diskussion wurde in andere Richtungen fortgesetzt. Einige holten ihre Bibel raus, um daraus Abschnitte zu untersuchen, zu analysieren und laut zu zitieren. Ich wurde um meine Meinung gebeten, doch alles, was ich dazu sagen konnte, war, dass meine Begegnungen nichts mit biblischen Lehren gemein zu haben schienen. Dem stimmten sie zu. Obwohl all die Dinge, die sich ereignet hatten, irgendwie religiös oder spirituell klangen, hatte ich doch nicht die Absicht, sie mit biblischen Leitsätzen gleichzusetzen. Nachdem ich treuherzig meine Ansicht, dass mein neuer Lehrer weder Luzifer noch Jesus sei, vertreten hatte, wurde mir eine andere Frage gestellt.

„Was denken Sie denn dann, wer er ist?"

„Ganz ehrlich", sagte ich in der Hoffnung, dass ich bald nach Hause gehen konnte – ich schwor mir, mich nie wieder in diese oder ähnliche Situationen zu begeben. Die Tage meiner öffentlichen Reden waren vorbei –, „ich glaube, dass er von irgendwo aus dem All kommt."

„Aus dem All?"

„Ja, ich glaube, er ist so eine Art Wesen aus dem All, und dass er hier runtergebeamt wurde, um uns zu helfen."

Diese Art der Erwägung schien erheblich tröstlicher, bequemer, um nicht zu sagen sogar ein wenig modisch zu sein. Einige Leute nickten. Diese Erklärung war so gut wie jede andere.

Ich hatte mir zwar geschworen, nach dieser Nacht niemals wieder als Sprecher vor einer Gruppe aufzutreten, doch schon bald bekam ich wieder eine Einladung, vor einer anderen Gruppe zu sprechen. Ich nahm sie widerwillig an. Einige derjenigen, die bereits bei meinem Debüt anwesend gewesen waren, kamen auch zu diesem zweiten Vortrag. Im Anschluss daran wurde ich wieder in die Mangel genommen. Sowohl Ariel als auch Ellis waren da. Diesmal stellte mir Ellis nicht die Frage über Luzifer, aber zwei Frauen in dem kleinen Publikum fragten mich, ob der Mann Jesus sei. Vorsichtig versuchte ich ihnen zu erklären, dass ich mir sicher war, dass er es nicht ist. Ich erklärte ihnen, dass ich weder Christ noch sonst irgendwie religiös und dass meine letzte Religionszugehörigkeit der Judaismus gewesen sei. Ich versicherte den Leuten im Publikum, dass ich zwar einige eigenartige Begegnungen erlebt hatte, dass ich aber ganz bestimmt nicht so abgedriftet war, dass ich Jesus begegnete. Die Antwort schien ihnen zu gefallen, und wann immer ich diese Erklärung zukünftig von mir gab, hatte ich einige Lacher auf meiner Seite.

Im Laufe der nächsten paar Wochen sprach ich noch vor einigen anderen kleinen Gruppen. Und egal wie klein die Gruppe auch war, irgendwie gab es bestimmte Muster, die tief in den kollektiven Gedanken des Publikums verwurzelt waren. Was die Bitte meines Lehrers anging, uns einmal pro Woche ruhig und mit positiven Gedanken erfüllt hinzusetzen, nichts zu konsumieren und nachzudenken, wurde ich bei jeder Gelegenheit gefragt: „Wo sollen wir uns dafür treffen?" Wieder und wieder erklärte ich, dass er nicht verlangte, dass wir uns dafür als Gruppe treffen. Dass der Verbrauch von Benzin und die Fahrt zu einem bestimmten Treffpunkt im Gegensatz zu dem stand, was der eigentliche Sinn der Sache war. Er wollte, dass wir als Individuen handeln. Doch der Drang danach, als Gruppe zu handeln, schien irgendwie fast instinktiv zu sein. Vielleicht liegt die Ursache in unseren uralten Traditionen, uns als Gruppe in Tempeln oder Kirchen an einem spezifischen Tag der Woche zu treffen, wenn es um spirituelle Angelegenheiten ging.

Eine Frau hörte mir aufmerksam zu und äußerte anschließend, dass sie nicht in der Lage sei, „ohne irgendetwas" für länger als fünfzehn Minuten auszukommen. Sie fragte mich, ob ich dächte, dass er damit einverstanden wäre. Sorgfältig überdachte ich seine Worte. Er hatte gesagt, dass jede Person für sich selbst zu entscheiden hat, wann und wie lange sie fasten und auch nichts anderes konsumieren will. Wir sollten die Sache einfach halten. „Ja", entgegnete ich ihr. „Das ist total in Ordnung. Er möchte, dass wir es einfach halten, sodass ein jeder sich im Rahmen seines Zeitplans und seiner Möglichkeiten daran beteiligen kann. Sie können sich so beteiligen, wie Sie möchten. Er hat nie gesagt, dass das hier ein Marathon werden oder Ihnen Leid verursachen soll. Ganz im Gegenteil. Wir sollen uns wohl fühlen und glücklich sein, während wir unseren Planeten heilen.“

Seine Idee, dass wir die „Erde heilen“ sollten, wurde ebenfalls bei diversen Ansprachen mit Unmut aufgefasst. Die Bitte wurde irgendwie als Vorschlag interpretiert, heidnische Rituale durchzuführen. Das wiederum veranlasste einige Leute, mich zu fragen, ob ich eine Hexe sei. Ich wurde auch gefragt, ob ich ein Engel, eine Heilige, eine Schamanin, Medizinfrau, ein Dämon aus der Hölle und ob ich irgendwie wahnhaft oder geisteskrank sei. Ich beantwortete diese Frage immer gleich: „Nein. Ich bin einfach nur ich.“ Und dann fragten sie mich: „Und warum dann Sie? Wenn nichts Besonderes an Ihnen ist, warum hat er dann Sie ausgewählt?“ Ich musste ihnen sagen, dass ich keine Ahnung und dass ich mir diese Frage selbst auch schon gestellt hätte. „Es ist möglich“, erklärte ich dem Publikum, „dass, wenn jemand mit so vielen Makeln und Fehlern, wie ich sie habe, diese Dinge erlebt, dies durchaus ein Hinweis darauf ist, dass jeder anderen Person dieselbe Tür offen steht. Wenn solche Einladungen nur heiligen und frommen Menschen ausgesprochen würden, dann wäre dies alles garantiert nicht mir passiert.“ Auch das Lesen und Zitieren der Bibel nahm während jedes dieser Treffen wenigstens einen kleinen Zeitraum in Anspruch. Die Leute versuchten wiederholte Male erfolglos, in der Bibel Andeutungen oder auch nur irgendetwas zu finden, was meine Berichte bestätigen würde.

An einem kühlen Oktobertag, einige Tage nach der letzten Zusammenkunft einer Gruppe, ging ich von meinem Schlafzimmer durch den Flur. Da geschah etwas ziemlich

Merkwürdiges und Beunruhigendes. Dort, im Flur, wo es keine Fenster gab, in einem dunklen Korridor, wo kein Besuch, der sich je in mein Wohnzimmer wagte, es sehen würde, hing ein sehr altes, schwarzes, doch einst weißes Bild Raffaels Sixtinischer Madonna. Ihre weiße Farbe hatte sich mit voranschreitendem Alter in olivfarbene Schatten verwandelt. Meine Mutter hatte mir das Bild einst in längst vergessener Vergangenheit geschenkt, höchstwahrscheinlich zu einem Zeitpunkt in meinem Leben, wo es noch eine Bedeutung für mich hatte. Ich hatte es dort in den Flur gehängt, weil ich es irgendwie nie hatte über mich bringen können, es in den Müll zu werfen. Ich wollte aber auch nicht, dass es irgendjemand zu Gesicht bekam und hätte denken können, dass das Bild mir etwas bedeutet. Es hatte dort schon so lange unbeachtet gehangen, dass nicht einmal ich selbst es noch bemerkte.

Als ich an diesem Oktobertag nun aus meinem Schlafzimmer kam, spürte ich den Hauch eines leichten Windzuges fein wie ein Atemzug auf meinem Gesicht und in meinem Haar. Ich blieb einen Moment an der Stelle stehen und überlegte, was wohl die Ursache für diesen Luftzug an dieser Stelle des Hauses sein könnte.

„Finde einen katholischen Priester", hörte ich die Stimme einer Frau sagen.

Ich war nicht sicher, wer diese Worte ausgesprochen hatte und antwortete: „Wofür zur Hölle brauch' ich denn einen katholischen Priester?"

Dann, als ich mich in dem schummrig beleuchteten Flur nach der Besitzerin der Stimme umsah, starrte ich auf einmal direkt in das Antlitz der Madonna. Ich war nicht die Einzige, die hier im Korridor den Lufthauch spürte. Das Bild bewegte sich. Der Schleier, der die Madonna und ihr Kind umhüllte, wurde von einem eigenartigen Wind angehoben. Wolken wirbelten über das Gemälde hinweg.

„Finde einen katholischen Priester“, wiederholte sie. Dann erstarrte das Bild wieder auf dem alten vergilbten Blatt Papier.

Für den Rest des Nachmittags grübelte ich über die Bedeutung dieser seltsamen und etwas beunruhigenden Anweisung nach. Ich nahm an, dass ich, als ich dem Christentum und der katholischen Kirche den Rücken zugekehrt hatte, automatisch exkommuniziert worden war, was mich nicht im Geringsten störte. Und jetzt wurde ich doch glatt aufgefordert, wieder Kontakt aufzunehmen. Das störte mich allerdings sehr. Trotzdem ging ich das Telefonbuch durch und wartete darauf, dass mir einer der Namen auf mystische Art und Weise ins Auge springen würde. Keiner fiel mir besonders auf. Also rief ich schließlich den Gemeindepfarrer meiner Eltern an, den ich nie vorher getroffen hatte. (Sie gingen immer noch ab und an zur Messe.)

„Hi Pater“, sagte ich, als er den Hörer abnahm. „Sie kennen mich nicht, aber ich bin Marys und Charlies Tochter.“

„Oh ja“, sagte er in einem angenehmen irischen Akzent. „Ich habe Sie in letzter Zeit bei der Messe vermisst. Wie geht es Ihnen?“

„Gut.“

„Gut, gut.“

„Ich rufe Sie an, weil ich einem katholischen Priester was erzählen muss.“

„Oh? In Ordnung.“

„Aber ich bin mir nicht sicher, welchem katholischen Priester genau ich es erzählen soll.“

„Ich verstehe“, sagte er etwas vorsichtig.

„Also müssen Sie darüber nachdenken und selbst entscheiden, ob Sie der richtige Priester sind, der sich anhören soll, was ich zu sagen habe, oder ob Sie es nicht sind.“

„Mmmhmmm.“

„Ich habe ein paar sehr merkwürdige Dinge gesehen.“ Totenstille. „Wenn Sie sich anhören wollen, was ich gesehen habe, und Sie denken, dass Sie der richtige Priester dafür sind“, fuhr ich fort, „rufen Sie mich bitte zurück.“

Ich gab ihm meine Telefonnummer und wartete ungefähr eine Stunde auf seinen Anruf. Er rief mich nie zurück.

Als ich das Abendbrot vorbereitete, kam Craig in die Küche und erzählte mir, dass ein amerikanisch-indianischer Aktivist in ungefähr fünfzehn Minuten in der Florida State University einen Vortrag halten würde. Er wusste, dass mittlerweile jede Minute meines Lebens, ob im wachenden oder schlafenden Zustand, mit Indianern ausgefüllt war. Also wies er mich darauf hin, dass ich es noch gerade rechtzeitig schaffen würde, mir den Vortrag anzuhören, wenn ich mich beeilte. Weil ich mich auf dem Campus nicht auskannte, sprangen wir alle vier ins Auto, und Craig fuhr mich zur FSU. Während der Fahrt gab ich ihm Anweisungen, wie er das Abendbrot zu Ende kochen müsse. Er ließ mich vor dem Eingang des Auditoriums rausspringen, und ich rannte, gerade noch rechtzeitig, in den Hörsaal. Dort angekommen, schaute ich mich in dem Raum um. Ich sah eine Freundin meiner Mutter in einer der Reihen sitzen und winkte ihr zu. Sie erwiderte den Gruß und deutete mir an, mich zu ihr setzen.

Sie war mit einem jungen Indianer da. Er hatte langes

schwarzes Haar, trug eine blaue Jeans und ein rotes Hemd. Sie stellte ihn mir als einen ihrer Freunde vor. Sein Name war Yosef. Der Redner sprach über eine Stunde lang und fragte im Anschluss, ob es Fragen oder Kommentare gebe. Yosef hob seine Hand.

„Ja“, sagte der Redner.

Yosef stand auf. „Hi“, sagte er. „Mein Name ist Yosef. Ich bin indianischer Herkunft und ein römisch-katholischer Priester. Meine Arbeit beinhaltet sehr viele Reisen und Missionarsarbeit. Dabei habe ich festgestellt, dass viele indianische Lehren sich sehr gut mit denen der katholischen Kirche verbinden lassen …“

Ich drehte mich zu der Freundin meiner Mutter um und sagte: „Der macht Witze, oder? Dieser Typ ist echt ’n katholischer Priester?“

Sie bestätigte mir seine Worte.

„Bingo“, antwortete ich.

Nachdem die Diskussion geendet und die Leute sich verstreut hatten, fragte ich den Priester, ob ich ihn kurz sprechen könne.

„Ich glaube, Sie sind derjenige, nach dem ich gesucht habe. Mir wurde gesagt, dass ich Sie finden soll“, sagte ich. Ich bemerkte gar nicht, dass ich mich inzwischen völlig wohl fühlte mit der Art offener Begrüßung, die auch Joseph im Bus bei mir benutzt hatte.

„Oh, wirklich?“ sagte der Priester. Nichts daran schien ihm irgendwie unnormal vorzukommen. „Na, dann kommen Sie doch einfach zu der Sprechstunde, die ich für morgen angesetzt habe.“

„Aber ich bin keine Katholikin."

„Das ist in Ordnung."

„Und ich will auch keine werden."

„Das ist auch in Ordnung."

„Also, ich bin auch keine Christin."

Er zuckte mit den Schultern. „Ist in Ordnung."

Ich merkte schon, dass es ganz schön schwierig sein würde, mich selbst wieder auszuladen. Also nahm ich das Stück Papier, auf dem er seine vorübergehende Adresse und seine Telefonnummer aufgeschrieben hatte. Wir machten einen Termin für drei Uhr nachmittags am folgenden Tag aus. Sobald ich nach Hause kam, tippte ich einen langen Brief an ihn, der erklärte, warum er vielleicht lieber nicht in meiner Gesellschaft sein möchte, dass meine letzte Religionszugehörigkeit Judaismus war, bevor ich Atheistin wurde, dass ich mit dem Christentum nichts länger am Hut hatte, und schließlich, dass ich es verstehen könnte, wenn er unser Treffen absagen wollte. Und für den Fall, dass er dies tun wollte, fügte ich meine Telefonnummer hinzu. „Rufen Sie mich an, wenn Sie den Termin absagen wollen", schrieb ich in den Brief.

Als Allererstes lieferte ich den Brief am nächsten Morgen persönlich bei einer Rezeptionistin ab in dem Gebäude, wo sich sein Büro befand. Dann fuhr ich zurück nach Hause und wartete auf seinen Anruf. Ein paar Minuten vor drei Uhr rief ich ihn an.

„Haben Sie meinen Brief erhalten?"

„Ja", sagte er. „Ich habe ihn heute Morgen gelesen."

„Und warum haben Sie nicht angerufen?"

„Naja, Sie haben gesagt, ich soll Sie anrufen, falls ich den Termin absagen will."

„Dann möchten Sie, dass ich trotzdem zu Ihnen komme?“

„Ja.“

Er traf mich im Foyer des Bürogebäudes. „Wie kann ich Ihnen helfen?“, fragte er mich.

„Also, ich hab’ in letzter Zeit des Öfteren jemanden gesehen.“

„Oh, ich verstehe. Und Sie sind verheiratet?“

„Ja, also – nein, also, ich meine, ich habe wirklich jemanden *gesehen*. Ich glaube, er kommt aus dem All.“ Das war die Feuerprobe. Ich beobachtete sorgfältig sein Gesicht, doch der Priester zuckte nicht einmal mit der Wimper.

„Ich bin wahrscheinlich auch aus dem All“, gab er zurück. „Kommen Sie mit, erzählen Sie mir alles.“

„Ok, da ist nur eine Sache“, sagte ich. Er blieb stehen und sah mich an. „Ich werde bestimmt nicht zurück zum Christentum konvertieren oder wieder in die katholische Kirche eintreten.“

„Okay“, sagte er.

„Also versprechen Sie mir, dass Sie nicht versuchen werden, mich zu beschwatzen.“

„Ich verspreche es.“

Eine Stunde später hatte ich die längste Beichte meines Lebens abgegeben. Der Priester urteilte kein einziges Mal über mich und versuchte auch nicht, mich zu überreden, in die Kirche einzutreten. „Wer, denken Sie, ist er?“, fragte ich ihn.

„Ich weiß es nicht“, sagte der Priester, tief in Gedanken versunken.

„Denken Sie, es ist Luzifer?", fragte ich ihn, denn auch wenn ich mich von der römisch-katholischen Kirche entfernt hatte, klangen doch einige ihrer Lehren immer noch in meinen Gedanken nach und beschworen verbliebene Ängste herauf. Und diese Angst war wahrscheinlich das Unerklärlichste von all dem, was hier geschah, denn sie schien einfach alles in mir einzunehmen. Es war eine Angst, die beide Seiten umfasste, Angst vor der Dunkelheit und vor dem Licht.

„Hat er irgendwas von Ihnen verlangt?"

„Ja."

„Und was?"

„Er hat mir gesagt, ich soll Fisch essen."

„Fisch?"

„Ja, ich soll Fisch und Seetang essen."

„Das müssen Sie mir erklären", sagte er. Also erzählte ich ihm in allen Details von der Unterhaltung, die ich mit dem Mann in der Lichtkugel gehabt hatte. Der Priester hörte mir zu und nickte.

„Aber hat er von Ihnen irgendwas verlangt, was Ihre Ehre oder Ihre persönlichen Prinzipien verletzen würde?"

„Oh nein", sagte ich.

„Also würden Sie grundsätzlich sagen, dass er nur gute Dinge sagt – Worte der Liebe und des Heils."

„Ja."

„‚Dann sollst du sie an ihren Früchten erkennen.'"

„Was heißt das?"

"Er ist nicht der Teufel."

„Hab ich dann so eine Art Begegnung der dritten Art?"

„Scheint ganz so."

Pater Yosef bestand darauf, dass wir uns bald wieder treffen sollten, um alles noch gründlicher zu besprechen, und er bat mich, ihn auf dem Laufenden zu halten. Unheimlich erleichtert, von einer Autoritätsperson, die sich auf diesem Gebiet auskannte, gehört zu haben, dass ich doch nicht mit dem Teufel in Kontakt stand, fuhr ich nach Hause. Es würde allerdings noch einige Jahre dauern, bis ich herausfand, dass das Objekt meiner Angst, Luzifer, eine Erfindung des Menschen war und durch menschliche Hand niedergeschrieben wurde. Mit der Zeit lernte ich, dass „Luzifer" nicht einmal existiert hatte, bis die hebräische Bibel ins Lateinische übersetzt wurde. Erst dann erschien Luzifer in Jesaja 14, 12, wo er den Platz des Morgensterns einnahm und schließlich zu einem enormen neuen Dämon wurde, der von der Menschheit gefürchtet war. Die meisten Übersetzungen der Bibel sind zwar inzwischen überarbeitet und korrigiert worden, und die Gestalt Luzifers ist auf den Seiten, in denen er zuerst aufgetaucht war, nicht mehr zu finden. Das allgemeine „Wissen" über einen Dämon aus der Hölle jedoch, das nachklingende übrig gebliebene Wissen von einstigen Lehren und einst Gelerntem, lebt immer noch weiter. Die Information, die ich später einmal entdecken würde, war zu diesem Zeitpunkt aber nicht unbedingt wichtig. Ich war wirklich erleichtert an diesem Oktobernachmittag.

Diese tiefe Erleichterung verstärkte meinen Respekt für den Mann im Licht dermaßen, dass ich aus diesem Respekt heraus leichtsinnig meine nächste Handlung entstehen ließ. Ich telefonierte mit Fred, dem Medizinmann, und in einem Moment gut gemeinter Ergebenheit entschied ich mich, den Mann im Licht als „meinen Meister" zu bezeichnen. Fred war perplex.

„Was meinst du mit ‚Meister'?", sagte er in einem Ton, als würde er Gift ins Telefon spucken.

„So werde ich ihn nennen. Meinen Meister."

„Also, ich hab' keinen Meister."

„Es ist nichts Schlimmes daran, einen Meister zu haben", verteidigte ich meinen Standpunkt. „Es zeugt von Respekt, ergebenem Respekt."

„Schwachsinn! Du erniedrigst dich damit nur. Das klingt wie 'ne faule Ausrede."

„Das ist keine faule Ausrede."

„Na, verlang jedenfalls nie von mir, dass ich ihn als Meister bezeichnen soll. Und außerdem, wenn er von dir verlangt, ihn ‚Meister' zu nennen, dann hat er ein Problem."

Wütend legte ich auf. So würde er nicht über meinen Meister sprechen.

In dieser Nacht wurde ich von einem hellen Licht geweckt, das mir in die Augen schien. Als ich sie öffnete, war ich hocherfreut, meinen Meister vor mir stehen zu sehen. Er schien allerdings nicht besonders glücklich zu sein. Er kam mir in der Tat verärgert vor.

„Hi", sagte ich lächelnd.

„Du bezeichnest mich jetzt als ‚Meister'?", fragte er.

„Ja", sagte ich immer noch grinsend.

„Bitte erklär mir den Grund dafür."

„Naja, du bist wunderschön, und du kommst nicht aus der Hölle. Du bist gut – und ich empfinde unheimlich viel Liebe für dich, und großen Respekt."

Er starrte mich einen Augenblick lang stillschweigend an und sagte schließlich: „Soll ich dann auch beginnen, dich als meinen ‚Meister' zu bezeichnen?"

„Aber nein. Natürlich nicht“, sagte ich. Dieser Gedanke war total lächerlich.

Er verschwand und ließ mich zurück, um die Sache allein auszutüfteln. Es dauerte mindestens noch eine halbe Stunde, bis mir aufging, dass der Meister, egal aus welcher Perspektive ich unseren Wortwechsel auch betrachtete, nicht nur sehr verärgert über mich gewesen war, sondern mich in der Tat gerügt hatte. Und das bedeutete, dass, was auch immer er war, er über die volle Bandbreite dessen verfügte, was wir als menschliche Emotionen bezeichnen. Er war durchaus in der Lage, verstimmt zu sein und diese Verstimmtheit auch zu kommunizieren. Irgendwann schlief ich wieder ein mit dem Gedanken, dass ich wohl einen neuen Namen für ihn finden musste – irgendeinen, nur nicht ‚Meister‘. Vielleicht sollte ich doch besser bei ‚Lehrer‘ bleiben, dachte ich, oder bei ‚Lichtwesen‘.

Am folgenden Morgen, ich war gerade dabei, mir die Haare vor dem Badezimmerspiegel zu bürsten, erschien das Bild des Wesens im Spiegel. Es vermischte sich mit meinem eigenen Spiegelbild, sodass seine Züge sich mit den meinen vereinten, und umgekehrt. Dann war er auf einmal nicht mehr im Spiegel zu sehen, sondern stand direkt neben mir, und wir beide schauten in den Spiegel. Er lächelte. Sein Ärger war verraucht. „Du verstehst doch, dass du eine Kluft zwischen mir und dir selbst entstehen lässt, wenn du mich als ‚Meister‘ bezeichnest“, sagte er. „Und indem du das tust, betrachtest du mich als unnahbar. Wenn du annimmst, dass du meinen Zustand der Liebe nicht erreichen kannst, dann lässt du dich von deinen eigenen Gedanken einsperren. Lass keine Kluft zwischen uns sein, keine Trennung, keine Entfernung. Sei genauso wie ich.“ Es gab keinen Zweifel. Seine Schönheit, seine Demut, seine Ernsthaftigkeit, sein Duft, sein Lächeln, seine Augen, seine Intelligenz, sein Mitgefühl und diese wunderschönen Lichtstrahlen, die von ihm ausgingen – es gab nichts an ihm, was nicht liebenswert war. Ich war dabei, mich in ein Wesen aus Licht zu verlieben. Es wäre wundervoll, genauso wie er zu sein. Ich konnte in der Tat an niemand anderen denken, dem ich lieber hätte gleichen wollen. Doch dies würde eine niemals endende und die höchste aller Herausforderungen sein.

In dieser Nacht schlief ich auf meiner rechten Seite, mit dem Gesicht zur Wand und dem Rücken zum offenen Raum. Diesmal wurde ich nicht von seinem Licht geweckt, weil ich es nicht sah. Ich erwachte, als er eine Begrüßung in mein linkes Ohr flüsterte. Ich war so erschrocken darüber, aufzuwachen und ihn über mich gelehnt vorzufinden, sein Kopf direkt neben dem meinen, dass ich zunächst aufschrie, bevor ich realisierte, dass da nur mein Lehrer stand – mein sehr ruhiger und sanfter Lehrer –, der mich wieder besuchte. Als ich zu ihm aufschaute, sah ich, dass er von äußerster Pein gequält war und sich langsam von mir in einen immer kleiner werdenden leuchtenden Punkt zurückzog, der in weiter Entfernung zu schweben schien. Ich wartete eine Weile darauf, dass er zurückkam, doch als er dies nicht tat, schlief ich wieder ein, diesmal bedacht darauf, auf meiner linken Seite zu liegen, so dass ich mit dem Gesicht zum offenen Raum lag und von seinem Licht geweckt werden würde, wenn er zurückkäme. Nach einer Weile kam er wieder und weckte mich auf die Art und Weise, die mir so vertraut war, durch seine sanften, ihn umgebenden Lichtstrahlen.

Er entschuldigte sich bei mir – viel zu oft dafür, dass er mich eigentlich nur erschreckt hatte. Der Gedanke daran schien ihm Qualen zu bereiten, ganz so, als ob er etwas unbeschreiblich Schlimmes getan hätte.

„Ich wollte dich durch nichts beängstigen", sagte er. „Nichts von alldem sollte dich beängstigen."

„Aber ich hatte keine Angst", erklärte ich ihm. Ich hoffte, dass ich irgendetwas sagen konnte, was ihm seine Schuldgefühle wegen so einer Lappalie nehmen würde. „Ich war nur kurz erschrocken, dass ich dich so nah bei mir vorfand."

Er flüsterte etwas vor sich hin, was sich anhörte wie: „Dictus a deamos presidio proximo anomi contestae didymous non sequitor arani tu quoum segundo a mundo …" Ich schrieb diese Worte später, so gut, wie ich mich an sie erinnern konnte, auf. Ich konnte mich ihrer genauen Reihenfolge nicht entsinnen und wusste nicht, was sie bedeuten. Sie hörten sich an, als wären sie eine Mischung aus mehreren verschiedenen Sprachen.

„Nimm meine Hand", sagte er. „Wir werden einen Spaziergang machen. Ich werde dir eine Liebesgeschichte erzählen." Ich ergriff seine Hand, und wir gingen ins Licht. Innerhalb eines Augenblicks standen wir an dem steinigen Ufer eines großen Wassers. Das Meer fing das Mondlicht auf seiner Oberfläche ein, und wir waren umgeben von niedrig hängenden Wolken warmen Nebels. Ich hatte diesen Strand nie zuvor gesehen.

Das Wesen schritt nach unten und führte mich über die Steine ans Ufer. Dann stellte er sich zwischen mich und den Rand des Wassers hin. Während ich diese Gegend nicht kannte, schien sie ihm sehr vertraut. Ich hielt seine Hand, als wir den Strand entlang liefen. Er sprach darüber, welche Ausmaße das Fällen von Urteilen über andere Menschen hat. Dass alle Fakten aufgedeckt werden müssen, bevor man über einen Menschen überhaupt urteilen sollte, und dass dies für die Menschheit fast unmöglich sei. Die Liebesgeschichte, die er mir erzählte, handelte von Judas. Als er geendet hatte, war ich zu Tränen gerührt und sagte: „Das ist die wunderbarste Geschichte, die ich je gehört habe. Ich kann's kaum abwarten, den Menschen davon zu erzählen."

„Nein", sagte er. „Diese Geschichte soll anderen nicht zu Ohren kommen. Am Morgen wirst du dich an die Geschichte, die ich gerade erzählt habe, nicht erinnern können."

Wir liefen weiter den Strand entlang, manchmal in angenehmem Schweigen, das ich, wie vorherzusehen war, durch meine Fragen unterbrach. Aber er schien ihrer nie müde zu werden. Er schien sie stattdessen willkommen zu heißen und beantwortete jede Frage mit Würde und Geduld. Ich fühlte mich nie unbehaglich oder dumm. Bei den seltenen Gelegenheiten, während deren ich seine Lehren nicht in Frage stellte, fragte er mich ruhig: „Verstehst du?"

In dieser speziellen Nacht konzentrierte er sich hauptsächlich auf das Thema des Nichturteilens und darauf, wie wichtig es ist, nach der vollständigen Wahrheit zu suchen. Als ich am nächsten Morgen erwachte, war ich nicht in der Lage, die Details der Liebesgeschichte in mein Gedächtnis zurückzurufen. Ich konnte mich lediglich daran erinnern, dass es eine wunderschöne Geschichte über Liebe war, dass wir nur Bruchstücke der Wahrheit kennen, was den vermeintlichen Verrat angeht, und dass Urteile, die nur auf bruchstückhafter Wahrheit basieren – oder auch nur Gerüchte in die Welt zu setzen und über die bruchstückhafte Wahrheit zu sprechen –, ganz und gar nicht angebracht waren. Kurz gesagt, er schien mir ruhig und schmerzlos Wege aufzuzeigen, wie ich ein besserer Mensch werden konnte. Im Herzen barg jede seiner Lektionen eine Wahrnehmung und ein tiefes Bewusstsein von Handlungen in sich, und die Motivation, die sich hinter diesem Bewusstsein verbarg, war Liebe. Er lehrte mich, mich selbst zu lieben.

Das Thanksgiving dieses Jahres sollte uns allen in Erinnerung bleiben. Pater Yosef war wieder in der Stadt, und wir luden ihn und meine Eltern für den Nachmittag zu uns ein. Da ich noch immer nur Fisch und der Priester kein rotes Fleisch aß, bereitete ich für uns beide Meeresfrüchte und für alle anderen einen Truthahn vor. Pater Yosef sprach einen nichtkonfessionellen Segen aus, darauf bedacht, meine Einstellung als heidnische Rebellin zu respektieren. Daraufhin sprach ich ein hebräisches Gebet, welches ich mir einmal viele Jahre zuvor eingeprägt hatte. Soweit ich mich erinnern konnte, war es ein Gebet für die Toten. Doch da niemand von uns wirklich wusste, was die Worte bedeuteten, wurde auch niemand durch sie beleidigt, und ich war sicher, dass Gott, wo immer er sich auch befand, sowieso nicht zuhörte. Wir verbrachten einen sehr schönen Nachmittag, der langsam zum Abend überging. Nachdem alle gegangen und die Kinder im Bett waren, zog auch ich mich früh zurück, las noch eine Weile und schlief dann ein.

Ungefähr um Mitternacht wurde ich von einem hellen Licht geweckt, das mir auf die Augen schien. Ich öffnete sie und sah diesmal eine andere Lichtsphäre in meinem Zimmer umherschwirren, direkt über der Schlafzimmertür. Sie war kleiner, mit einem Durchmesser von ungefähr dreißig

Zentimetern. Ihre Erscheinung wechselte von einer goldfarbenen Kugel mit schwarzen Punkten zu einer schwarzen Kugel mit goldenen Punkten und umgekehrt. Ich brauchte einen kurzen Augenblick, um ihre Farben zu erkennen, weil ich die Kugel nur dann klar sehen konnte, wenn ich sie aus den Augenwinkeln betrachtete. Wenn ich sie direkt anschaute, konnte ich sie überhaupt nicht sehen. Ich war total verwirrt. In meinem Zimmer befand sich etwas, das nur gesehen werden konnte, wenn man es nicht anschaute. Dann sprach eine Stimme aus der Kugel zu mir. Obwohl ich nicht in der Lage war, ihre Worte zu verstehen, spürte ich sofort, dass dies die Stimme einer Autoritätsperson war, eines sehr weisen und mächtigen Lehrers, der Stärke und Wissen ausstrahlte. Diesmal durchflutete mich nicht dieses Gefühl von Glückseligkeit und Ruhe, welches die sanft sprechende Stimme des Lehrers in mir erweckte. Er strahlte menschliche Güte aus. Dieses hier, spürte ich, war nicht menschlicher Art. Es strahlte keinerlei menschliche Emotionen aus. Dafür war es aber von einer dermaßen tiefgründigen Weisheit und einem Wissen umgeben, dass mich eine Art panischer Respekt für es erfüllte. Sobald ich den kleinsten Schimmer seines Wissens wahrnahm, dämmerte mir die Erkenntnis meiner eigenen Unwissenheit. Diese Lichtkugel vermittelte mir dieselben Gefühle der Erwartung und des fesselnden Schreckens, wie Joseph sie anfänglich in mir geweckt hatte. Irgendetwas würde mir in den nächsten Augenblicken offenbart werden, und ich konnte mich nirgendwo vor dieser Offenbarung verstecken. Jeden Augenblick würde man mich auf eine Reise mitnehmen, die mich ans Ende aller Reisen führte.

In diesem flackernden und leuchtenden gold-schwarzen

Licht sah ich all meine Unvollkommenheit. Ich sah sie jedoch nicht aus jenem starren Blickwinkel, der mich womöglich mit Scham erfüllt hätte. Meine Unvollkommenheit wurde mir nur in kleinen Dosierungen in mitfühlenden Lichtschimmern vor Augen geführt, die mir erlaubten, sie weiterhin mit einem so weit wie möglich geöffneten Geist und Verstand zu betrachten. Das Ergebnis war ein plötzlich aufkommender Durst nach Wissen, ein plötzlicher Drang, nach der Wahrheit zu suchen, denn in Wirklichkeit trug ich von beidem nur sehr wenig in mir.

Die Stimme aus der Kugel sprach wieder zu mir, und diesmal verstand ich sie.

„Ich bin gekommen, um dir zu zeigen, wo sich Gott versteckt", sagte sie. „Tritt ein." Das verwirrte mich noch mehr.

„Ich kann nicht", sagte ich, bedacht darauf, das Licht nicht direkt anzuschauen. „Ich bin größer als du. Und ich bin hier unten, und du bist da oben, fast an der Decke."

„Tritt ein", sagte die Stimme.

Ganz plötzlich gaben die Gesetze der Erdanziehung nach, und ich fühlte, wie ich zu der kleinen funkelnden Kugel hinaufgezogen wurde. Für einen Moment versuchte ich, dieser Kraft entgegenzuwirken, und hielt mich verzweifelt an meinem Bettlaken fest, als wenn es mein Anker wäre. Das war natürlich sinnlos. Es war ja schließlich auch nicht mein physischer Körper, den es nach oben zog, sondern mein Bewusstsein. Als ich mich der Decke näherte, schaute ich nach unten und sah, dass mein physischer Körper, wieder einmal bewusstlos, sich immer noch wie wild an den Laken festhaltend, sich genau dort befand, wo ich ihn verlassen hatte. Ohne eine weitere Sekunde zu vergeuden, zog es mich mit dem Kopf zuerst in die winzige Kugel hinein.

In ihr befand sich ein Universum. Auch die Stimme hatte eine neue Identität angenommen – eine, die ich absolut nicht sehen konnte, aber ich wusste, dass sie neben mir schwebte. Ich schaute auf die entfernten Galaxien, die sich langsam durch den Weltraum bewegten, umherschwirrten, als ob eine Art Bewusstheit sie zusammenhielte.

„Was siehst du?", fragte mich die Stimme.

„Ich sehe die Anordnung des Universums."

„Was noch?"

„Nichts. Ich kann nicht sehen, wo sich Gott versteckt."

„Suche dir eine Galaxie aus", sagte sie. Ich suchte mir eine winzig kleine Galaxie in der Ferne aus, und die Stimme sagte: „Komm mit mir. Wir werden durch das All zu dieser Galaxie reisen." Wir näherten uns dem Sternenhaufen, und je näher wir ihm kamen, desto größer wurde die Galaxie, bis sie so riesig war, dass ich nur die Sterne dieser einzigen Galaxie erkennen konnte. Die anderen weit entfernten Galaxien waren aus meinem Blickfeld verschwunden. „Suche dir einen Stern aus", sagte die Stimme. Ich wählte den kleinsten Stern in der Ferne aus. „Komm, wir werden durch das All zu diesem Stern reisen." Je mehr wir uns diesem Stern näherten, desto größer wurde auch er, bis er riesengroß vor uns erstrahlte. Er leuchtete heller, als all die anderen schummrig in der Ferne flackernden Sterne. In der Umarmung dieser hell scheinenden Sonne befanden sich Planeten, die in ihrer ganz eigenen ordnungsgemäßen Bahn durchs All sausten. In diesem Sonnensystem gab es sowohl große als auch kleine Planeten. Während sie um ihre Sonne durchs All schwebten, kreisten kleine Monde durchs All um die Planeten.

„Was siehst du?"

„Ich sehe die unglaubliche Schönheit und Anordnung der Galaxien, der Sterne und jetzt auch der Planeten und ihrer Monde."

„Irgendwas anderes?"

„Nein."

„Such dir einen Planeten aus."

Ich suchte mir nicht den kleinsten oder den größten aus. Ich wählte einen ziemlich unscheinbaren Planeten. „Komm", sagte die Stimme.

Wir flogen durchs All auf den bescheidenen Planeten zu, und je näher wir ihm kamen, desto größer wurde er. Er wurde größer und größer, bis er selbst größer als die Sonne, größer als jeder große angrenzende Planet und größer als die gesamte Galaxie war. Die Sonne wurde in der Entfernung kleiner und kleiner, ließ jedoch nicht an Helligkeit nach. Als wir dem Planeten nahe genug waren, um ihn in seiner ganzen Klarheit zu sehen, erkannte ich, dass er eine Atmosphäre, Wolken, Landmassen und sogar glitzernde Meere besaß.

„Was siehst du?"

„Die unglaubliche Schönheit von allem – alle Details."

„Komm mit mir, und wir werden noch näher heranfliegen."

Wir flogen nach unten und begaben uns in die Atmosphäre des Planeten, flogen über einen Ozean und schließlich über ein Stück Land. Unter mir konnte ich gelbes Gras erblicken, das im warmen Atem eines Präriewindes tanzte. Dann sah ich die Ausläufer eines Gebirges. Wir flogen darüber hinweg und näherten uns dem Gebirge selbst. Auf unserer Seite des Gebirges befand sich ein Felsvorsprung. Vage erkannte ich etwas Kleines, sich Bewegendes auf dem Vorsprung.

„Auf diesem Planeten gibt es überall Leben“, rief ich aus.

„Komm, wir werden noch näher herangehen.“

Wir flogen auf den Felsvorsprung zu, und schließlich konnte ich einen Mann erkennen. Es war ein Indianer. Er hatte dort ganz allein, tief in Gedanken versunken, gesessen. Als wir uns über ihm befanden, berührten unsere Schatten den Boden vor ihm. Ich sah, dass wir die Schatten von zwei geflügelten Wesen warfen. Als der Mann unsere Schatten bemerkte, schaute er mit unverkennbarem Erstaunen in den Augen zu uns hoch. Langsam stand er auf. Er breitete seine Arme nach oben aus und entblößte seine Brust.

„Hat er uns erwartet?“

„Er hat lange Zeit gewartet. Komm, wir werden noch näher heranfliegen.“

Wir flogen hinunter, noch näher heran. „Komm, wir fliegen noch näher“, sagte das andere geflügelte Wesen. Wir flogen mit ziemlich großer Geschwindigkeit auf den Mann zu. Je näher wir ihm kamen, desto größer wurde er. Er wuchs und wuchs und war größer als der Berg selbst, den ich nun nicht mehr sehen konnte. Er war größer als der Planet selbst. Alles, was ich sehen konnte, war der Mann. Wir waren ihm gefährlich nah, nahe genug, um ihm in die Augen zu schauen, und in ihnen sah ich schließlich auch unser Spiegelbild. Das eine war ein Adler und das andere ein Spatz.

„Komm!“, sagte der Adler und zog mich zu der Brust des Mannes hinunter. Seine Brust hob sich, und sein Herz klopfte wild in hoffnungsvoller Erwartung dessen, was als Nächstes passieren würde. Er wandte sich nicht von uns ab. Er stand ganz still da und blickte uns und dem kommenden Unbekannten entgegen. Vor Angst, dass wir den Mann jeden

Augenblick tödlich treffen könnten, schrie ich laut auf. Der Adler rief mir in befehlendem Ton zu: „Komm! Wir fliegen noch näher heran." Wir flogen näher und konnten nun nur noch die sich uns entgegenhebende Brust des Mannes sehen. Und plötzlich konnte ich nicht länger erkennen, ob es überhaupt die Brust eines Mannes war, auf die wir zuflogen. Ich sah die Einzelheiten seines Fleisches – Fleisch, das aus Zellen bestand. Und zwischen diesen Zellen befand sich leerer Raum. Wir flogen in den Raum, in die Brust des Mannes hinein, ohne ihn zu verletzen. Weiter ging es. Wir durchflogen die Zellen einer kleinen Ader und befanden uns nun im Blutstrom des Mannes. Hier erlaubte mir der Adler, mich einen Augenblick auszuruhen und mich zu beruhigen. Als ich wieder einigermaßen ruhig war, schaute ich mich um und sah die Blutzellen des Mannes in ihrem taumelnden Fluss dahinschwimmen. Jede einzelne von ihnen war für sich klar und deutlich getrennt von den anderen zu erkennen. Jede einzelne von ihnen war sorgfältig dafür geschaffen worden, ihre Aufgabe, das Leben des Mannes aufrechtzuerhalten, zu erfüllen, obwohl der Mann selbst sich ihrer individuellen Existenz wahrscheinlich gar nicht bewusst war.

„Was siehst du?"

Ich zitterte immer noch. „Ich sehe die unglaublichen Details der Schöpfung. Ich sehe, dass der Schöpfer hier gewesen sein muss, um diese Präzision jeder Zelle zu erschaffen. Aber den Schöpfer selbst kann ich nicht sehen!"

„Wähle eine Blutzelle."

Ich wählte eine der Blutzellen, die den Strom heruntergeschwommen kam.

„Komm, wir werden zu dieser Zelle fliegen."

Wir flogen durch den Raum zu der Zelle. Je näher wir ihr kamen, desto größer wurde sie – sie wurde größer als der Mann, größer als der Planet, auf dem sich der Mann befand, größer als die Galaxie selbst, die den Planeten in sich trug. Und dann konnte ich auf einmal gar keine Blutzelle mehr sehen. Stattdessen konnte ich die Teilchen der Materie erkennen, aus denen die Blutzelle bestand. Zwischen den Teilchen befand sich wieder leerer Raum. Wir durchflogen den Raum, in die Zelle hinein. In ihr befand sich ein Universum. Lichtgalaxien wirbelten durch den endlosen Raum.

„Was siehst du?"

„Ich sehe das Universum", flüsterte ich. „Ich sehe die Schöpfung."

„Was noch?"

„Ich sehe die perfekte Anordnung in den Teilchen der Zellen. Aber den Schöpfer selbst kann ich nicht sehen."

„Was noch?" Er wurde langsam ungeduldig. Ich schaute mich um. Ich hatte ihm bereits alles gesagt, was ich sehen konnte – die Schönheit, die Details. Da war nichts weiter. „Nichts", sagte ich.

„Was siehst du noch?", fragte er forsch. Wieder schaute ich mich verzweifelt um auf der Suche nach dem kleinsten Anzeichen des Schöpfers. Aber er versteckte sich immer noch.

„Ich sehe, dass der Schöpfer hier gewesen sein muss. Ich sehe, was er erschaffen hat. Ich sehe, dass es keinen Anfang und auch kein Ende gibt, aber ansonsten kann ich nur leeren Raum erkennen."

„Und was ist Raum?", fragte er mich.

„Nichts. Er ist unendliche Leere."

„Nun öffne dein Herz, und erhalte die Botschaft, mit der

ich zu dir geschickt wurde", sagte er mit sanfter Stimme, die nicht länger verärgert klang. „Das, wohin wir geflogen sind, das, was die gesamte Schöpfung umgibt, was durch sie hindurchfließt, das, was du als ‚unendliche Leere' bezeichnest, ist der bewusste Geist des Schöpfers. Es ist die Bewusstheit. Du hast dich gefragt, ob deine Gebete gehört werden können. Sieh jetzt, dass dein Herz selbst in dieser Bewusstheit schlägt. Erkenne seine Existenz, seine Gegenwart zum allerersten Mal an."

Am nächsten Morgen erwachte ich mit dem vagen Gefühl, dass ich einen seltsamen Traum hatte, doch ich konnte mich an keine Einzelheiten erinnern. Später am Nachmittag desselben Tages setzte ich mich an den Computer, um Fred einen Brief zu schreiben. Er war wieder umgezogen und wohnte nun noch weiter entfernt als vorher.

„Fred", begann ich den Brief. „Ich fühle mich komisch."

Aus dem Augenwinkel heraus konnte ich in dem Baum draußen vor dem Fenster sehen, wie sich etwas bewegte. Ich drehte mich zum Fenster um und schaute hinaus. In dem Baum saß ein Adler. Er schaute mich an. Ich hatte noch nie zuvor einen solchen Adler gesehen. Sein Gefieder war goldschwarz gesprenkelt, und sein Kopf war weiß, gleich dem Kopf der Krähe in der Wüste. Als ich ihm in die Augen sah, strömte plötzlich jedes einzelne Detail meiner nächtlichen Reise zum Geist des Schöpfers durch meinen Körper.

„Fred", schrieb ich. „Ich habe gesehen, wo sich Gott versteckt." Das war ein guter Briefanfang. Dann schrieb ich weiter: „Er versteckt sich überall, damit wir ihn auch ganz sicher finden."

~ 8 ~

Das große Bewusstsein, sich seiner Unbekanntheit bewusst

Nachdem ich den Brief an Fred beendet hatte, rief ich Pater Yosef an und erzählte ihm, dass es tatsächlich einen Schöpfer gibt und wo er sich aufhält. Er dankte mir für den Anruf. Und dennoch, das Dilemma, die Frage nach der Natur, dem Wesen des Schöpfers, blieb. Ich hatte gesehen, dass sein Auge unbestreitbar auf die feineren Details achtete, dass sein Geist jedes einzelne Teilchen Materie umgab. Doch nichts von alldem hatte mir tatsächlich gezeigt, ob sein bewusster Geist, welcher sich durch die Gesamtheit der Ewigkeit, durch mich, durch alles um uns herum erstreckte und die gesamte Schöpfung verband, ob dieser Geist nun mit urteilenden Gedanken und dem eifersüchtigen Rachedurst erfüllt war, wie es so oft behauptet wurde.

Kurz nach meiner Reise ins All wurde ich wieder zu einer weiteren Gruppe eingeladen, diesmal bei einem Rabbi zu

Hause. Diese Zusammenkunft war ein wenig anders als die vorherigen. Diesmal hatte nicht jeder im Publikum einen Doktortitel. Diesmal war auch eine Studentin eingeladen worden, die noch keinen Abschluss hatte. Sie befand sich noch vor ihrem ersten akademischen Grad. Ich blieb jedoch, so wie auch bei den anderen Malen, diejenige mit dem niedrigsten Bildungsgrad. Diese Gruppe unterschied sich aber noch in einem anderen Detail von den anderen. Die versammelten Männer und Frauen kamen alle aus vielen verschiedenen Ländern aus der ganzen Welt – Holland, China, Frankreich, Indien, Kanada, Jamaika, Aruba und einigen afrikanischen Ländern, um nur ein paar zu nennen. Der Raum war mit einem Regenbogen der unterschiedlichsten Hautfarben und Kulturen gefüllt. Regenbogenfarben. Ein Raum gefüllt mit einem Regenbogen.

Ich bin mir sicher, dass sie nicht wussten, warum ich eine Weile einfach nur dasaß und sie anstarrte. An diesem Tag, als ich in die Gesichter vieler Nationen schaute, verstand ich endlich die Bedeutung des Tanzes des Mitternachtregenbogens. Ein Regenbogen kann nicht nur aus ein oder zwei Farben bestehen, sondern aus vielen, aus den verschiedensten Farben. Ich entschloss mich, dieser Gruppe genau dieselben Dinge zu erzählen, die ich auch den anderen erzählt hatte – nicht mehr und nicht weniger. Ich würde ihnen nichts von meiner kürzlich unternommenen Reise ins Universum erzählen. Mein Publikum schien generell schon genügend Schwierigkeiten mit den einfachsten Botschaften zu haben. Ich war mir nicht sicher, wie und ob sich die Menschen aus Kulturen, mit denen ich nicht vertraut war, mit dem Gedanken einer Reise durchs All anfreunden würden. Das war selbst für mich Neuland. Ich würde nichts davon erwähnen, es sei denn, jemand würde mich spezifisch darum bitten, mehr zu erzählen – etwas, was noch nie jemand getan hatte.

Ich berichtete ihnen also von den Botschaften meines Lehrers und beendete schließlich meinen Vortrag. Dann hob die Studentin ihre Hand. Ich forderte sie auf zu sprechen.

„Gibt es noch etwas anderes, was Sie gesehen haben? Haben Sie kürzlich etwas Neues gesehen, wovon Sie uns erzählen können?"

Das war mein Einsatz. Ich erzählte zum ersten Mal die Geschichte vom Versteck Gottes. Als ich fertig war, herrschte Stille im Raum. Die Studentin hatte ihre Augen geschlossen. Einen kurzen Augenblick überlegte ich, ob ich sie wohl so gelangweilt hatte, dass sie eingeschlafen war. Dann rutschte sie auf einmal von ihrem Stuhl und legte sich in voller Länge auf den Fußboden. Mit ihren Händen bedeckte sie ihr Gesicht, und dann begann sie, aus ihrem tiefsten Innern heftig und herzzerreißend zu schluchzen. Ihre derart tiefe Gerührtheit ließ mir die Tränen in die Augen steigen, und ich bemerkte, dass auch ein paar andere Leute mit den Tränen kämpften. Als das Mädchen wieder in der Lage war zu sprechen, tat sie dies vom Boden aus, auf dem sie liegen blieb. „Ich habe noch nie im Leben gebetet", stieß sie zwischen zwei Atemzügen hervor. Ihr Gesicht war rot und nass, aber um ihr Aussehen schien sie sich in diesem Moment nicht zu kümmern. „Ich habe nie gebetet, weil ich nie wusste, wo Gott ist." Sie atmete ein paar Mal tief durch und wischte sich einige Tränen aus dem Gesicht. Und dann offenbarte sie noch etwas ganz anderes, etwas, was ein sicheres Zeichen dafür war, dass ich nicht der einzige Empfänger von Botschaften war. „Ich hatte heute Nachmittag eigentlich was anderes zu tun", erzählte sie. „Ich hatte Theaterkarten, die ich nicht zurückgeben konnte. Aber etwas hat mir gesagt, dass ich sie verschenken und stattdessen hierher kommen soll. Also hab' ich das getan, und jetzt …" Ihre Worte gingen in erneutem heftigem Schluchzen unter. „Ich hab' mein ganzes Leben lang darauf gewartet, das hier zu hören."

Ihre Worte überwältigten mich. An dem Tag, an dem ich zum ersten Mal die Bedeutung des Regenbogens verstand, verstand ich auch zum ersten Mal die Bedeutung des Namens, der mir einst gegeben worden war. Endlich verstand ich, worüber ich sprechen sollte. Ich würde über nichts sprechen, was aus meiner eigenen Hände Arbeit entstanden war, nichts, worauf ich als Erschaffer oder Autor stolz sein könnte. Ich würde auch nicht wie ein Gelehrter sprechen. Ich würde auf einfache Art und Weise einfache Worte sprechen. Ich würde keine Tiraden loslassen und keine Predigten halten, auch keine akademischen Vorlesungen, keine urteilsgetränkten Moralpredigten. Ich würde ganz einfach das beschreiben, dessen Zeuge ich geworden war, nichts weiter.

Meine Freude darüber, dass endlich einzelne Puzzlestücke des Ganzen ineinanderfielen, wurde abrupt unterbrochen, als ein paar Zuhörer wieder einmal meine Worte zerpflücken und analysieren wollten. Verschiedene Fragen wurden aufgeworfen: „Was bedeutet das alles nun wirklich?" Ich konnte es nicht erklären. Was ich aber tun konnte, war, den Leuten zu erzählen, was ich gesehen und gehört hatte. Ich bemerkte eine Frau, die mir gegenüber ganz besonders argwöhnisch zu sein schien. Sie blitzte mich aus wütend dreinschauenden Augen an. Schließlich hob sie ihre Hand und fing an zu sprechen. „Sie sehen aus, als wenn Sie ein schreckliches Leben gehabt hätten“, sagte sie. Sie war Psychologin, keine US-Amerikanerin. „Sie haben gelitten. Das kann ich an Ihrem Gesicht erkennen“, sagte sie. Ariel mischte sich sofort ein. „Ich finde, dass ihr Gesicht gar nicht danach aussieht.“

Ich war mir nicht sicher, wovon die Psychologin sprach, also zuckte ich nur mit den Schultern und antwortete: „Nein, ich hatte wirklich kein schlechtes Leben. Ich schätze, mein Leben ist eher ziemlich unspektakulär gewesen bis zu dem Zeitpunkt, an dem all das hier angefangen hat.“

„Dann müssen Sie eine schreckliche Kindheit gehabt haben.“

„Nö. Ich hatte eine sehr glückliche Kindheit. Ich hab viele gute Erinnerungen daran.“

„Wollen Sie mir also sagen, dass Sie absolut keine Tragödie oder Ähnliches in Ihrem Leben erfahren haben?“

„Nein, das sag’ ich ja gar nicht. Wir alle machen in unserem Leben einmal Tragödien durch. Ich wuchs auf, als älteste von vier Schwestern. 1982 starb meine sechsundzwanzig Jahre alte Schwester Patty ganz unerwartet. Das war eine Tragödie.“

Damit hatte sie den wunden Punkt gefunden, konzentrierte sich von da an nur auf den Tod meiner Schwester und suchte nach weiteren Tragödien meines Lebens, die ich mich weigerte anzunehmen. Ich war dazu allerdings ganz und gar nicht in der Stimmung. Ich fühlte mich plötzlich erschöpft von dem Gespräch, in dem es statt um die Botschaften, die ich vermitteln sollte, nur noch um mich ging. Und von all den Ereignissen meines Lebens war Pattys Tod wirklich das letzte, über das ich sprechen wollte. Sollte das Gesprächsthema weiterhin in diese Richtung laufen, würden wir uns nicht länger auf das Versteck Gottes konzentrieren, sondern auf die Hölle, denn das war nun der Aufenthaltsort meiner Schwester. Glücklicherweise wurden einige Leute im Publikum schnell dieser öffentlichen Psychoanalyse überdrüssig. Erneute Nachforschungen nach biblischen Hinweisen irgendeiner Art, die meine neue, soeben überbrachte Botschaft bestätigen würden, wurden durchgeführt. Da meine Zuhörer aber nichts dergleichen finden konnten, kamen sie zur folgenden Schlussfolgerung: Weil es meinem neuesten Erfahrungsbericht an jeglicher biblischer Basis und Bestätigung fehlte, konnte er nicht viel wert sein. Wieder wurde ich gefragt, ob ich denke, dass der Lehrer mit den Botschaften Jesus sei, und ich antwortete wieder nachdrücklich, dass ich nicht wisse, wer er ist.

Vollkommen erschöpft verließ ich die Gruppe. In meinem Herzen konnte ich die Stiche der lange vergrabenen, doch soeben bloßgelegten Erinnerungen an Pattys Tod fühlen. Und auch meine immer größer werdende Frustration über die ewige Suche der Leute nach biblischen Beweisen versetzte mir Stiche. Als ich zu meinem Auto ging, hörte ich einen Mann hinter mir meinen Namen rufen. Ich drehte mich um. Es war ein schwarzer, großer, gut aussehender Mann, dessen Haltung fast majestätisch wirkte. Er war in elegantes Weiß gekleidet. Während meiner gesamten Rede und des darauf folgenden Auseinanderrupfens meiner Worte war er still geblieben. Er hatte keinen einzigen Kommentar von sich gegeben. Doch jetzt, wo er neben mir stand, sah ich Tränen in seinen Augen glitzern. Er sprach mit sehr leiser Stimme in einem trällernden Akzent. Ich musste näher an ihn herantreten, um seine Worte zu verstehen. „Ich habe auch das Licht gesehen, von dem Sie sprechen“, sagte er. „Es existiert wirklich. Es ist alles wahr.“ Für einen Moment fiel ein Strahl der Glückseligkeit durch die Wolken. „Ich wusste, dass irgend jemand einmal zu mir kommen würde, um mir zu sagen, dass ich nicht die einzige Person auf Erden bin, die es sieht", sagte ich lächelnd zu ihm. Bisher hatte er sich sehr schwer damit getan, über seine Erfahrungen zu sprechen, denn auch er dachte, dass nur er allein diese Dinge sehen würde. Wir tauschten Telefonnummern aus. Wir waren beide dankbar dafür, dass wir jemanden gefunden hatten, mit dem wir unsere Erlebnisse mit dem Licht austauschen konnten.

Ich kam nach Hause und fand das Haus leer vor. Craig und die Kinder waren einkaufen gefahren. Ich setzte mich hin und betrachtete die letzten bernsteinfarbenen Sonnenstrahlen, die durch die Vorhänge ins Wohnzimmer fielen. Ich dachte über die Ereignisse des Tages nach. Es gab natürlich auch gute Dinge, auf die ich mich hätte konzentrieren können. Doch meine Gedanken gingen immer wieder zurück zu der Erniedrigung und der Angst, welche die Psychologin in mir geweckt hatte. Ich konnte dieses Gefühl einfach nicht loswerden. Ihre Fragen hatten mich so nah wie noch nie zuvor an den Punkt gebracht, an dem ich gezwungen war, öffentlich über die kleinsten Details von Pattys beschämender Tat zu sprechen. Die Sache ging mir einfach zu sehr an die Nieren. Wenn die Sache mit meiner Schwester die Runde machte, würde niemand mehr hören wollen, was ich zu sagen hatte.

Ich saß an diesem kalten Winternachmittag in meinem Wohnzimmer allein mit den Erinnerungen an Patty, deren Stacheln immer noch tief genug in mir steckten, um neuen rohen Schmerz auszulösen, begleitet von der ewigen Frage: „Warum?" Die Schatten des Abends fielen auf mich herab, während ich in meiner Erinnerung die Ereignisse des Tages ihrer Beerdigung nochmals durchlebte. An diesem Tag hatte es vieles gegeben, wofür ich dankbar gewesen war. Zunächst war ich dankbar, dass die Beerdigungszeremonie kurz gehalten wurde. Ich erinnerte mich an das Gebet, das ein Freund vorgetragen hatte. Auch das war kurz gewesen. Der Freund sprach das Gebet, weil kein Geistlicher an ihrem Grab anwesend war. Es war keiner anwesend, weil meine Schwester mutmaßlich durch die schlimmste Art der Sünde gestorben war, die der Hoffnungslosigkeit und Verzweiflung. Obwohl die Handschrift des Abschiedsbriefes nicht der meiner Schwester entsprach und obwohl sie uns keinerlei Hinweise auf ihre Absicht, sich umzubringen, gegeben hatte, war der offizielle Standpunkt, dass sie ihr kurzes Leben mit einem Schuss aus einer .357 Magnum beendet hatte.

Der offizielle Befund jener, die den Fall untersuchten, drückte klar und deutlich aus, dass weder Tote noch der Tod selbst sie länger einschüchtern oder erschrecken konnten. Diese Menschen hatten gelernt, die Toten kalt, ausdruckslos, bar jeder Emotionen zu behandeln. Nur in diesem Zustand konnten sie offizielle Aussagen machen und in beiläufiger Gleichgültigkeit von den Objekten ihrer Untersuchung sprechen. Zuerst wurde Patty – unwiderruflich und unbestreitbar – für tot erklärt. Für mich und meine Familie war dies am schwersten zu begreifen. Meine jüngste Schwester Colleen erfuhr als Erste am Telefon von Pattys Tod. „Das ist nicht möglich. Ich habe gerade erst vor einer Stunde mit ihr gesprochen“, hatte sie abgestritten. Sie begriff nicht, wie sehr sich das Leben eines Menschen innerhalb einer Stunde für immer ändern kann oder, wenn man es genau nimmt, sogar innerhalb einer Minute. Anschließend fuhr Colleen zu meinen Eltern, um ihnen die Nachricht zu überbringen, dass das Gewebe, aus dem ihr Leben gestrickt war, soeben entzweigerissen worden war. Colleen und mein Vater warfen eine Münze. Die Münze sollte bestimmen, wer von ihnen mich benachrichtigen sollte. Meine Mutter gehörte nicht zu den Kandidaten für diese Aufgabe, denn sie war zusammengebrochen und konnte auf gar keinen Fall aufstehen. Die Wahl fiel auf Colleen. „Das ist unmöglich", stritt auch ich ab. Sie weinte hysterisch. „Ich bin sicher, dass da irgendein Fehler vorliegt." Ich sprach weiter und versuchte meine kleine Schwester zu beruhigen. „Es ist alles in Ordnung – sie denken wahrscheinlich nur, dass es Patty ist. Die müssen die falsche Person haben." Ich führte die Diskussion mit ihr so lange weiter, bis mein Vater nach dem Telefonhörer griff und bestätigte, was Colleen mir gerade erzählt hatte. An diesem Tag kam mir kein weißes surrendes Geräusch zu Hilfe, um mich zu retten.

Ich kann mich nicht daran erinnern, wie wir meiner anderen Schwester, Carol, die Nachricht überbrachten, dass auch ihr Leben nun unwiderruflich zerstört war. Ich erinnere mich an gar nichts bis zu dem Zeitpunkt, als ich irgendwie mit dem Flugzeug auf dem Flughafen in Texas landete. Ich weiß, dass jemand Carol angerufen haben muss, denn beide, sie und Colleen, waren da, um mich vom Flughafen abzuholen. Ich erinnere mich, dass der Leichenbeschauer mir in seiner offiziellen Funktion mitteilte, dass er es nicht für nötig hielte, eine Autopsie an Patty durchzuführen, denn: „Es bestand kein Grund, eine durchzuführen. Ich konnte die Todesursache auch so feststellen, indem ich einfach einen Blick auf sie warf." In der Tat. Ein Blick genügte … ein Blick genügte, um die Todesursache festzustellen. Dann rief ein Angestellter der Leichenhalle an und sagte: „Ich hoffe doch mal, dass Sie keine Andacht am offenen Sarg wünschen." Nach und nach begann ich nicht nur zu verstehen, dass sie tot war, sondern auch, dass die Art und Weise ihres Todes nicht gesellschaftsfähig war. „Wissen Sie, was eine .357 Magnum ist?", fragte mich jemand; ein kläglicher Versuch, mich durch eine etwas zu hohe Dosierung in die Realität zurückzuholen, zu hoch, um sie ertragen zu können.

„Nein", antwortete ich.

„Das ist eine Kanone."

Dann wurde Pattys Körper in einen Sarg aus Kiefernholz gelegt, und beides, sowohl der Sarg als auch der Fall, wurde geschlossen.

Die schlimmsten Kommentare waren jedoch die stummen. Sie verfolgten uns, wo wir auch hingingen, in Form von groben, ungehobelten und anschuldigenden Blicken aus unserem Bekanntenkreis und von einigen jener, die wir als unsere Freunde betrachtet hatten. In Sünde zu sterben hatte Patty weit mehr als nur ihr Leben gekostet. Sie hatte ihre Seele verloren. Ihre Überreste waren vielleicht in diesem Kiefernsarg, aber eigentlich war sie in der Hölle. Und diese schändliche Situation verlangte nach Verurteilung und Verachtung, was uns die Frommeren der gesamten überlebenden Familie deutlich zu spüren gaben.

An diesem Tag im Juni saß ich zwischen meinen Schwestern. Sie hatten sich beide quer über meinen Schoß gelegt, und ich hielt sie fest. Vor uns war ein großes Loch in die Erde gegraben worden. Neben dem Loch lag ein genauso großer Haufen Erde. Beide waren gnädigerweise mit synthetischem Kunstrasen bedeckt worden. Ich war dankbar für diesen Rasen. Dankbar dafür, dass ich nicht in dieses Loch schauen musste, um mich mit seinen kalten Einzelheiten vertraut zu machen. Und ich war dankbar dafür, dass meine Eltern auf mich gehört hatten, als ich ihnen sagte, sie sollen zu Hause bleiben. Dass es keinen Grund für sie gab, dies mitzuerleben. Dass die sozialen Verpflichtungen bei Beerdigungen genauso sinnlos und grausam waren wie die Verurteilungen und Verachtungen. Und dass die Beerdigung eines Kindes nichts sei, was Eltern jemals durchmachen sollten. Sie blieben zu Hause und schritten dort den Trauermarsch der am Boden zerstörten Zurückgebliebenen.

Neben dem Erdhügel und dem offenen Grab lag der unvermeidbare Sarg, in dem sich angeblich Pattys Überreste befanden. Auch er war abgedeckt und entzog sich unseren Blicken, und ich war dankbar, dass ich seine hölzernen Splitter nicht sehen musste. Der Kiefernsarg war mit einer Art kunstvollem Mahagonifurnier verziert, welches im letzten Moment entfernt und für eine weitere Beerdigung mit einem Sarg aus Kiefernholz an einem anderen Tag aufbewahrt werden würde. An dem Furnier befanden sich polierte Metallgriffe. Auf dem Weg zum Friedhof hatten wir angehalten, um drei Rosen, gelbe und pinkfarbene Friedensrosen, zu kaufen. Als wir ankamen und die Bühne für den letzten Akt vorbereitet vorfanden, legten wir die Rosen auf die Mahagoniabdeckung des Sarges und setzten uns in die metallenen Klappstühle, die für uns so arrangiert worden waren, dass wir den Erdhaufen, das Grab und den Sarg direkt anschauten. Das Gebet linderte in dem Moment keineswegs meinen starren Schmerz. Stattdessen kam es mir seltsam beunruhigend und gespenstisch vor, fast so beunruhigend wie die Hände und die Stimme unseres Freundes, welche zitterten, als er das Gebet aus einer schwarzen Bibel vorlas. „Und ob ich schon wanderte im finsteren Tal, fürchte ich kein Unglück …“ Im finsteren Tal … im finsteren Tal … In meinen Gedanken schwirrten die Worte und Sätze umher, die mich ganz besonders beunruhigten, obwohl ich nicht mehr in der Lage war, noch weiteres Leid zu empfinden. Dieser Schmerz war bereits zu groß. Ich war wie betäubt. … im finsteren Tal … Dieses Tal hörte sich an, als wenn es gar zu schrecklich sei, als dass man dort wandern wollte. Warum würde auch nur irgendjemand durch dieses finstere Tal wandern wollen?

Ich saß im Wohnzimmer meines Hauses in Florida, durchgerüttelt von diesen schmerzlichen Erinnerungen. Ich war so in meine Erinnerungen an diesen klaren Sommertag vertieft, den Tag, an dem ich zum letzten Mal mein blau-weißes Lieblingskleid trug, den Tag, an dem das Netz, welches unser Leben zusammengehalten hatte, entzweigerissen wurde, den Tag, an dem der grüne synthetische Rasen die Wahrheit des in die Erde gegrabenen Loches verdeckte, das Mahagoni die Wahrheit des Kiefernholzes und die Finsternis ihr allerletztes Tal verdeckte, dass ich die Anwesenheit meines Lehrers im Wohnzimmer gar nicht bemerkte. Er berührte mich an der rechten Schulter, und ich schaute hoch in sein Gesicht und seine Augen. Sie waren mit Schmerz gefüllt. „Finsternis und Schatten kann es nur geben“, flüsterte er, „wenn es auch Licht gibt.“ Dann verschwand er.

Ich rief Pater Yosef an und bat ihn, zu mir zu kommen, damit wir alles besprechen konnten. Er machte sich sofort auf den Weg.

„Natürlich“, sagte er, als wir im Halbdunkel des Wohnzimmers beisammensaßen. „Es überrascht mich gar nicht, dass er das gesagt hat. Er scheint voller Mitgefühl zu sein. Er will dir zeigen, dass, auch wenn die Menschen über deine Schwester gerichtet und sie verdammt haben, Gott so etwas niemals tun würde.“

„Was?“, fragte ich. Das hörte sich ganz und gar nicht wie die typischen Lehren eines katholischen Priesters an. „Ich dachte ‚verdammen‘ und ‚richten‘ gehörten zu deinen Aufgabenbereichen?“

„Das gehört überhaupt nicht zu meinen Aufgabenbereichen“, sagte er. „Der Mensch hat keinerlei Befugnis, keine Macht, über die Beziehung zwischen Gott und dem Menschen zu urteilen. Und er hat ganz bestimmt nicht das Recht, einen anderen Menschen zu verdammen und somit seine Beziehung zu Gott zu beenden.“

„Willst du mir etwa sagen, dass meine Schwester nicht in der Hölle ist?“

„Ja. Wie kann ein Gott der Gnade und des Mitgefühls einer bereits gepeinigten Seele noch weitere Qualen in der Hölle zumuten? Natürlich ist sie nicht in der Hölle. Wenn Emily oder John hinfallen und sich verletzen würden, würdest du sie dann schlagen und noch mehr bestrafen, oder würdest du versuchen, ihren Schmerz zu lindern?“

„Ich würde sie niemals wegen irgendetwas schlagen. Ich würde natürlich versuchen, ihren Schmerz zu lindern. Dafür ist eine Mutter doch da.“

„Na, und glaubst du denn, dass Gottes Mitgefühl weniger göttlich ist als das einer Mutter?“

„Ich weiß nicht.“

„Wir sind Gottes Kinder. Dein Mitgefühl kommt von Ihr."

Pater Yosef ließ mich in einem Zustand wachsender Verwirrung zurück. Zuerst hatte er das Konzept der Hölle total entkräftet. Dann hatte er über Gott als weibliches Wesen gesprochen – und das alles auch noch auf mitfühlende Art und Weise.

In dieser Nacht wurde ich wieder von einem hellen Licht geweckt, das mir ins Gesicht schien. In der Hoffnung, meinen Freund, den Lehrer, vorzufinden, öffnete ich meine Augen. Ich dachte, dass er vielleicht meine Fragen in Bezug auf Mitgefühl contra Rachsucht beantworten könnte. Doch in dieser Nacht kam er nicht zu Besuch. Es war auch nicht der Adler. (Und dafür war ich irgendwie doch dankbar, weil ich mich noch immer nicht ganz von dem eher erschütternden Ausflug erholt hatte.) Ich sah etwas, das einem Engel glich. Augenblicklich wurde ich von einem wohligen Gefühl der Glückseligkeit durchströmt. Das Innere der Brust des Engels war hell erleuchtet und aus seinem glühenden Herzen strömten zu beiden Seiten bogenförmige Lichtstrahlen. Die Lichtbogen wären wohl von jedem erschrockenen Beobachter eines solchen Ereignisses als Flügel bezeichnet worden. Sein Haar hatte eine goldene Farbe, doch sein Herz und seine Flügel waren weiß, sein Gesicht strahlend in lieblichem Glanz. „Komm mit mir, und ich zeige dir etwas Wunderschönes", sagte er. Sein Wesen war ganz und gar nicht „gebieterisch" oder fordernd, wie es der Adler gewesen war. Er war stiller. Dieser Engel glich von seiner Art her eher einem Täubchen. Ich fühlte mich absolut sicher und willigte ein, mit ihm zu gehen.

Im nächsten Augenblick näherten wir uns einer riesengroßen glänzenden Stadt aus Kristall. Wir flogen in die Stadt hinein, und dort sah ich viele andere Engel, deren Erscheinung der des Engels glich, mit dem ich hierhergekommen war. Sie versammelten sich in den Hallen, Sälen, Palästen und Höfen der Stadt. Um uns herum glitzerten Lichter in immer heller werdendem Schein, der aus den kristallenen Wänden funkelte.

„Weißt du, wo wir sind?", fragte er mich.

„Ja. Das hier ist das Haus aller Hoffnungen. Wir sind im Himmel."

Der Engel lächelte. „Dies hier ist ein Abbild des Himmels – ein Teil des Königreichs. Es ist eine sehr kleine Nachbildung, erschaffen als Gleichnis des Himmels, um das Lied des Schöpfers zu beherbergen."

„Es ist so groß", sagte ich.

„Wir kommen gerade rechtzeitig", sagte der Engel zu mir.

„Rechtzeitig zu was?"

Er hob die Hand an seine Lippen und bedeutete mir, zu schweigen. Ich war ganz still. Nachdem die Stille sich in der gesamten Stadt ausgebreitet hatte, hörte ich, wie eine einzelne Stimme zu singen anhob. Das Echo ihres Liedes hallte von den kristallenen Wänden durch die ganze Stadt. Die Engel schienen von Emotionen überwältigt. Einige fingen zu weinen an. Andere begannen zu singen.

„Was ist das für ein Klang?", fragte ich. „Was ist das für ein Lied?"

„Dies ist der Gesang des Schöpfers. Er singt sich selbst ein Liebeslied."

„Der Schöpfer?" Ich war total erstaunt. „Er singt zu sich selbst?"

„Ja. Er singt regelmäßig zu sich selbst."

„Warum?"

„Weil niemand auf Erden mehr zu Ihm singt. Und somit tröstet Er sich selbst mit Seinem eigenen Lied."

Dieses Bild Gottes ging mir einfach nicht in den Kopf. Es war mir unbegreiflich und ähnelte ganz und gar nicht dem eines allmächtigen Gottes. Ich stammelte, nach Worten suchend: „Aber … also, warum verlangt Er nicht einfach, dass man für Ihn singt?"

„So etwas würde Er nie verlangen. Wenn Er das täte, würde Er eines Seiner Geschenke an euch kompromittieren."

„Welches Geschenk?"

„Das des freien Willens. Wenn du nicht aus freien Stücken zu Ihm singen möchtest, singt Er eben selbst zu sich."

Die Stimme klang durch die kristallenen Hallen und füllte sie mit wunderschön widerklingenden Echos. Und plötzlich wurde ich gewahr, dass innerhalb dieses Hauses aller Hoffnung nicht nur die süßeste Musik erklang, sondern auch Demut, Unschuld und das Vertrauen in und der Glaube an die Liebe existierte.

„Alles ist tief in der Liebe und im Mitgefühl verwurzelt, oder?", fragte ich.

„Ja. Es gibt keinen Teil der Schöpfung, der sich nicht nach Liebe sehnt."

Ich weiß nicht, warum das Lied in Worten gesungen wurde, die ich verstand. Ich hätte dieses Liebeslied sogar ohne Worte verstanden. Doch dies waren die Worte, die ich vernahm:

Des Lebens Fluss
Der durch Jerusalem fließt
Dein Name ist Mensch.

Des Menschen Fluss
Der durch Mich fließt
Dein Name ist Liebe.

„Das ist so wunderschön", flüsterte ich. Ich verstand nun, warum die Engel weinten. „Weiß Er, dass ich hier stehe und Ihm zuhöre?"

„Ja. Er ist sich deiner bewusst."

„Aber. Er … Er demütigt sich doch selbst. Ist das nicht erniedrigend für Ihn?"

„Vielleicht möchtest du ja in Sein Lied mit einstimmen?"

„Okay", sagte ich. „Aber, wenn ich anfange zu singen, wird Er dann aufhören?"

„Nein, Er wird mit dir singen, und du wirst Teil Seines Liedes werden."

Die Worte waren sehr einfach, also fing ich an zu singen, so laut ich konnte. Laut genug, dass ich das Echo meiner eigenen Stimme von den Wänden widerhallen hörte, und, so hoffte ich, laut genug, dass Er mich hören konnte.

„Das ist sehr gut", sagte der Engel lachend.

„Glaubst du, Er hat mich gehört?"

„Oh ja, zweifellos."

An dieser Stelle merkte ich, wie Craig mich wach rüttelte. Ich hatte so laut gesungen, dass ich ihn im Wohnzimmer geweckt hatte, wo er eingeschlafen war.

„Ich weiß nicht, was hier gerade passiert ist“, sagte er. „Aber ich hab’ das Gefühl, du solltest besser alles aufschreiben, was du eben gesagt hast.“

„Oh, konntest du Ihn auch singen hören?“, fragte ich ihn mit wild aufgerissenen Augen. „Das war Gott. Er singt sich selbst ein Liebeslied.“

Craig zog sich ganz schnell wieder zurück. Er wollte von alldem nichts hören. Doch ich nahm seinen Rat an, und schrieb die Worte des Liedes auf. Am nächsten Tag konnte ich an nichts anderes denken als an die Ereignisse, deren Zeuge ich nachts zuvor geworden war. Mehrere Male schossen mir an diesem Tag die Tränen in die Augen, wenn ich an diese wunderschönen Klänge und die kristallene Stadt dachte. Mir kamen die Tränen, wenn ich an die einfache Demut des Schöpfers dachte, der sich seiner eigenen Unbekanntheit bewusst war. Mir kamen die Tränen bei dem Gedanken an die goldenen weißen Engel und ihre herrlichen Flügel aus Leidenschaft. Ich ging in die Küche, um mir die Schmetterlingsflügel anzuschauen, die ich auf Anraten meines Lehrers von der Straße aufgesammelt hatte. Verblüfft blieb ich vor dem Behälter stehen. Die Schmetterlingsflügel waren verschwunden, bis auf eine einzige Ausnahme, ein kleines gold-weißes Flügelstückchen.

Ungefähr um zwei Uhr in der folgenden Nacht wurde ich wieder von einem hellen, auf mein Gesicht scheinenden Licht geweckt. Ich schlief, doch im Hintergrund meiner Träume schwebte das aufregende Gefühl großer Erwartungen. Und so erwachte ich sehr schnell, begierig darauf, zu sehen, wer mich in dieser Nacht besuchte. Ich hatte viele Fragen. Es war derselbe Engel wie nachts zuvor. Diesmal sagte er jedoch nicht, dass es etwas für mich zu sehen gebe. Auch er schien in erwartungsvoller Haltung zu sein, gespannt auf meine Fragen. Er fragte mich, was ich gerne sehen würde. Sofort zählte ich ihm all die Dinge auf, die mich so brennend interessierten.

„Ich möchte wissen, wo sich diese Stadt befindet, wo das Abbild des Himmels ist. Und was passiert, wenn wir sterben? Wohin gehen wir? Und diese Stadt – ich will die Stadt der Engel noch einmal sehen."

„Komm mit mir", sagte er lachend.

Innerhalb eines kurzen Augenblicks näherten wir uns ein zweites Mal der kristallenen Stadt, wo der Schöpfer Sein wunderschönes Liebeslied gesungen hatte. Und auch jetzt sang Er gerade sein Lied. Die Engel weinten, und ich begann zu dem Bewusstsein Gottes zu singen, hörte Seine und meine eigene Stimme zusammen von den Wänden der Stadt widerhallen.

„Ich wünschte, ich könnte öfter hierherkommen", sagte ich zu dem Engel.

„Du kannst so oft hierherkommen, wie du möchtest."

„Wirklich? Jeden Tag? Ich möchte das hier jeden Tag erfahren."

„Dann sei es dir erlaubt."

„Heißt das, du wirst jeden Tag zu mir kommen und mich hierherbringen?", fragte ich ihn.

„Du brauchst mich dazu nicht. Du kannst allein hierherkommen. Diese Stadt gehört dir."

„Aber ich weiß doch nicht mal, wo wir sind."

Der Engel lächelte und machte eine Handbewegung nach oben zu den emporragenden kristallenen Wänden, die sich bis in die Ewigkeit auszudehnen schienen. „Betrachte die Stadt der Engel“, sagte er. Dann, immer noch lächelnd, zeigte er auf mich. „Nun betrachte dich selbst. In diesem Moment stehen wir in einer geöffneten Kammer deiner DNA. Dies ist der Ort, wo der Schöpfer sein Lied erklingen lässt.“

Ich kann mich an die Rückreise aus der Stadt nicht erinnern. Ich kann mich nur daran erinnern, dass die Größe dieser Kleinheit für mich so überwältigend war, dass ich in meinem bewussten Zustand die Dinge, deren Zeuge ich wurde, nicht länger ertragen oder verarbeiten konnte. Und somit endete mein Unterricht mitfühlend. In der folgenden Nacht wurde ich von demselben Engel noch einmal geweckt. Er war zurückgekommen, um die restlichen Fragen auf meiner Liste zu beantworten. Dieses Mal besuchten wir nicht die Stadt. Wir machten wieder eine Reise ins All, aber irgendwie sahen die Himmel diesmal anders aus. An mir vorbei flogen Tausende von Sternen. Jeder von ihnen glänzte unterschiedlich hell in einem anderen Licht. Sie kamen aus den verschiedensten Richtungen, und alle rasten sie in unterschiedlicher Geschwindigkeit auf ein gigantisches Licht im Zentrum des Universums zu. „Dies ist die Heilige Segnung“, sagte er. „Es ist die geballte, vereinte reine Liebe.“

„Und die Sterne, die sich darauf zubewegen?“

„Dies sind Seelen, die durch den Geist des Schöpfers zurück in die reinste Quelle der Liebe reisen.“

„Warum sehen sie alle anders aus und fliegen unterschiedlich schnell?“

„Ihr Schein und ihre Schnelligkeit entsprechen ihren Handlungen im Leben. Wenn sie von Freude und Unschuld erfüllt sind, scheinen sie hell und bewegen sich schnell auf das Zentrum der Heiligen Segnung zu, um in sie einzutreten. Aber denen, die mit schweren Bürden beladen sind, fällt es schwer, sich schnell fortzubewegen. Negative Handlungen und Emotionen, hass- und wuterfüllte Gedanken und Taten, wiegen schwer auf ihrer Seele. Sie verdecken den hellen Schein, mit dem jede einzelne Seele geboren wird, und die Bürden zu tragen ist sehr schwer. Während sich jede Seele auf die Heilige Segnung zubewegt, nach der sie sich sehnt, wird sie von der Liebe, der sie sich nähert, gereinigt und von ihren Bürden befreit. Doch manchmal ist das ein langer Prozess. Aus diesem Grund ist es sehr wichtig, für diejenigen, die gestorben sind, zu beten, insbesondere wenn sie sehr schwere Bürden auf ihren Schultern getragen haben."

„Meinst du, wie meine Schwester?"

„Jedem, der mit Bürden stirbt, wird durch deine Gebete geholfen. Du kannst helfen, ihre Last zu erleichtern, ihre Seele zu reinigen. Du kannst ihnen bei ihrer Reise ins Zentrum der Heiligen Segnung helfen, wenn du dich nur mit Liebe erfüllst und für sie betest."

Plötzlich raste ein strahlender Blitz an uns vorbei, der schnurstracks auf das Licht im Zentrum zuflog. „Was war das?", fragte ich.

Der Engel lächelte. „Das war ein Kind."

Die Schönheit der Seele dieses Kindes war unbeschreiblich. Das gesamte Himmelreich schien seine Reise zurück ins Paradies wahrzunehmen.

„Nur Liebe und Schönheit existieren wahrhaftig …", sagte ich, „… und Mitgefühl."

„Ja."

„Und was ist mit der Hölle? Was ist mit den Strafen für unsere Sünden?"

„Wie du gesehen hast, ist die ‚Sünde' ihre ganz eigene Bürde."

„Und die Hölle? Wo ist die Hölle?"

„Die Hölle existiert nur in den Gedanken des Menschen. Hier wirst du sie nicht finden."

„Heißt das, der Schöpfer möchte, dass all die Seelen zu Ihm zurückkommen?"

„Ja, jede einzelne Seele hält ein Teil des Schöpfers selbst in sich – ein Stück der Heiligen Segnung, reiner Liebe. Liebe sucht immer nach Liebe im Universum, und wenn sie Liebe findet, dann findet sie sich selbst, und sie findet Gott. Er würde nie einen Teil Seiner selbst zurückweisen." Aus reiner Neugierde fragte ich, wie Hitlers Seele aussehe, und bekam die Antwort, dass Seelen nicht unter einem Namen bekannt seien, sondern durch ihre Taten.

„Und meine Schwester?"

„Ihre Seele ist erfüllt von Liebe, und sie wird immer heller. Sie befindet sich nun in guten Händen."

Das Universum schien sich nur nach einem einzigen Gesetz zu richten, und das hieß nicht „Schuld und Sühne". Sein Name war, wie mein Lehrer mich bereits gelehrt hatte, „Ursache und Wirkung".

Am 15. Dezember wurde ich vierzig Jahre alt. In dieser Nacht wurde ich wieder einmal von einem hellen, auf mein Gesicht scheinenden Licht geweckt. Ich öffnete die Augen und sah meinen Lehrer, das Lichtwesen, vor mir stehen. Er wartete lächelnd darauf, dass ich aufwachte und ihn entdeckte. „Wirst du mich begleiten?“, fragte er und reichte mir seine Hand. Ich ergriff sie und spürte einen leichten Windhauch und Lichtschein durch meinen Körper strömen. Im nächsten Augenblick standen wir mitten im Universum. Die Galaxien reisten durchs All, ganz nach den Gesetzen der mitfühlenden Bewusstheit, Sterne umarmten Planeten, die Planeten hielten Monde in ihren Armen. Das Universum, das große Bewusstsein kannte und umarmte jedes Teilchen, bis hin zum kleinsten Atom. „Du kannst wählen“, sagte er, mit einer Handbewegung auf das All um uns herum deutend. Ich schaute ihn an und überlegte, ob wir noch einmal die gleiche Reise machen würden, wie ich sie mit dem Adler gemacht hatte. Er erkannte meine Verwirrung.

„Du kannst dir ein Geschenk für dich auswählen.“

„Ein Geschenk?“

„Ja, du kannst wählen, was du möchtest.“

Mir war klar, dass das ein wichtiger Moment war, und für einen Augenblick war ich dankbar, dass meine grundlegende Sorge im Leben nicht mehr meiner Nase galt. „Egal was?“, fragte ich.

„Ja.“

Ich dachte einen Moment nach und sagte dann: „Ich würde gern Menschen heilen können.“

„Bist du dir ganz sicher, dass es das ist, was du möchtest?“

„Ich habe viele Jahre lang wild lebende Tiere geheilt“, sagte ich.

Er nickte zustimmend. „Ja, das hast du.“

„Wenn es also möglich wäre, würde ich jetzt gern Menschen heilen können.“

„Bist du dir sicher, dass es dieses Geschenk ist, welches du für dich wählen möchtest?", fragte er mich ein zweites Mal.

„Ja."

Bei dem, was als Nächstes passierte, spürte ich keinerlei Schmerz. Ich sah, wie sich meine beiden Unterarme von meinem Körper ablösten und ganz allein zu den Sternen hinausschwebten. Sie wurden wurden größer, oder vielleicht wurde ich auch einfach nur kleiner, es spielte keine Rolle mehr. Größe ist lediglich eine Sache der Wahrnehmung und hat keinerlei Bedeutung. Ich sah, wie Sterne in meine Unterarme eintraten und dann in blauen Strömen aus meinen Fingerspitzen wieder hinausschwebten. Dann formten sich meine Hände so zusammen, dass die Handflächen nach oben einen offenen hohlen Raum bildeten. Sie füllten sich mit einem See aus blauem Licht. Dann, den See immer noch in den hohlen Händen haltend, wurden mir meine Unterarme zurückgegeben.

„Es ist vollbracht", sagte er. „Es gibt ein Geheimnis um das Geschenk, welches du dir ausgesucht hast."

„Es gibt ein Geheimnis?"

„Ja, ein großes. Die Gabe, welche du für dich gewählt hast, wird dir nur gegeben, wenn du sie verschenkst. Verteile sie frei unter den Menschen, sodass du sie empfangen kannst."

Dann fand ich mich auf einmal in meinem Schlafzimmer wieder, mit meinen Armen nach oben in die Luft gestreckt. Ein blauer Dunst umgab meine Unterarme und Hände.

Am nächsten Tag fragte ich Pater Yosef, ob wir spazieren gehen könnten, damit ich ihm die neuesten Begebenheiten erzählen konnte. Er willigte ein, und wir machten bei den uralten Grabhügeln einen Spaziergang. Dort erzählte ich ihm auch von meiner neuen Gabe. „Das Problem ist nur", sagte ich, „ich glaube nicht an ‚Heilungen'."

„Das ist in Ordnung", sagte er. „Das spielt keine Rolle."

„Was? Wie soll ich denn Heilungen vollbringen, wenn ich gar nicht an sie glaube?"

„Wunderheilungen hängen nicht davon ab, ob du an sie glaubst oder nicht", sagte er. „Sie geschehen durch das Vertrauen an Gott."

Manchmal hatte er wirklich die bemerkenswerte Fähigkeit, alle Hindernisse aus meinem Weg zu räumen. „Dann haben die Heilungen also nichts mit mir oder meinem Vertrauen in sie zu tun?"

„Das stimmt. Du bist einfach nur der leere Kelch, den Gott füllen wird."

In dieser Nacht wurde ich von Emilys Weinen geweckt. Ich stand auf und ging in ihr Zimmer. „Was ist los, Liebes?", fragte ich sie und setzte mich zu ihr aufs Bett. „Meine Beine", weinte sie. „Sie tun weh." Sie hatte in ihren Beinen Krämpfe, die in der Nacht manchmal auftreten, wenn sich ein Kind im Wachstum befindet. Ich entschloss mich dazu, mein neues Geschenk an ihr auszuprobieren. Ich stand auf und überlegte, ob ich vielleicht irgendeine Art Zeremonie vor der eigentlichen ‚Heilung' durchführen musste. Mir wurde ja schließlich kein Handbuch mitgegeben. Ich legte meine Handinnenflächen zusammen und rieb sie eine Weile aneinander, sozusagen als Aufwärmphase, so wie ich es einmal bei einem Magier gesehen hatte. Dann atmete ich ein paar Mal tief ein und aus, hielt meinen Atem an, konzentrierte mich und füllte mich so gut wie möglich mit den besten Absichten. Anschließend legte ich meine Hände auf ihre Beine. Der gesamte Raum hellte sich auf. Wir waren beide so erschrocken, dass ich meinen Atem nicht länger anhielt, nach Luft schnappte und meine Hände wieder zurückzog. Im Zimmer war es wieder dunkel. Ich legte meine Hände wieder auf ihre Beine, und der Raum wurde wieder in helles Licht getaucht. Ich nahm sie weg, und es wurde Dunkel. Dunkel, hell, dunkel, hell, dunkel, hell. Ich vergaß ganz und gar, mich auf meine guten Absichten zu konzentrieren. Ich war einfach nur von den Socken.

Emilys Augen und Mund waren weit aufgerissen. „Mami, was ist das?"

„Hab keine Angst", sagte ich. „Es ist das Licht Gottes. Er hilft, deine Beine zu heilen." Ich beschloss, dass Craig das hier unbedingt sehen musste, und rannte aus dem Zimmer, um ihn zu wecken. „Das musst du dir ansehen!", sagte ich. Widerwillig folgte er mir in Emilys Zimmer. Ich wusste, dass es jetzt sowieso nicht funktionieren würde, doch als ich meine Hände wieder auf ihre Beine legte, erhellte sich das Zimmer ein weiteres Mal. Ich wiederholte, was ich zuvor mit Emily allein getan hatte, damit er das Hell-dunkel-hell-dunkel-Phänomen sehen konnte. Als ich mit dieser Demonstration fertig und das Zimmer wieder dunkel war, sagte er: „Ich bin sicher, das hat nichts zu bedeuten – ist nur 'ne statische Aufladung." Er beugte sich über Emily und legte seine Hände auf ihre Beine. Der Raum blieb dunkel. Ich legte meine Hände auf sie, und der Raum hellte sich auf.

Hätte ich mich vielleicht nicht so sehr darauf konzentriert, „meine" neuen Fähigkeiten zu demonstrieren, sondern mich darauf besonnen, dass sie eigentlich gar nichts mit mir zu tun hatten, hätte er sich wahrscheinlich nicht so unbedeutend oder klein gefühlt. Er ging aus dem Zimmer und sagte: „Ich weiß nicht, was das zu bedeuten hat, aber was es auch immer ist, ich bin mir sicher, dass es nicht das ist, was du denkst." Ich hätte wahrscheinlich genau dasselbe gesagt, wenn ich an seiner Stelle gewesen wäre. Ich war so mit den visuellen Effekten der Heilung beschäftigt, dass ich ganz und gar vergessen hatte, wofür ich überhaupt zu Emily gekommen war. Doch der Schmerz in ihren Beinen hatte anscheinend aufgehört, und sie schlief wieder ein.

Einige Tage später wurde John ernsthaft krank. Sein Fieber stieg auf 39 Grad, und nachdem er sich mehrere Stunden lang pausenlos übergeben hatte, entschlossen wir uns, ihn zu einem Kinderarzt zu bringen, um untersuchen zu lassen, ob er nicht vielleicht dehydriert war. Während ich John anzog, ging Craig mit Emily ein kurzes Stück im Park spazieren, weil sie den ganzen Tag schon im Haus eingepfercht gewesen war. Ich hatte nicht das Gefühl, dass meine neue Gabe in solch einer ernsthaften Situation etwas bringen würde. Aber sobald ich mit John allein war, beschloss ich, es doch einmal auszuprobieren, nur für den Fall. Ich legte meine Hände auf seinen Kopf, seinen Bauch, seine Beine – ich wusste nicht genau, wo sich der Virus oder die Bakterien versteckten – und er fiel sofort in einen tiefen Schlaf. Nach ungefähr fünf Minuten wachte er wieder auf. Er war vollkommen gesund. Er stand vom Boden auf, ging ins Wohnzimmer und fing an, auf dem Sofa herumzuhüpfen. Als Craig und Emily von ihrem etwa zehnminütigen Ausflug zurückkamen, fanden sie ihn genau so vor. Zum allerersten Mal war Craig sichtbar von den Socken.

„Hast du eine deiner ‚Heilungen' an ihm ausgeführt?"

„Ja."

„Na, ich schätze, dann geht hier wohl wirklich was Eigenartiges vor sich."

Das war eines der wenigen Male, bei denen er zugab, dass wir tatsächlich von seltsamen Dingen umgeben waren. Die meiste Zeit fühlte er sich jedoch wohler damit, der Logischere und Vernünftigere von uns beiden zu bleiben, so wie es immer gewesen war. Es würde noch einige Jahre dauern, bis ich verstand, dass sein gesunder Skeptizismus nicht nur eine ganz normale menschliche Reaktion auf die Ereignisse war, sondern dass es genau die Lektion war, die ich in der Zeit, die wir miteinander verbrachten, lernen sollte.

~ 9 ~

Umbrüche

(Können wir bitte alles rückgängig machen?)

Bei allem, was ich bisher gesehen hatte, spürte ich nun eine ganz eigene Bürde auf meinen Schultern lasten, eine ganz andere als die der Sünde. Es war ein überwältigendes und unerwartetes Gefühl, das irgendwie aus dem Nichts zu kommen schien und in mir einen bangen, ängstlichen Eindruck hinterließ. Was als eher unterhaltsame Begegnungen mit mehreren indianischen Geistern und ihrem Begleiter, einem Lehrer aus dem All, angefangen hatte, geriet nun mehr und mehr außer Kontrolle. Genau wie Craig es am Tag des Erwachens vorhergesagt hatte, die Sache beherrschte nicht nur einen Teil meines Lebens. Ich machte in Gedanken einen kurzen Vorher-nachher-Vergleich und musste feststellen, dass es mein Leben *komplett* beherrschte. Ich musste sofort die erforderlichen Gegenmaßnahmen treffen. Ich entschied, dass es schließlich an der Zeit war, dass diese ganze Sache ein Ende nahm, damit ich endlich zu meinem Leben als ganz normale

Person zurückkehren konnte. Zu meinem persönlichen Unbehagen gesellten sich noch zusätzlich ein Gefühl der Isolation und neu aufkommende Fragen über Ketzerei. Je mehr ich sah, desto mehr schien das, was ich zu erzählen hatte, den traditionellen Lehren zu widersprechen. In früheren Zeiten hätten mir meine Worte einen spektakulären und glühend feurigen Abgang aus diesem Leben verschafft.

Ich sprach zu einer letzten Gruppe von Leuten. Bei diesem Treffen erklärte mir schließlich ein Mitglied dieser Gruppe, dass es gar nicht sein kann, dass ich diese Dinge sehe und erfahre, da es einer einzelnen Person nicht gestattet sei, persönliche Erkenntnis zu erlangen. Daraufhin sagte ich, bis auf die Knochen frustriert, alle weiteren Termine, bei denen ich vor Leuten sprechen sollte, ab. Ich war die Einzige, die an das, was ich gesehen hatte, wirklich glaubte. Wie konnte ich auch nicht an etwas glauben, dessen Zeuge ich mit meinen eigenen Augen wurde? Ich allein fand Trost in der Erkenntnis, dass der Mensch das Konzept des Urteilens über andere allein für sich reserviert hatte und dass das Bewusstsein des Universums nicht aus Rachsucht, sondern aus tiefem Mitgefühl bestand. Doch ich wollte einfach nicht mehr allein dastehen. Ich war überrascht, verblüfft und verwirrt. Ich fühlte mich überhaupt nicht mehr auf der Höhe. Ich hatte nicht nur genug gehört und gesehen, ich hatte viel zu viel gehört und gesehen. Pater Yosef war unterwegs auf Missionarsarbeit in Belize, aber ich rief ihn trotzdem an, um ihm meine Beschwerde vorzubringen. Er hob sofort nach dem ersten Klingeln ab.

„Ich hab' genug gesehen", sagte ich, nachdem ich ihn über die letzten Ereignisse informiert hatte. „Ich will nichts mehr sehen."

„Was willst du damit sagen?"

„Ich will, dass das alles aufhört. Ich hab genug, und ich will keine Visionen mehr haben. Ich will, dass es aufhört."

„Aber wurden dir die Visionen nicht aus Mitgefühl geschickt, um deine eigenen Fragen zu beantworten?", fragte er mich.

„Ja, aber jetzt will ich, dass all das aufhört."

„Aufhören?", sagte er, und dann brüllte er mich an. „Ich hab' noch nie im Leben sowas Undankbares gehört! Weißt du eigentlich, dass es Leute gibt, die sterben würden, ihr Leben aufgeben würden, um das zu sehen, was du sehen kannst?"

„Ich bin gestorben!", brüllte ich zurück. „Mein Leben, so wie ich es kannte, ist vorbei! Ich will es zurückhaben. Ich will nichts mehr sehen, und ich will auch keine Lichter mehr sehen."

„Das ist 'ne Miesmacherhaltung", schrie er ins Telefon. Dann beruhigte er sich. „Schau mal, du gehst einfach nur durch eine Phase des Umbruchs, der Veränderungen. Okay, dein Leben hat sich verändert, und ja, du fühlst dich grad nicht wohl damit. Aber das ist doch ganz normal, wenn man Veränderungen durchmacht. Das geht vorbei. Bald wirst du dich daran gewöhnt haben. Ich versprech's dir."

„Wie bald?"

„Ich weiß nicht. Vielleicht in ein paar Wochen, vielleicht in ein paar Monaten."

„Und werd' ich dann wieder normal sein?"

„Meinst du, ob du wieder die Person sein wirst, die du vorher warst, bevor all dies passiert ist?"

„Ja", sagte ich.

„Nein", antwortete er. „Du wirst nie mehr zu diesem alten

Leben zurückkehren können. Die Person, die du damals warst, existiert nicht mehr. Das ist jetzt dein neues Ich."

Ich hängte einfach den Telefonhörer ein, aus Protest gegen diesen wertlosen Rat, den mir Pater Yosef gab. Dann rief ich Fred, den Medizinmann an. Ich trug ihm sozusagen dieselben Beschwerden vor, um zu sehen, ob er vielleicht irgendwelche Kräuter oder Sprechgesänge kannte, die mich wieder in mein altes Ich zurückverwandeln könnten; in die Person, die ich vor der Erkenntnis war, dass Gott ein Liebeslied in unserer DNA sang, vor all den Lichtern. Fred war noch viel schlimmer als Pater Yosef und ganz und gar nicht verständnisvoll. Er lachte. „Du willst, dass es aufhört? Waa-haa-haasss??? Das ist echt gut. Haahahahahahaha. Sowas kannst du nicht einfach abstellen." Er lachte so herzlich, dass ich mir sicher war, dass Tränen über seine Wangen liefen. Diese Art Lachanfall hatte ich schon ein paar Mal miterlebt.

„Aber es muss doch etwas geben, was ich dagegen tun kann", sagte ich.

„Nöö", sagte er. Er musste nach Luft schnappen. „Es wird höchstens noch schlimmer werden", fügte er hinzu, kaum in der Lage irgendein Wort rauszubringen, bevor der nächste Lachanfall über ihn kam. Das war ganz und gar nicht das, was ich hören wollte. Ich hängte den Telefonhörer wieder ein, so wie ich es zuvor bei Pater Yosef getan hatte.

Ich war völlig überwältigt von dem Gefühl, mich in meinem eigenen Leben wie eine Aussätzige, eine Fremde zu fühlen. Und ich empfand echte, tiefe Trauer über den Verlust der Frau, die ich einst gewesen war und nie wieder sein würde. Ich ging in mein Zimmer, während die Kinder ihren Mittagsschlaf hielten, und beweinte meinen persönlichen Zustand unerträglicher Qualen und Einsamkeit. Nachdem ich mich ausgeweint hatte, fühlte ich mich jedoch keineswegs besser. Auch am nächsten Tag nicht. Ganz im Gegenteil, mir ging es immer schlechter. Mein eigenes bizarres Leben verursachte mir Schwindelgefühle. Das Gefühl der Einsamkeit und Isolation grub sich bis zum Grad der Betäubung tief in mich ein. In den folgenden Tagen hatte ich entsetzliche Panikattacken, während deren mein gesamtes Limbisches System in mir zu schreien schien: „Renn um dein Leben!“ Jede Attacke zwang mich dazu, meinen ganzen Willen zusammenzunehmen und diesem Drang zu widerstehen.

Eines Tages im Februar 1989, ich machte mal wieder einen der sonst so friedvollen Ausflüge nach St. Marks, konnte ich diesen drohend gellenden Schrei dermaßen laut in mir vernehmen, dass ich das Auto anhielt, raussprang und – den Anweisungen meiner inneren Panik folgend – zu rennen anfing. Nach ein paar Metern konnte meine Vernunft sich über das kreischende Chaos meiner Panik hinwegsetzen: „Wovor genau rennst du eigentlich davon?“ So wie der Esel immer der Karotte hinterherrennt, die er eigentlich an einem an ihm selbst befestigten Stock vor seiner Nase herträgt, so war doch auch alles, wovor ich wegrannte, in mir selbst verankert.

Im frühen März überkam mich die nächste heftige limbische Rebellion, diesmal während einer gemütlichen Tour, die ich mit meiner Mutter auf einem Boot mit gläsernem Boden unternahm. Weil sie meine Mutter ist und daher mit meinem normalen Erscheinungsbild vertraut, bemerkte sie augenblicklich, dass ich mich absolut nicht wohl fühlte. Meine Augen schwollen an, und meine Kehle war wie zugeschnürt. Schweiß rann mir über das Gesicht, und ich machte mich bereit, über Bord zu springen. Sie beugte sich zu mir rüber und flüsterte mir ruhig zu: „Du hast wieder eine Panikattacke, oder?“

„Mmhmmm.“ Ich nickte und starrte dabei sehnsüchtig auf das Wasser.

„Du wirst doch nicht etwa springen, oder?“, flüsterte sie und schüttelte dabei in einem mütterlichen „Nein, nein, nein“ den Kopf. Ich war überhaupt nicht in der Lage zu antworten, und so zuckte ich mit den Schultern.

„Spring nicht, okay? In ein paar Minuten geht's dir besser.“

An den Rest der Fahrt kann ich mich nicht erinnern, doch als wir wieder am Ufer anlegten, war ich immer noch an Bord. Ich ging schnell zur nächsten Toilette und übergab mich.

Dieser Vorfall überzeugte mich schließlich, dass ich professionelle Hilfe brauchte, und da ich dachte, dass diese Aufgabe einfach zu schwer für nur einen einzigen Profi war, suchte ich mir zwei Psychiater und einen Psychologen. In ihren Praxen machte ich nicht nur einmal, sondern wiederholte Male so ziemlich jeden, so kam es mir jedenfalls vor, Persönlichkeitstest und andere diverse Tests, die der Menschheit bekannt sind. Aber am allerwichtigsten war: Ich redete. Ich erzählte ihnen, was ich Fred und dem Priester erzählt hatte – dass ich einfach zu viel gesehen hatte. Die Ergebnisse der Tests zeigten, dass ich weder verrückt noch wahnhaft war und – zur Überraschung fast aller Beteiligten – dass ich über meine Erfahrungen die Wahrheit sagte. Irgendetwas war passiert. An dem Tag, an dem er die Testergebnisse erhielt, saß der erste Psychiater an seinem Schreibtisch und weinte. „Können Sie mir mehr erzählen?“, fragte er mich. Das tat ich gerne. Wir machten einen Termin aus, und ich nahm mir alle Zeit der Welt, um ihm alles zu erzählen. Manchmal saßen wir beide da und weinten über die einfachen und doch so mitfühlenden Botschaften. Er verschrieb mir zwei Medikamente, die ich vorübergehend gegen die entsetzlichen Panikattacken einnehmen sollte. Sie wirkten sofort und waren sehr effektiv. Der zweite Psychiater wollte mich hypnotisieren, um noch tiefer liegende Details herauszufinden, besonders über die Geschichte mit Judas. Da mir mein Lehrer jedoch vorher gesagt hatte, dass diese Details nicht besprochen werden sollten, willigte ich zu dieser Prozedur nicht ein. Der Psychologe wollte zu mir nach Hause kommen und sich an denselben Platz stellen, an dem der Lehrer gestanden hatte. Das erlaubte ich. Diese drei Herren haben mir unheimlich geholfen. Ich war um einiges erleichtert. Doch ich fühlte mich immer noch wie eine Fremde in meinem eigenen Leben, und mein Gefühl der Ausgrenzung und Isolation wurde weiterhin stärker.

Einige Tage nachdem ich erfahren hatte, dass ich nicht verrückt war, erfüllte sich das Zimmer mit dem Duft des Lehrers, und kurz darauf fielen mehrere weiße Steine auf den Fußboden. Er schaute mich aus seinen mitfühlenden Augen an.

„Ich fühl' mich wie eine Aussätzige“, sagte ich, in Tränen aufgelöst.

„Nimm meine Hand“, sagte er ruhig „und ich werde dir zeigen, dass es im Paradies keine Aussätzigen gibt.“

Ich ergriff seine Hand und empfing augenblicklich ein Gefühl des Wohlseins und der Kraft von jener Quelle, über die ich zuvor Fred und Pater Yosef informiert hatte, dass ich sie nie wiedersehen wolle. Es war eine sehr verwirrende, mühselige und quälende Zeit für mich. „Komm mit mir", sagte er. „Wir machen einen Spaziergang." Wir gingen hinaus in den Vorgarten. Es war ein kühler Tag, doch die Pastellfarben des Frühlings schimmerten, und die ersten Sprossen waren bereits zu sehen. Das Leben regte sich wieder und erwachte aus seinem Winterschlaf.

Der Lehrer lenkte meine Aufmerksamkeit auf die Überreste eines winzigen Dramas, an dem an irgendeinem Zeitpunkt im Sommer des vergangenen Jahres das gesamte Universum beteiligt gewesen war. Das war der Sommer, in dem ich das Maisfeld gepflanzt hatte und in die Wüste gereist war. Jetzt schienen mir diese Ereignisse eine Ewigkeit her zu sein. An einem Gartenzaunpfahl hing, sich krampfhaft festhaltend, mit fleischlosen, staksigen Beinen, die vertrocknete Hülle einer Zikadenpuppe. Wie diese äußerst zerbrechliche Haut dort so lange Zeit unversehrt geblieben war, blieb mir ein Rätsel. Es war ganz so, als ob sie dort auf den Lehrer gewartete hätte, damit er sie findet. In meinem Kopf begann sich ein Drama zu entfalten. Der Lehrer war still, als ob sich genau dasselbe vor seinem inneren Auge abspielte.

Am ersten Tag, der warm genug gewesen war, dass die Erde die Strahlen der Sonne in ihrem schwarzen und feuchten Boden einfangen konnte, vollzog sich eine bedeutende Metamorphose. Der warme Lehm der Erde rekelte sich, vom lauten Ruf des Lebens wachgerüttelt. An diesem Tag war derselbe Ruf auch zur Zikade vorgedrungen und forderte sie auf, sich aus dem Boden zu erheben, wo sie in dunkler Stille siebzehn Jahre lang geschlafen hatte. Ich konnte mich noch gut an die Klänge dieses Sommers erinnern, das dröhnende Brummen und Summen der Zikaden. Sie waren ein Teil des sommerlichen Liebesliedes gewesen. Die Serenaden der Vögel hatten sich wunderbar mit den Tönen der kleineren Piepser und anderen Liebenden in den Baumwipfeln vereint. Jedes kleinste Detail schien nach Aufmerksamkeit zu schreien, ganz so, als wollten sie sagen, dass die einzige wahre Sünde jene sei, hier, an diesem Ort vorbeizugehen und sich seiner Liebe, der Liebe überhaupt, nicht bewusst zu sein.

Diesen Ruf des Lebens muss die Zikade an solch einem Tag gehört haben. Sie wird aus ihrer dunklen Kammer unter der Erdoberfläche hervorgekrochen sein, ins Licht hinaus, welches sie nie zuvor erblickt hatte. Dann wird sie sich ihren Weg durch den Garten gebahnt haben, auf der Suche nach etwas, nicht genau wissend, wonach sie eigentlich suchte, und dennoch würde sie nicht aufgeben. Dann wird sie den Zaunpfahl entdeckt haben, ist an ihm einige Zentimeter emporgekrochen, zufrieden, dass sie nun der Sonne ein kleines Stückchen näher kam. Vielleicht hatte sie sich ausgeruht, nachdem sie den ganzen Weg bis hierher hinter sich gebracht hatte. Und immer noch wartete sie auf das Unbekannte. Und dann kam es zu ihr. Es kam und teilte sie in der ganzen Länge ihres Lebens entzwei. Es zerbrach ihren Panzer in einem scheinbar endgültigen Todesstoß. Doch ich wusste, dass es in diesem Drama, dessen Geschichte in diesem Moment in meinen Gedanken erzählt wurde, nicht um den Tod ging. Dieses Drama erzählte von der niemals endenden Reise des Lebens. Das Unbekannte hatte die Zikade nicht getötet. Es hatte ihr eine Tür geöffnet – eine Tür, die ihr den Weg in die Freiheit zeigen würde. Der Panzer, der sie einst getragen hatte, war nun geöffnet, und die Zikade konnte in ihre Freiheit hinaustreten. Geisterhaft und blass muss sie sich aus dem nun nutzlosen Panzer herausgezogen haben. Nur die Sonne half ihr bei ihrer eigenen Geburt in ein neues Leben. Die Sonne war es auch, die anschließend ihre Tränen und die Flüssigkeiten der gerade vollendeten Geburt trocknete, ganz sanft und vorsichtig, denn sie war ein unverkennbares Werk Gottes. Dann muss sie ihre Flügel ausgebreitet haben, und auch diese wurden getrocknet. Ihre Blässe ist fluoreszierenden Farben und einfallsreichen, schönen Mustern gewichen, wie sie nur der Geist des Schöpfers erschaffen kann, welcher nicht einmal in all ihren siebzehn Jahren der Dunkelheit – nicht ein einziges Mal – aufgehört hatte, an die Zikade zu denken, welcher all die Zeit gewartet hatte, um ihr Lied zu hören. Nun vollkommen getrocknet, wird die Zikade hoch in den Baumwipfel geflogen sein, um dort ihren Liebsten zu treffen, der nach ihr rief, der auf sie wartete. Ihr leerer Panzer blieb zurück. Er würde sich fest an den Zaunpfahl klammern, noch lange Zeit, nachdem das Leben, welches er einst getragen hatte, bereits entflogen war. Zur rechten Zeit würde der Panzer vielleicht von einem kleinen Jungen oder einem kleinen Mädchen auf der Suche nach Mysterien der Natur entdeckt werden. Vielleicht würde er einer Sammlung von kleinen Schätzen beigefügt werden, von jemandem, der nicht wusste, dass er nur einen Panzer in der Hand hielt, der richtige Schatz jedoch ganz woanders sein Liebeslied sang. Die Erde tanzte zu dem Gesang des Lebens. Es waren die Klänge der Ewigkeit, ein notwendiger Gesang, der einer verwundbaren geisterhaften Seele Kraft und Mut schenken sollte, hervorzutreten und im Licht zu stehen – damit sie die Liebe kennenlernen konnte.

Ich schaute zu meinem Lehrer hoch. Er sah nicht mehr länger auf den Panzer der Zikade, sondern sah jetzt mich an. „Die Zikade, die einst in der Dunkelheit lebte, lebt nun im Licht“, sagte ich. „Sie kann nicht in ihren alten Panzer zurückkehren, weil dieser sie nicht länger halten kann.“ Er lächelte. Er hatte mir all dies gezeigt, ohne ein einziges Wort zu sprechen. Ein Jahr zuvor hatte ich dadurch in meiner Einsamkeit Trost gefunden, dass ich mich in ein Maisfeld setzte. Die Bedürfnisse des Maises waren ein Spiegelbild meiner eigenen Bedürfnisse gewesen, und ich hatte erkannt, dass die Maispflanzen meine Schwestern waren. Und nun fand ich Trost in der Metamorphose der Zikade. In ihrer Reise erkannte ich meine eigene wieder. Ich war nicht allein. Ich war nie allein gewesen. Als Kind des Universums war ich wieder einmal von meinen Verwandten umgeben.

In jener Zeit, in der ich auf diese ersehnte wohltuende innere Akzeptanz der Ereignisse wartete, die mir Pater Yosef prophezeit hatte, hatte ich mich oft dazu hingezogen gefühlt, die weißen Steine und die Tonscherben in meinen Händen zu halten. Sie fielen weiterhin aus der Luft. Eines Tages beobachtete mich Emily dabei, wie ich eine Handvoll Steine aus dem Lakota-Kästchen nahm. Sie saß eine Weile neben mir auf der Couch, ohne einen Kommentar abzugeben oder eine Frage zu stellen, während ich die Steine in meinen beiden Handflächen hielt. Ich nahm an, dass sie in diesem stillen Moment in ihre eigenen Gedanken versunken war.

„Ich weiß, was sie bedeuten, Mami“, sagte sie, nachdem einige Minuten verstrichen waren.

„Die Steine?“, fragte ich.

Sie nickte. Ich hätte wissen müssen, dass sie ihre Bedeutung kannte – sie hatte sie wahrscheinlich immer gekannt. „Es sind Wegweiser zu Gott.“

~ 10 ~

Unter jedem anderen Namen

Im April 1989 bekam ich häufiger während des Tages Besuch von meinem Lehrer. Ich verspürte eine ganz leichte, unterschwellige Unbehaglichkeit. Manchmal schaute ich von einem Buch oder einer Handarbeit auf und sah ihn vor mir stehen, wie er mich still beobachtete. Dann fragte ich mich, wie lange er dort wohl schon gestanden hatte, ohne ein einziges Wort zu sagen, und warum. Andere Male kam er zu mir mit dem Bedürfnis, mir Fragen zu stellen zu den verschiedensten Aktivitäten, mit denen sich der Mensch manchmal beschäftigt. Eines Nachmittags, ich saß gerade im Wohnzimmer und las ein Buch über die Suche des Menschen nach dem Heiligen Gral, schaute ich auf und sah, dass er mich beobachtete. An diesem Nachmittag lächelte er. Es tat gut, ihn lächeln zu sehen.

„Was ist der ‚Heilige Gral'?", fragte er mich.

„Naja, ich bin mir nicht sicher. Ich denke, es ist ein Kelch."

„Oh, dann ist es ein Behälter?"

„Ja, vielleicht – eine Art Gefäß. Aber ich bin mir nicht sicher."

„Warum hält es der Mensch für nötig, immer weiter den Schmutz zu durchsieben auf der Suche nach einem Kelch?", fragte er mich.

„Ich weiß es nicht. Er besitzt wahrscheinlich einen großen Wert. Er wird eine Menge Geld Wert sein."

„Sie werden ihn nicht im Schmutz finden", sagte er. „Wenn ihr einen solchen Kelch finden möchtet, schaut euch gegenseitig in die Augen."

Am Nachmittag des folgenden Tages kam er wieder. „Warum fastest du in meiner Gegenwart?", fragte er mich. Ich hatte für einige Tage pro Woche gefastet; etwas, was ich seit einiger Zeit regelmäßig tat. „Weil es gut ist, zu leiden", erklärte ich. „Es hilft uns, in der Gegenwart Gottes würdiger zu erscheinen." Das war eine der noch nachklingenden Lektionen, die sich immer noch in meinen Gedanken versteckten, trotz all der Dinge, die ich erlebt hatte. Ihre Wurzeln lagen im Schulunterricht, während dessen man uns über die Freuden des Märtyrertums aufgeklärt hatte. Diese Wurzeln waren ziemlich tief verankert. Er lachte laut auf. Gleich würde er mir eine weitere Lektion erteilen.

„Das Göttliche Bewusstsein erschafft euer Fleisch nicht in der Hoffnung, dass ihr es abnutzt oder tötet. Es ist durchaus gut, manchmal freudvoll zu fasten, aber es ist auch gut, ein freudiges Festmahl zu nehmen. Ihr seid aus Fleisch geschaffen, und in diesem Sinne sollt ihr euch nicht all das verweigern, was innerhalb des fleischlichen Königreiches erschaffen wurde."

„Aber du hast mir doch gesagt, ich soll fasten.“

„Faste, jedoch nicht extrem. Genieße, jedoch nicht bis zum Äußersten. Die Gesetze von Ursache und Wirkung erstrecken sich in beide Richtungen. Habe teil am Leben in Vernunft und Selbstbeherrschung. Das wichtigste Element des Lebens ist die Freude.“

Am nächsten Tag kam er, ein liebliches Lied singend, zurück. Es war ein Lied über die Menschheit.

Du bist alles, was heilig ist.
Hervorgerufen aus der Vergangenheit
Um in der Gegenwart zu verweilen
Und du hältst in deinen Händen
Die Zukunft.
Du wirst gerufen
Auf dem Thron der Ehre Platz zu nehmen
An der Tafel des großen Schmauses.

Auch andere Wesen fanden ihren Weg zu mir während dieses äußerst turbulenten Monats April. Einige haben mir seltsame Botschaften übermittelt, deren Bedeutung ich bis heute nicht verstanden habe. Eines Nachts wurde ich von einem Mann geweckt, der durch mein Zimmer brüllte: „Rameses kannte es.“ Ich öffnete meine Augen und sah einen großen, muskulären, älteren Herren mit schulterlangem Haar vor mir stehen. Er war eher unüblich gekleidet. Er trug ein weißes Gewand, welches seine rechte Schulter bedeckte, an seiner Hüfte zusammengebunden war und dann auf den Boden hinabfiel. Die linke Seite seiner Brust war entblößt. In seiner rechten Hand hielt er einen langen goldfarbenen Stab. Am oberen Ende des Stabes befand sich ein schimmernder Dreizack. Er hatte eine sehr laute Stimme, mit der er seinen einführenden Kommentar wiederholte: „Rameses kannte es." (Er sprach den Namen ungefähr so aus: „R-r-r-r-AHM-ess-eez", indem er das ‚R' stark rollte.)

Ich fragte: „Was kannte er?"

„Das Geheimnis der Triade", antwortete er mir ungeduldig, als ob ich die Einzige wäre, die noch nie etwas davon gehört hatte. „Ich bin hier, um dir das mathematische Geheimnis zu überbringen."

„Also, herzlichen Dank. Aber ich denke, Sie haben sich die Falsche ausgesucht", sagte ich. „Ich hab' keine Ahnung von Mathematik."

„Egal. Ich werde es dir trotzdem geben. Ich kann es ja wiederholen, wenn nötig. Du wirst es aufschreiben müssen." Er sagte, es habe mit der Vollkommenheit der Ziffer ‚Drei' zu tun. (Seitdem ist mir ein paar Mal in den Sinn gekommen, dass er vielleicht etwas gesagt hatte, was sich nur so angehört hatte wie „kannte", und ich vielleicht die Bedeutung seiner Worte total missverstanden hatte. Vielleicht meinte er ja „nannte", „spannte" oder „rannte".) Seine Formel bestand zunächst aus der geometrischen Figur eines Dreiecks, in welchem sich drei Kreise befanden, die wiederum in Form eines Dreiecks angeordnet waren. An der Stelle, wo sich die Ränder der Kreise berührten, entstand ein weiteres, drittes Dreieck. Die mathematische Gleichung bestand aus einem dreieckigen Kryptogramm aus Schwanzdivisionen, dessen Zahlen alle durch drei teilbar waren. Er meinte, dass die Pyramiden nicht als Grabkammern konstruiert worden waren, sondern als Wahrzeichen, die man aus großer Entfernung sehen konnte. Sie wiesen darauf hin, dass hier die Weisheit und das Wissen des Lichts gegenwärtig waren. Er meinte, dass das Dreieck ein universelles Symbol für die Sprache des Lichts sei. Er verschwand, und ich habe seitdem nie wieder etwas von ihm gehört.

Sehr bald danach kam ein anderer Besucher zu mir, der ebenfalls eine männliche, außergewöhnlich laute Stimme hatte. Ich konnte ihn nicht sehen, sondern nur hören. Er brüllte mich – wie mir schien durch ein Megafon – um ungefähr drei Uhr dreißig in der Frühe an. Ich war auf der Couch im Wohnzimmer eingeschlafen. „Hol' einen Bleistift!", brüllte er. Er kam sofort zur Sache, ohne sich irgendwie vorzustellen oder auch nur zu grüßen. Ich fiel von der Couch und sprang auf meine Füße. Seinen Befehl befolgend, rannte ich durch das gesamte Haus auf der Suche nach einem Bleistift – nicht irgendeinen Stift, sondern einen Bleistift. Wenn ich ihm mit einem ganz normalen Stift gekommen wäre, hätte er mich garantiert zurückgeschickt, nach einem Bleistift zu suchen. Er hatte das Bedürfnis, über Raumfahrt zu sprechen. Er sagte, immer noch brüllend, dass sich in einigen Quadranten von dem, was wir als „Weltraum" bezeichnen, Bereiche befinden, die aus Antimaterie bestehen, die künstlich erschaffen wurde. Er sagte, dass diese Bereiche extrem magnetische Felder einschließen und dass man sie in der Raumfahrt dazu nutzt, von einem Quadranten zu einem anderen „zu hüpfen", ohne dabei Zeit zu verschwenden. Sobald sich jemand solch einem magnetischen Feld nähert, erklärte er, werden sowohl Licht als auch Zeit von dem verdichteten Kern des Feldes absorbiert. Und wenn die Polarität des Fahrzeuges zur passenden

Zeit umgepolt wird, „schlüpft" das Fahrzeug von seinem momentanen Standort (Punkt A) an sein Ziel (Punkt B). Da die Phänomene Licht und Zeit absorbiert werden, schrie er, wird wenigstens ein Teil der Entfernung ohne jeden Zeitverlust zurückgelegt. Was er beschrieb, war ein Tempo der Fortbewegung, das über Lichtgeschwindigkeit hinausgeht. Sich schneller als Lichtgeschwindigkeit fortzubewegen, ist mit einem Verbrennungsantrieb unmöglich – es ist allerdings möglich, wenn man magnetische Felder benutzt. Er fuhr damit fort, etwas über zweidimensionale Portale in mein Zimmer zu brüllen, die verschiedene Gegenden miteinander verbinden, ohne dass man dabei Zeit und Raum durchqueren müsse. Da ich über keinerlei mathematisches Hintergrundwissen verfüge, hatte ich bei vielem von dem, was er sagte, Schwierigkeiten es zu verstehen. Also nahm er sich die Zeit, mir die Sache so zu erklären, dass selbst ein Kind es verstanden hätte. Er sagte, dass es ein solches Portal in Mittelamerika gibt, welches mit einem Gebiet in den USA verbunden ist. Er sagte, dass, wenn eine Person in Mittelamerika sehen wollte, was sich auf der anderen Seite dieses Portals befindet, und den Kopf hindurchstecken würde, die untere Hälfte ihres Körpers in Mittelamerika bleiben würde. Ihr Kopf aber, den sie durch das Portal gesteckt hat, wäre in Mittelamerika nicht mehr sichtbar. Stattdessen würde er aus einer Felswand einer US-amerikanischen Gebirgskette herausragen – der anderen Seite des Portals. „Das schadet niemandem!", brüllte er. (Mit der Ausnahme, dachte ich, des armen Beobachters, der zufällig an einer der beiden Schaustellen zum Zeitpunkt des Experiments vorbeiläuft.)

Der nächste Besucher kam aus Afrika. Er war schwarz und

in wunderschöne, mit exotischen Erd- und Laubwerkmustern bedruckte Roben gekleidet, die sich mit dem Muster wilder Leoparden vermischten. Auf seinem Kopf trug er einen Turban, der aus Seide gemacht zu sein schien. Im Gegensatz zu den Roben war das seidene Material einfarbig und wies keinerlei Muster oder Design auf. Der Mann sprach kein Englisch, grüßte mich aber still und warmherzig in einer Sprache, die ich nicht verstand. Seine Anwesenheit verlieh dem Raum eine Atmosphäre ruhiger Eleganz. Mir ist seine Identität nicht bekannt, doch er war atemberaubend anzusehen. Ich glaube, dass er einfach nur kurz haltgemacht hat, um „Hallo" zu sagen.

Als Nächstes wurde ich von einem lebenden Lichtstab geweckt, der durch meinen Flur schwebte. Seine Bewegungen und seine Gestalt ähnelten einer durchs Meer schwimmenden schimmernden Hydra oder Qualle. Am oberen Ende des Stabes befanden sich neun Arme oder Tentakel, von denen jeder in einer Kugel aus Licht endete. Als dieses Wesen mein Schlafzimmer betrat, waren seine Arme zunächst verschlossen. Doch dann, als es sich in meiner Gegenwart sicherer fühlte, öffnete es seine Arme und enthüllte mir sein Inneres. Es war sehr schön. Ein Strahl aus Licht und Bewusstsein in der dunklen Nacht. Es kommunizierte nicht durch Worte, sondern durch Emotionen. Ich war fasziniert von seinen flüssig ineinander übergehenden Bewegungen und fühlte mich vollkommen sicher und wohl. Es äußerte den Wunsch, in das Schlafzimmer meiner Kinder zu treten und sie anzuschauen. Ich erlaubte es ihm, da ich keinerlei mütterliche Befürchtungen hegte, was diesen kleinen Besuch anging. Ich hörte, wie das Wesen meinen Kindern ein seltsames, aber wunderschönes Lied vorsang – ein Lied des Meeres, oder vielleicht war es das Lied des Lichtstabes, ein walartiger Gesang. Das Lied hatte keine Worte, sondern bestand nur aus einer Melodie. In der folgenden Nacht kehrte das seltsame Stabwesen zurück, diesmal mit seinen, wie ich annahm, eigenen Jungen. Die Jungen besaßen noch nicht die Form von Stäben, sondern sahen aus wie kleine perfekt geformte Lichtsphären. Jedes von ihnen trug eine Imitation des großen Lichtstabes in sich. Vielleicht repräsentierten sie kleine Hoffnungsfunken und Gedanken der Freude, die in ihrem Innern noch reifen mussten. Die in ihnen leuchtenden Adern besaßen jedoch dieselben Muster und Farben wie die in den Armen des ausgewachsenen Wesens. Und deshalb kam ich zu der Annahme, dass sie wahrscheinlich verwandt waren.

In der folgenden Nacht wurde ich von einem hellen orangefarbenen Licht geweckt. In meinem Raum war eine weitere große Lichtsphäre. In ihr befand sich ein anderer Adler, der etwas größer als ein Meter achtzig war. Das Gefieder des Vogels bestand aus orangefarbenen Flammen, und seine Füße waren weit ausgestreckt. Seine Krallen waren geöffnet. Er machte den Anschein, als wenn er jeden Augenblick seine Beute ergreifen wollte. Langsam bewegte er sich auf mich zu. Seine scharfen Krallen glitzerten. Von Angst ergriffen, hob ich meinen linken Fuß, um ihn von mir fernzuhalten. Er zog seine Krallen zurück und ballte beide Füße in etwas, das aussah wie Adlerfäuste. Dann presste er sanft beide Fäuste gegen die Sohle meines erhobenen Fußes. Anschließend verschwand er.

Einige Nächte danach kehrte das Lichtwesen zurück, um mit mir über Raumfahrt zu sprechen. Ich nahm zunächst an, dass er mit „Raumfahrt" Reisen durch den Geist des Schöpfers meinte. Aber nein, er wollte auch über Reisen durch den Weltraum mit einem fahrbaren Untersatz sprechen. Wissenschaft schien ihm zu gefallen. Er sagte, dass der Grund, warum wir Schwierigkeiten hatten, „vom Erdboden loszukommen", der war, dass wir unsere Fahrzeuge auf dieselbe Art und Weise erschaffen hatten wie unsere Version von „Gott". Bisher haben wir lediglich interne Verbrennungsmotoren nach unserem eigenen Abbild erschaffen. (An einer Stelle erwähnte er insbesondere das Bussard-Staustrahltriebwerk, was mich dazu veranlasste, einen erneuten Ausflug in die Staatsbibliothek von Florida zu machen. Die Bibliothek spielte eine immer wichtigere Rolle dabei, das zu verstehen, was mir erzählt wurde.) Mehrere Stunden lang sprach er von unserer Vorliebe für innere Verbrennungsprozesse als Antriebsmöglichkeiten. Er sagte, dass es weitaus effizienter sei, eine Methode zu benutzen, die keinen Brennstoff verbrauchen würde. Er wies mich besonders auf die Methode des magnetischen Antriebes hin. Er meinte auch, dass es durchaus mehr Sinn machen würde, Raketenflüge von umkreisenden Satelliten aus zu starten statt vom festen Boden aus. Dadurch würde man den enormen Kraftaufwand vermeiden, den man braucht, um dem Gravitationsfeld der Erde zu entkommen. Seine Beobachtungen schienen sehr sinnvoll zu sein. Während ich noch versuchte herauszufinden, was genau nun ein Bussard-Staustrahltriebwerk war (eine theoretische Methode der Raumfahrt, bei welcher der geöffnete Schlund eines riesigen „Schiffs" Wasserstoffteilchen „verschluckt", während es durch den Weltraum reist. Es benutzt den Wasserstoff als Brennstoff für die Kernschmelzung – es isst also, während es fliegt), erfuhr ich noch einiges über viele andere Themen, die anfänglich von ihrem Inhalt her nichts miteinander zu tun hatten. Doch alle hatten sie ein gemeinsames Merkmal: die Ketzerei. Dieses Wort kann für so ungefähr jede neue und unkonventionelle Idee verwendet werden. Während ich mich voll und ganz meiner neuen überwältigenden Leidenschaft widmete – nämlich nach der Wahrheit zu forschen und zu lernen, Forschungsberichte über Dinge und Themen zu lesen, von denen ich noch nie zuvor etwas gehört hatte –, entfaltete sich noch etwas ganz anderes vor meinen Augen.

In den letzten Tagen des Monats April 1989 hörten die Besuche des Lichtwesens ganz plötzlich auf. Ich sah und hörte einige Tage lang nichts von ihm, und ich hatte den Verdacht, dass er vielleicht darüber nachdachte, abzureisen. Am letzten Apriltag kehrte er jedoch zurück und weckte mich, um wieder einmal über den Zustand der Menschheit zu sprechen.

„Wirst du mit mir kommen?“, fragte er mich.

„Ja.“

Dann waren wir im All, und ich sah das riesige Licht im Zentrum des Universums. „Was siehst du?“, fragte er.

„Das ist das Zentrum des Universums“, antwortete ich ihm, irgendwie stolz, dass ich nun in der Lage war, verschiedene Gegenden des weiten Alls wiederzuerkennen.

„Ja, das bist du selbst“, antwortete er ruhig.

Ich wurde augenblicklich ein weiteres Mal in Verwirrung gestürzt. „Aber ich dachte, das ist das Zentrum, das ich schon einmal gesehen habe – die Heilige Segnung.“

„Du bist letztlich nach diesem Vorbild erschaffen. Du – jeder Einzelne von euch – bist das Zentrum des Universums. Aus diesem Grund sollt ihr mit euren eigenen Augen nach der

Wahrheit suchen. Denn jeder von euch sieht das Universum aus einem anderen Blickwinkel. Jeder von euch wird eine andere Ansicht von derselben Wahrheit haben. Suche selbst nach der Wahrheit, mit geöffneten Augen. Wenn du eine Uhr aus Glas erbaust und eine Person vor die Uhr, eine andere dahinter stellst, dann wird die Person vor der Uhr die Zeiger der Zeit nur vorwärts laufen sehen. Die Person auf der anderen Seite wird sie rückwärts laufen sehen. Beide mögen für sich behaupten, dass nur ihre eigene persönliche Ansicht die richtige sei. Doch jeder von ihnen würde ihre Behauptung mit dem begründen, was er allein gesehen hat, nämlich einen Bruchteil der Wahrheit. Jeder von ihnen müsste das, was er sieht, aus verschiedenen Perspektiven betrachten, um verstehen zu können, dass man die Wahrheit nicht aus einem einzigen Blickwinkel erkennen kann. Du hältst in dir – jeder von euch hält in sich – ein geheiligtes Potenzial. Ihr seid aus uralten Teilen der Schöpfung geschaffen. Und jedem Einzelnen von euch wurden geheiligte und mitfühlende Talente gegeben. Euch wurde die Gabe der Erinnerung geschenkt, sodass ihr eine gute Zukunft daraus erschaffen könnt. Aber bedenke, dass sie ein Werkzeug der Schöpfung und kein Werkzeug der Selbstquälerei ist. Bedenke, dass die Vergangenheit kein Platz ist, an dem man verweilen sollte. Verweilt in der Gegenwart,und setzt Hoffnung in die Zukunft. Ihr könnt die Vergangenheit nicht ändern, doch mit jedem Moment könnt ihr die Gegenwart verändern, und jeder dieser Momente beeinflusst die Zukunft des Universums. Euch wurde der freie Willen geschenkt. Bedenkt und erinnert euch gut daran, dass ihr für eure eigenen Taten selbst verantwortlich seid."

Dann führte er mich in einen wunderschönen Garten, der

sich bis in die Ewigkeit erstreckte. „Ist das hier der Garten Eden?“, fragte ich.

„Dies hier ist dein Garten“, sagte er. „Jedem von euch wurde ein Garten geschenkt. Hüte deinen eigenen Garten, und pflege ihn gut. Nur durch seine Früchte wird man dich kennen. Nicht durch die Früchte deines Nachbarn und auch nicht durch die deiner Ahnen wird man dich kennen. Auch die Früchte desjenigen, dessen Weg du folgst, werden nicht deine sein. Man wird dich nicht durch die guten Taten der anderen kennen und auch nicht durch die Bürden, welche sich andere auferlegen. Man wird dich nur durch die Früchte deines eigenen Gartens kennen. Hüte ihn daher gut.“

Ein kleiner, unscheinbarer Vogel mit braunen Federn saß in dem Garten und aß Beeren. Das Wesen hielt einen Moment inne und beobachtete ihn. Ich wusste nicht, wer dieser Spatz war, oder besser gesagt, ich konnte mich nicht an ihn erinnern. Ich wusste auch nicht, warum er da in meinem Garten saß. In meinen Gedanken entfaltete sich eine Unterhaltung. Es war eine Unterhaltung zwischen mir und einem Indianer, die allerdings noch nicht stattgefunden hatte. Ich erzählte dem heiligen Mann Geschichten über wild lebende Tiere, die er sich gerne anhörte. Geschichten über die Adler, die Bären, die Biber und die Hirsche, um die ich mich gekümmert hatte – all die wichtigen Geschichten. Er hörte mir gebannt zu, und manchmal lachte er, wenn er hörte, wie diese wundervollen Tiere die ganz eigene Würde und Adligkeit ihres Charakters beibehielten, während sie in meinem Haus und Hof Gast waren. „Aber“, sagte er, „die richtige Geschichte hast du mir noch nicht erzählt. Es gab da noch jemanden, um den du dich gekümmert hast.“ Ich hatte mich um ungefähr zwanzigtausend wild lebende

Vögel und Tiere gekümmert und daher keine Ahnung, welche der Geschichten er als Nächstes hören wollte. „Nein", sagte er und nahm das Glas mit *Root Beer Float*[4] in die Hand, das ich für ihn zubereitet hatte. „Du denkst vielleicht, dass der Adler das bedeutendste Tier war, oder die Bären, die Biber oder der Hirsch, um den du dich gekümmert hast. Aber es war ein ganz kleines Tier, welches eigentlich die größte Bedeutung hatte."

„Welches?"

„Der Spatz mit dem gebrochenen Flügel war am wichtigsten."

Ich brauchte eine Weile, um mich an diese spezielle Geschichte zu erinnern. „Woher weißt du von dem Spatz mit dem gebrochenen Flügel?", fragte ich ihn. Ich hatte ihn bis dahin nicht erwähnt. Er schien in der Lage zu sein, meine Gedanken zu lesen.

„Er war der Überbringer einer Botschaft", sagte er. „Und er ist noch vor den Adlern, den Bären, den Bibern und dem Hirsch zu dir gekommen, nicht wahr?"

„Ja, er war der Erste. Aber woher wusstest du das? Und was war seine Botschaft? Ich erinnere mich an keine Botschaft, die er mir überbracht hat."

Er lachte. „Oh, die Botschaft war nicht für dich bestimmt, sondern für jemand anderen."

„Für wen? Wem wurde die Botschaft dann überbracht?"

„Sie war für Großvater bestimmt."

„Für Großvater?"

„Ja. Als du den Flügel des Spatzes geheilt hast, hast du ihm geholfen, seine Freiheit wiederzuerlangen. Was ist dann passiert?"

4 kohlensäurehaltiges Getränk aus Wurzeln und Kräutern

„Er ist weggeflogen.“

Der heilige Mann zeigte mit dem Finger zum Himmel hoch, als ob er dort den Spatz auf seiner Reise beobachtete. Irgendwo in seinen alten Augen, seinem Blick, seiner begabten Sehkraft, wusste ich, sah er gerade diese Geschichte sich entfalten. Geduldig wartete er darauf, dass der Spatz bis zu seinem Ziel gelangte und die Nachricht überbrachte. „Er ist den ganzen weiten Weg bis hoch zu Großvater geflogen“, sagte er. „Er erzählte ihm, dass jemand innegehalten hatte, um einem kleinen Spatz zu helfen.“ Er schaute weiterhin durch den Himmel hindurch in ein weit entferntes Land, in welchem schöne Geschichten und der Großvater seiner Ahnen lebten. „Und deshalb kannst du heute Geschichten über die Adler, den Biber, die Bären und den Hirsch erzählen“, sagte er. „Weil jemand der Erzählung eines kleinen Spatzes zugehört hat.“ Diese Unterhaltung über den Spatz, den ich in diesem Moment in meinem Garten anschaute, würde erst drei Jahre später, im Jahr 1992, stattfinden.

Meine Gedanken kehrten in meinen Garten zurück. Ich hörte das Lachen von Kindern in der Nähe. Ihr Lachen kam mir vertraut vor. Es war das Lachen meiner eigenen Kinder. Nicht weit von dem Spatz in dem Beerenstrauch befand sich eine Zikade, die, nachdem sie weit gereist war und ihren eigenen Prozess der Metamorphose durchwandert hatte, ihr Lied sang. Ihr Sommerlied vereinte sich mit dem Lachen der Kinder. In dem Garten gab es auch ein Maisfeld und Wolken, in denen Indianer saßen. Es gab wilde Blumen, Salbei und lilafarbenen Sonnenhut. In der Nähe des Maisfeldes befand sich ein Busch mit gelben Rosen. Schmetterlinge in Farben, die nur der Schöpfer selbst so wunderschön verschmelzen lassen konnte, flatterten um die Rosenblüten herum. Über uns stieg ein Adler hoch in die Lüfte. Er schrie sein eigenes Liebeslied in den Himmel, sodass ein jeder es hören und kennen konnte. Zwischen zwei Zitronenbäumchen mit ihren verheißungsvoll duftenden Blütenzweigen sah ich die schwarz-weiße Spinne. Sie saß in einem neuen, aus Hoffnung gewebten Netz.

Der Garten war mit vielen Gaben gefüllt worden. „Bedenke, dass die scheinbar unbedeutendsten Kreationen der Schöpfung auch Respekt verdienen. Manchmal sind sie unsere besten Lehrer", sagte er fast flüsternd. Er schaute auf den Boden, die Hände auf seinem Rücken verschränkt, während wir durch den Garten spazierten. „Vergiss nicht, dass der Schöpfer in allem, was erschaffen wurde, sein Liebeslied singt und dass du ein Teil dieser Schöpfung bist. Der ‚Schöpfer' ist ein Wort der Zeit, und der Name dieses Wortes ist ‚Liebe'. Vergiss nicht, an einem Tag der Woche still zu sitzen, um die Erde, von der du ein Teil bist, zu heilen. Bedenke, dass Kontrolle zum größten Teil eine Illusion ist. Es gibt nur eine Kraft, eine Macht, über die du wahrhaftig Kontrolle hast, und das ist dein freier Wille. Du allein bist für deine eigenen Taten verantwortlich. Vergiss nicht, dass du deinen Weg selbst wählen kannst. Wenn du den Weg des Lichts wählst, doch unterwegs anhältst, um dir Bürden aufzuladen, dann wird selbst der Weg des Lichts ein schwerer sein. Vergiss nicht: Alles, was du siehst, ist ein Spiegelbild von allem, was du bist, oder allem, was du sein möchtest. Die Erde ist das Spiegelbild des menschlichen Zustandes. Die Menschheit ist das Spiegelbild des Zustandes der Erde. Vergiss nicht, gut auf deine

Gedanken und Worte achtzugeben. Es sind Werkzeuge der Schöpfung. Vergiss nicht ‚Ursache und Wirkung'. Vergiss nicht, dass der, der allein in der Wildnis steht und spricht, wenig Veränderungen bewirken kann, doch jener, der allein in der Masse steht und spricht, kann große Veränderungen bewirken. Bedenke: Die Vergangenheit ist nicht dazu geeignet, in ihr zu verweilen. Vergiss nicht die Schmetterlinge."

„Du wirst mich verlassen, nicht wahr?", fragte ich.

„Vergiss die Indianer nicht."

„Ich will nicht, dass du gehst", sagte ich.

„Vergiss nicht, dass es nichts Wichtigeres als die Liebe gibt. Sie bringt euch unglaubliche Wunder. Auch sie ist ein Werkzeug der Schöpfung. Sie erschafft sich selbst und Respekt und Freude."

„Bitte verlass mich nicht", sagte ich. Er gab mir keine Antwort. Er blieb einen Augenblick stehen und schaute mich direkt an, in mich hinein. Er lächelte und streckte mir seine Hände mit den Handflächen nach oben entgegen. Ich ergriff seine Hände.

„Vergiss nicht, dass all die Geschenke, die dir einst gegeben wurden und die du vielleicht nur kurz in deinen Händen halten konntest, doch für immer dir gehören."

„Aber ich will nicht, dass du gehst", sagte ich. „Ich glaube, ich hab mich in dich verliebt."

„Vergiss mich nicht."

Am nächsten Tag rief ich den Priester an, um ihm von der neuesten Botschaft und meinem Verdacht zu berichten. „Ich glaube, dass er weg ist oder dass er bald gehen wird", sagte ich. Eine dicke Träne rann über mein Gesicht.

„Warum glaubst du das?“, fragte er mich.

„Er hat mir gesagt, dass ich ihn nicht vergessen soll.“

Der Priester war einen Moment lang still. Er dachte nach. Dann erwiderte er: „Vielleicht meint er es ja gar nicht so, wie du es aufgefasst hast.“

„Was meinst du damit?“

„Vielleicht möchte er, dass du dich daran erinnerst, wer er ist.“

„Das versteh’ ich nicht.“

„Macht nichts. War nur so ein Gedanke. Wie würdest du dich fühlen, wenn er weg ist?“

„Schrecklich. Ich hab’ mich in ihn verliebt. Ich glaube, ich werde mich auch weiterhin wunderbar fühlen, weil er mein ganzes Leben verändert hat. Aber ich würde ihn schrecklich vermissen. Er hat mir gezeigt, wie verbunden ich mit allem um mich herum bin, dass ich nie wirklich allein bin. Dass ich meine eigenen Fähigkeiten für so ziemlich alles total unterschätzt habe – selbst für die Liebe. Aber ich will nicht, dass er geht. Ich will, dass er hierbleibt.“ Das war vielleicht egoistisch von mir, aber es war genau das, was ich wollte.

„Das liegt in deinen Händen, sozusagen.“

„Ja.“

„Ich habe das Gefühl, dass er nicht weggehen wird. Ich glaube nicht, dass es irgendwas mit einer Abreise zu tun hat. Ich glaube eher, dass es was mit einer Ankunft zu tun hat. Ich glaube auch, dass es an der Zeit ist, dass du etwas liest“, sagte er.

„Okay“, sagte ich. „Was?“

„Die Gnostischen Schriften.“ Eine Welle des Horrors und Argwohns durchflutete mich. Das Wort „Schriften“ konnte nur mit einem gefürchteten Thema zusammenhängen – etwas, was jetzt ganz andere, neue Frustrationen in mir hervorrief.

„Hat das irgendwas mit dem Christentum zu tun?", fragte ich.

„Nein", antwortete er mir. „Überhaupt nicht."

Trotzdem, die ganze Sache hörte sich verdächtig religiös an. Ich hoffte, dass, nachdem ich in den letzten Monaten so viel Vertrauen in Pater Yosef gesteckt hatte, er sein Versprechen, welches er mir bei unserem ersten Treffen gegeben hatte, jetzt nicht missachten würde. „Das ist jetzt kein Versuch, mich zu bekehren, oder?", fragte ich.

„Nein, ganz und gar nicht. Ist dir das Wort ‚Gnosis' ein Begriff?", fragte er.

„Nein."

„Es bedeutet ‚Erkenntnis'. Ich denke, du solltest dir eine Ausgabe der Gnostischen Schriften besorgen. Das sind uralte Dokumente, die in der Nag-Hammadi-Wüste in Ägypten gefunden wurden, unter einem Felsblock versteckt. Sie enthalten einige Informationen, die du wahrscheinlich ganz interessant finden wirst."

„Warum?"

„Versuch einfach, nur ein wenig offen zu sein, und lies sie."

Ich sagte ihm, ich würde darüber nachdenken.

Nachdem ich einige Tage über seinen Vorschlag nachgedacht hatte, entschloss ich mich dazu, dem Ganzen eine Chance zu geben. In Begleitung meiner beiden Kinder stattete ich der Staatsbibliothek einen weiteren Besuch ab, um mir eine Übersetzung der Gnostischen Schriften zu besorgen. Als wir bei unserer Ankunft auf die Eingangstüren zugingen, öffneten sich diese wie von Geisterhand. Die nächste Tür, die Fahrstuhltür, tat genau dasselbe. Wenn man einen Ausflug in diese Bibliothek macht, darf man natürlich nicht an der Kammer des Mastodons[5] vorbeigehen, dem Museum, welches sich in dem gruselig schummrig beleuchteten Keller des Gebäudes befindet. Das Mastodon hatte seinen äußerst passenden Platz als lang verstorbener, aber immer noch stolzer knochiger Wachposten in dem dunklen Eingangsbereich des Museums gefunden. Es empfängt die Neugierigen und lädt sie dazu ein, die wunderbaren Relikte innerhalb des Museums aus der Nähe zu betrachten. Man kann nie wissen, welche Schätze einen dort erwarten. Wir haben da schon alte Schiffswracks, Tarzans Lendenschurz und die mechanische Ausgabe des weißen Hais gefunden. Ich schaute mir mit den Kindern das gesamte Museum an, inklusive „Großmutters Dachboden". Dort dürfen brave Kinder, die während ihrer Museumstour nichts angefasst haben, mit ausgewählten alten Sachen spielen, die angefasst werden dürfen. Sozusagen ein „Danke schön" des Museumspersonals. Nachdem wir gespielt hatten, verließen wir das Museum und gingen zum Fahrstuhl.

Als wir ihm näher kamen, öffneten sich die Türen wieder nach ihrem eigenen Willen. John hatte es ein wenig eilig, ließ meine Hand los, rannte mir und Emily voraus und betrat allein den leeren Fahrstuhl. Doch dann machte sich entsetzlicher Schrecken auf seinem Gesicht breit, als die Fahrstuhltüren sich augenblicklich schlossen und John auf eine Reise in unbekannte Gefilde geschickt wurde. Schnell kam er zur Realität zurück. John atmete anscheinend ziemlich tief ein

5 prähistorisches amerikanisches Mammut

und stieß die Luft in einem unvergesslich langatmigen Schrei wieder aus. Hilflos hörte ich das Echo seines Schreis in dem metallenen Fahrstuhlschacht verhallen. Es hallte durch die Korridore und Hallen, durch die Knochen des Mastodons und das restliche, sonst so ruhige Gebäude. Der bittere Geschmack von Panik breitete sich in meiner Kehle aus. Der Klageruf meines Sohnes klang – nach den Gesetzen des Doppler-Effekts (darüber hatte ich kürzlich erst gelesen) – in der Ferne immer dunkler. Doch dann, zu meiner großen Erleichterung, vernahmen wir seinen Schrei wieder lauter und lauter, und der unsichtbare Liftboy brachte ihn heil ins Kellergeschoss zurück. Die Türen öffneten sich von selbst, und John rannte aus dem Fahrstuhl heraus in meine Arme. Nach unserer Wiedervereinigung und einer kurzen Besprechung, warum wir uns alle immer an den Händen halten sollten, egal wie alt wir sind, beruhigten wir uns wieder und fuhren, diesmal gemeinsam, in den zweiten Stock. Die Gänge und Räume der Bibliothek sind meistens sehr ruhig, und man findet dort kaum Besucher. Dieser Tag war keine Ausnahme. Wir näherten uns dem Fahrstuhl, der uns in den Lesesaal bringen sollte. Seine Türen öffneten sich von selbst. Wir stiegen ein und begannen unseren Aufstieg zu dem Stockwerk, welches die religiösen Bücher beherbergt.

Die Abteilung mit den religiösen Büchern, welche man(n) (und gelegentlich auch Frau) im Laufe der Zeit verfasst hatte, war schier überwältigend. Etwas überfordert liefen wir zwischen einigen Regalen auf und ab. Da bemerkte ich auf einmal ein Buch, das am Ende des Regals lag. Es war nicht eingeordnet wie die anderen, sondern scheinbar achtlos liegen gelassen worden. Ich ging zu dem Buch und nahm es in die Hand. Sein

Titel war ‚Die Gnostischen Schriften', und es enthielt Bentley Laytons Übersetzungen der uralten Texte (Doubleday, 1987). Das wird reichen, dachte ich. Ganz in der Nähe, wieder nicht im Regal eingeordnet, lag „Die Nag-Hammadi-Bibliothek", ein Wälzer, der noch weitere Übersetzungen Gnostischer Texte enthielt und James L. Robinson als Herausgeber (Harper, San Francisco 1990) erwähnte. Mir fiel sofort der eigenartige Titel ins Auge und nahm auch dieses Buch an mich. Dann gingen wir zum Fahrstuhl zurück und die Türen öffneten sich wieder einmal wie von Geisterhand. Wir fuhren wieder zum zweiten Stock. Ich lieh die Bücher aus, und wir fuhren zurück nach Hause. Die Kinder wollten draußen vor dem Haus spielen. Ich legte beide Bücher ungeöffnet auf die Veranda und ging dann rein, um fernzusehen.

Einige Tage bemerkenswerter Ruhe vergingen, und schließlich, am Abend des 16. Mai 1989, kam der Lehrer zurück und weckte mich mit seinem Licht. Ich setzte mich aufrecht im Bett hin und wartete darauf, dass er etwas sagte. Doch er sagte nichts. Er starrte mich einfach nur eine ganze Weile an und verschwand dann wieder.

In der folgenden Nacht passierte das Gleiche. Er stand neben meiner Schranktür und starrte mich an. In seinen Augen lag eine Art Bitten, Trauer vielleicht oder Einsamkeit. Dieser Schmerz in seinen Augen beunruhigte mich sehr.

Am Morgen des 18. Mai 1989 rief ich Pater Yosef an, der sich nach einer weiteren Missionarsreise wieder in der Stadt befand. Ich beschrieb ihm dieses ungewöhnliche Verhalten und fragte, was das wohl bedeuten könnte.

„Er scheint irgendwas von mir zu wollen", sagte ich „Aber

ich weiß nicht, was er möchte. Er sieht so traurig aus, dass es mir fast das Herz bricht.“

„Vielleicht wartet er ja darauf, dass du ihn fragst, wer er ist.“

„Nein, das habe ich doch schon getan. Weißt du nicht mehr? Das ist schon lange her.“

„Nein, hast du nicht“, sagte der Priester. „Du hast ihn nach seinem Namen gefragt, und er hat ihn dir gesagt. Er hat dir auch gesagt, dass du ihn nicht verstehen würdest. Frag ihn diesmal danach, wer er ist.“

„Okay. Wenn er heute Nacht zurückkommt, werde ich ihn fragen.“

In dieser Nacht kam er zurück. Ich lag in meinem Bett und beobachtete ihn, wie er vor mir stand und mich still, die dritte Nacht in Folge, betrachtete. Ich stützte mich auf meinen linken Ellenbogen und fragte: „Wer bist du überhaupt?“ Ein Ausdruck der Erleichterung erschien auf seinem Gesicht. Dies war in der Tat die Frage gewesen, auf die er gewartet hatte. Er kam näher zu mir und legte beide Hände auf meine Schultern. Er neigte sich zu mir herunter, bis sein Kopf sich neben meinem befand. Ich konnte die Süße seines Duftes und seines Atems wahrnehmen. Es war ein sehr zarter Moment, und ich dachte, dass er mich gleich küssen würde. Doch das hatte er nicht im Sinn. Was er im Sinn hatte, war, mir die Antwort auf meine Frage zu geben. Mit seinem Kopf neben dem meinen, und während sein Mund leicht mein linkes Ohr berührte, sprach er sanft und langsam mit seiner flüsternden Stimme.

„Ich bin die Stille und das Wort“, sagte er. „Ich bin die sanfte Stimme der Erleuchtung, die keine Worte braucht. Ich bin das Wort der Erlösung.”

Überrascht und erschrocken zuckte ich vor seiner Berührung zurück und schaute zu ihm hoch. „Oh nein", sagte ich. Ein Ausdruck tiefen Schmerzes trübte sein Gesicht. Langsam erhob er sich wieder, bis er aufrecht dastand. Er sah am Boden zerstört aus. Langsam trat er von mir zurück, niemals seinen Blick von dem meinen abwendend. Und dann war er verschwunden.

Am folgenden Morgen rief ich, sehr aufgebracht, sehr verärgert, Pater Yosef an. Ich fühlte mich, als wenn mir jemand „einen Streich gespielt" hätte. Irgendwie hatte er es geschafft, sich in mein Leben einzuschleichen und sich als Wesen aus dem All auszugeben. Und die ganze Zeit hatte ich nicht den geringsten Verdacht gehabt. Ich wiederholte die Worte des Lehrers für den Priester.

„Das habe ich mir schon gedacht", sagte er leise.

„Was? Willst du mir etwa sagen, du hast es gewusst und mir kein Wort davon gesagt?"

„Naja, ich habe es geahnt, aber ich wusste es nicht genau. Außerdem wäre es nicht meine Aufgabe gewesen. Wenn ich was gesagt hätte, hättest du keinem seiner Worte zugehört."

„Aber er hat mich ausgetrickst. Er hat mich glauben lassen, dass er ein Mann aus dem All ist."

„Das ist er doch auch", sagte der Priester.

„Was willst du damit sagen?"

„Das All – dir wurde doch gezeigt, dass das Universum der bewusste Geist des Schöpfers ist."

„Seit wann weißt du es schon?", fragte ich ihn streng.

„Ich hatte den Verdacht, gleich nachdem du mir vom Fisch erzählt hast."

„Dann hast du es die ganze Zeit gewusst. Hör mal, du weißt,

wie ich darüber denke und fühle. Du weißt, dass ich seine Lehren hasse!", schrie ich verärgert ins Telefon.

„Es sind nicht seine Lehren, die du hasst", unterbrach er mich. Seine Stimme hatte sich in ihrer Lautstärke der meinen angepasst. „Was du hasst, ist, was der Mensch aus seinen Lehren gemacht hat." Er redete um den heißen Brei herum.

„Ich weiß, was ich hasse und was nicht. Ich habe dir gesagt, dass ich nichts mit dem Christentum zu tun haben will – oder mit ihm!", brüllte ich ins Telefon. Dann wiederholte ich, was ich ihm gerade erst gesagt hatte, nur um sicherzugehen, dass er es auch verstanden hatte. „Ich will nichts mit ihm zu tun haben!"

„Also, ich werde ihm ganz bestimmt nicht sagen, dass er verschwinden soll", brüllte Pater Yosef zurück. „Wenn du willst, dass er verschwindet, musst du ihm das schon selbst sagen."

Dann waren wir beide für einen Moment still. Beide überlegten wir, beide suchten wir nach unserem nächsten vernichtenden Schachzug. Mein Gesicht fühlte sich heiß an vor Ärger und Verwirrung. Ich stand vor einer ziemlich schwerwiegenden Entscheidung. Wenn ich meinen Lehrer je wiedersah, konnte ich ihm entweder sagen, dass er gehen, mein Haus verlassen soll. Oder ich konnte den Versuch unternehmen, ihn trotz seiner Identität zu akzeptieren. „Hast du die Bücher, von denen ich dir erzählt habe, gelesen?", fragte Pater Yosef mich. Seine Stimme klang immer noch verärgert und laut.

„Nein."

„Na, dann schlage ich vor, dass du anfängst zu lesen – jetzt." Pater Yosef hängte ziemlich unhöflich den Telefonhörer ein, bevor ich ihm überhaupt antworten konnte.

Ich ging hinaus auf die Veranda, wo die Bücher immer noch ungeöffnet lagen, und begann zu lesen. Ich öffnete zuerst „Die Gnostischen Schriften“. Ich fing an keiner bestimmten Stelle zu lesen an, sondern öffnete das Buch einfach und überflog halbherzig ein paar Seiten. Das meiste von dem, was ich da durchpflügte, verstand ich nicht, und es kümmerte mich auch nicht besonders. „Ich kann nicht glauben, dass er mir das angetan hat“, sagte ich zu mir selbst. In meinem Kopf wiederholten sich die schrecklichen Enthüllungen der vergangenen Nacht. Dann öffnete sich das Buch auf einmal auf der Seite mit dem „Apokryphon des Johannes“ und dessen „Lied der Erlösung“, und mir fielen einige Andeutungen auf, die von Lichtwesen sprachen. Diese Andeutungen weckten meine volle Aufmerksamkeit. Wenn ich auch die religiöse Fachsprache nicht ganz verstand, so verstand ich doch sehr wohl den Begriff ‚Lichtwesen‘.

„Wiederum kehrte ich zurück zum zweiten Mal
Ich ging, ich kam hervor aus denen,
die zum Licht gehören …
… Zum dritten Male ging ich
… Und ich ging hinein in die Mitte ihres Gefängnisses,
welches das Gefängnis des Körpers ist.
Und ich sagte: ‚Der, der hört,
stehe auf von seinem tiefen Schlaf.‘
Und er weinte und vergoss Tränen.
Bittere Tränen wischte er von sich ab.
Und er sagte: ‚Wer ist es, der meinen Namen ruft?
Und woher ist diese Hoffnung zu mir gekommen,
während ich in den Fesseln des Gefängnisses bin?‘

Und ich sprach: ‚Ich bin die Pronoia des reinen Lichtes …
[die] dich hinaufstellt …
Stehe auf und erinnere dich, denn du bist es, der gehört hat;
Folge deiner Wurzel
– das bin ich, das Mitleid –
… Ich habe alle Dinge für dich in deinem Hören vollendet.
Und ich habe dir alles gesagt, damit du es niederschreibst
und es im Geheimen deinen Mitgeistern gibst … “

An diesem Tag sprach der Apostel Johannes sanft und leise zu mir. Durch den Ozean der Jahrhunderte hindurch flüsterte er mir Botschaften des geschriebenen Wortes zu. Lichtwesen durchreisten das Universum, um andere Lichtwesen zu besuchen – menschliche Wesen aus Licht – um sie aus ihrem Schlaf zu erwecken, um ihnen Botschaften des Mitgefühls zu überbringen, Botschaften der Hilfe und der Hoffnung, die sie aufschreiben sollten. Die Worte flossen durch meine Gedanken wie Balsam für die Seele, wie eine heilende Salbung. Die Worte Johannes' sangen ein mir vertrautes Liebeslied und beruhigten für einen Augenblick den in mir tobenden, rasenden Sturm der Verwirrung. Diese Worte waren vor fast zweitausend Jahren niedergeschrieben worden, und doch waren sie mir vertraut. Wenn man dem Autor Glauben schenkte, war es vor zweitausend Jahren ganz und gar nicht ungewöhnlich gewesen, dass menschliche Wesen von Lichtwesen Besuch bekamen. Licht, Licht, Licht – überall in diesem Buch gab es Hinweise auf Licht. Doch bis zu diesem Moment hatte ich nie zuvor davon gehört. Die Seiten blätterten sich wie von selbst um, sanft berührt von einem Hauch oder Atem, oder vielleicht einer Hand, die ich nicht sah. Am Ende der Seite 120 der „Gnostischen Schriften“ fiel mir ein ungewöhnliches Wort auf. Es war eine Andeutung auf das Zeichen des Fisches. Seltsame Erinnerungen begannen sich in mir zu regen, und diese Erinnerungen brachten seltsame Fragen in mir auf. Fisch, das Zeichen des Fisches. Diese ungewöhnliche Verbindung zu ‚Fisch‘ war die ganze Zeit ganz klar und deutlich vor meiner Nase gewesen, die ganze Zeit, seit dem ersten Tag dieses ‚Experiments‘. Fast hysterisch rief ich Pater Yosef an. „Bitte komm vorbei und hilf mir, das durchzustehen“, sagte ich. Anscheinend hatte er auf meinen Anruf gewartet. Der Priester kam auf der Stelle zu meinem Haus und brachte noch mehr Bücher mit. Die erste der vielen Verbesserungsmaßnahmen im Hinblick auf missverstandene Identitäten wurde in Angriff genommen. Die nächste Flut war im Anmarsch. Doch diesmal würde die Flut reinigendes Wasser mit sich bringen; einen wohltuenden Regenguss, der trübe Missverständnisse aus einst so klaren und mächtigen Lehren vertreiben würde.

~ 11 ~

Die verborgenen Schriften
Es werde Gnosis

„Fisch“, sagte ich zu dem Priester, nachdem wir es uns auf der Verandacouch bequem gemacht hatten. Jeder von uns hielt einen Stapel Bücher in den Händen.

„Bitte erzähl mir, was du von diesen Andeutungen zu ‚Fisch‘ weißt.“

„Denk mal zurück an deine erste Begegnung mit ihm“, sagte er. „Als er dir gesagt hat, dass es noch etwas Wichtigeres gibt als das, was auf deiner Nase ist.“

„Ja. Er hat gesagt, dass es da noch eine viel ernstere Sache gibt, die meine Aufmerksamkeit braucht.“

„Richtig. Er wollte dir sagen, dass das, was du brauchst, direkt vor deiner Nase ist – er stand da, direkt vor dir. Und als du ihn fragtest, was du brauchst, hat er es dir verraten.“

„Fisch.“

„Genau.“

„Aber das verstehe ich nicht. Warum hat er mir gesagt, dass ich Fisch essen soll?“

„Das hat er gar nicht."

In meinen Gedanken ging ich noch einmal kurz die Unterhaltung zwischen mir und dem Wesen durch, welche in der Septembernacht, in der ich ihn endlich zum ersten Mal sehen konnte, stattgefunden hatte.

„Er hat dir nie gesagt, du sollst Fisch essen", sagte der Priester ruhig. Er spürte meine wachsende Verwirrung. „Er hat dir gesagt, du brauchst Fisch. Als er dir das gesagt hat, warst du diejenige, die meinte, sie würde sich sofort darum kümmern und anfangen, Fisch und Seetang zu essen. Du hast mir erzählt, dass er gelacht hat, als du das sagtest. Kein Wunder, dass er lachen musste. Er hat eigentlich gemeint, dass du ihn brauchst."

„Aber ich hasse ihn!", sagte ich, überrascht über meine eigene Wut. „Ich hasse seine mit Vorurteilen behafteten Lehren – und seine Verachtung Frauen gegenüber." Das war natürlich nicht der wahre Grund für meine Wut. Ich hatte von diesem Wesen, diesem Mann aus dem Licht, nie das geringste Anzeichen jeglicher Verachtung oder eines Urteils vernommen. Meine Verärgerung entstand vielmehr aus meinem Zustand des Schocks und der Verwirrung heraus, in dem ich mich momentan befand. Rein gar nichts von dem, was ich über diesen Mann wusste, schien mit den Standarddoktrinen, die mit ihm in Verbindung gebracht oder in seinem Namen etabliert wurden, übereinzustimmen.

Die ganze Zeit über behielt Pater Yosef seine kühle, professionelle Beständigkeit bei. Er schaute mir direkt in die Augen und sagte ganz einfach: „Ich denke nicht, dass du ihn hasst. Das ist jedenfalls nicht, was du mir neulich erst gesagt hast." Es entstand eine lange Pause. Während er mir immer noch direkt in die Augen schaute, sagte der Priester zu mir: „Erst vor ein paar Tagen hast du mir gesagt, dass du dich in ihn verliebt hast."

„Ich bin in ihn verliebt – aber doch nicht in *ihn*", stammelte ich. Ich war mir nicht ganz sicher, wie ich dieses emotionale Wirrwarr erklären konnte. Und ich schämte mich, denn dicke Tränen quollen jetzt aus meinen Augen hervor, die meine Verwirrung und innere Aufruhr zu verraten drohten.

„Wie ich schon sagte", sprach der Priester weiter. Sein Blick glitt jetzt runter auf das Buch in seinem Schoß, weg von meinen bloßgestellten Emotionen. „Ich denke, was du hasst, ist eine missverstandene Identität dieses Mannes – dieses Lehrers. Genauso wie manche Lehren fälschlicherweise mit ihm in Verbindung gebracht werden. Was du hasst, ist das falsche Charakterbild, welches über die Jahrhunderte hinweg von der Menschheit erschaffen wurde. Du hasst ihn nicht. Du hasst, was die Menschen über ihn erfunden haben."

„Ich hasse all das hier", sagte ich. Ich hörte mich an, als wenn ich nun versuchte, mich selbst zu überzeugen und nicht den Priester, der mir da gerade ein ziemlich gutes Argument geliefert hatte. Er blätterte durch die Seiten der „Gnostischen Schriften" und zeigte auf etwas Unglaubliches. Eine seltsame Dichtung aus sich widersprechenden Gedanken, welche in dieser Stunde gar nicht so weit entfernt von den meinen waren. Es war ein Gedicht, das davon sprach, die Wahrheit aus zwei verschiedenen Blickwinkeln zu betrachten. Es sprach von Liebe und Hass, darüber, wie einfach es doch ist, die Persönlichkeit eines anderen Wesens misszuverstehen. Im gnostischen Androgynismus – der unvoreingenommenen Geschlechtergleichheit – war demzufolge ein göttliches, menschliches Paradoxon ausgesandt worden, um zu jenen menschlichen Gedanken vorzudringen, die offen für neue Ideen waren. Der Titel des Gedichts war „Donner, Vollkommener Geist“, und seine Worte, vielleicht geschrieben von einem Mann, vielleicht aber auch nicht, wurden von einer Frau gesprochen. Die Fingerspitzen des Priesters berührten die Seite unterhalb einer einzigen Zeile, die sich aus irgendeinem Grund auf gespenstische Art und Weise an genau diesen Moment, an mich zu richten schien. Die Zeile enthielt eine Frage, von jenem gesprochen, der als Erster und als Letzter bezeichnet wurde, und seine Worte besaßen eine rührende Einfachheit: „Warum liebst du mich und hasst mich zur gleichen Zeit?“

Pater Yosef und ich saßen eine Weile stillschweigend da. Wir lasen die Worte der Schriften und machten uns gegenseitig auf Sätze aufmerksam, die uns während der Lektüre dieser faszinierenden Berichte persönlicher Begegnungen mit fast unbeschreiblichen Wesen des Lichts ins Auge fielen. Diese jahrhundertealten Ereignisse wurden einst als die wünschenswertesten und wertvollsten Lebenserfahrungen aller Zeiten gesehen. Mir war klar, warum das so war. Die Wirkung, welche diese Begegnungen auf ein menschliches Wesen haben, sind universell. Das *Licht* ist etwas, was jede einzelne Zelle in unserem Körper sofort wiedererkennt, während die bewussten Gedanken verzweifelt versuchen, die Geschehnisse zu verstehen und zu erklären.

Zweitausend Jahre trennten jene Erfahrungen mit dem *Licht*, die der Schreiber darstellte, von meinen eigenen Beobachtungen. Jahre, während deren das ursprüngliche Wissen und die niedergeschriebenen Berichte solcher Begegnungen wie vom Erdboden verschluckt waren. Inmitten dieser vielen des *Lichts* beraubten Jahre verbarg sich jedoch in der Stille die unzerstörbare Wahrheit. Während die Menschheit zwar Bücher verbrannte und jene als Ketzer verurteilte, die statt der traditionellen Lehren dem *Licht* folgten, kann das *Licht* selbst nicht verlöschen. Als zeitloses göttliches Geschenk bleibt es für jeden erreichbar und bietet uns eine direkte Verbindung zwischen dem menschlichen Individuum und dem göttlichen Geber dieses Geschenks selbst. Es ist diese Verbindung, die keine Mittelsmänner braucht. Sie schenkt uns die immerwährende und sich niemals ändernde Botschaft von Wahrheit und Hoffnung, nach der sich die Menschheit stets verzehrt hat.

Jene uralten Beschreibungen der Begegnungen stimmten vollkommen mit den meinen überein. Das *Licht* der so häufig missverstandenen Christusillumination – die unantastbare, göttliche Weihe – hat sich nicht verändert. Die Botschaften, welche das *Licht* überbringt, haben sich nicht verändert. Und auch der Mann, das Wesen aus dem Licht, welcher nun der Gegenstand und Mittelpunkt meiner vollen Aufmerksamkeit war, wurde mit jedem kleinsten Detail in dem Buch auf meinem Schoß beschrieben. Er, der *Lehrer*, ist unverändert. Seine persönliche Erscheinung ist unverändert. Die Fragen derer, die ihn getroffen und Zeuge seiner selbst geworden waren, waren immer noch dieselben.

Was ist er, dieser Mann, der in einem Moment Fleisch ist und im anderen Licht? Wenn man mal alle Namen beiseite ließe, was, im Namen des Himmels und der Erde, ist er? Den „Gnostischen Schriften" zufolge stellten die erstaunten Beobachter seiner Erscheinung vor zweitausend Jahren genau dieselbe Frage. Ist er ein himmlischer Abgesandter, der immer und immer wieder auf Erden erscheint, um uns unser wahres Potenzial zu zeigen? Ist er ein Botschafter, der zu uns geschickt wird mit der Bitte, unseren göttlichen Ursprung nicht zu vergessen? Und da seine Botschaften zeitlos, unverändert sind und stets von dem ewigen Leben der Seele sprechen, ist es vielleicht an der Zeit, endlich damit aufzuhören, über ihn in der Vergangenheit zu sprechen? Jede Frage schien zu einer nächsten zu führen.

Nicht ohne ein Schmunzeln erkannten wir eine seiner Prioritäten, die ebenfalls unverändert geblieben zu sein schien. Während er unter vielen, vielen verschiedenen Namen, Anreden und Titeln bekannt gewesen war – die höchstwahrscheinlich viel weiter als zweitausend Jahre zurückgingen –, gab es doch eine Anrede, einen Titel, mit dem er nicht in Verbindung gebracht werden wollte. Er wollte ganz und gar nicht als ‚Meister' bezeichnet werden (Thomasevangelium 13, *Nag-Hammadi-Bibliothek*).

Diese uralten Schriften hielten viele Überraschungen und Bestätigungen für mich bereit. Ich ging ins Badezimmer, um Taschentücher zu holen. Dann ging ich zurück auf die Veranda und legte die Taschentücher zwischen mich und den Priester. An diesem Nachmittag würde ich die gesamte Packung benötigen. Der Schock steckte mir ziemlich tief in den Knochen. In den „Gnostischen Schriften" wurde deutlich klar gemacht, dass der *Lehrer* nicht nur wiederholte Male Individuen dazu ermutigte, in sich zu gehen und die erleuchtende Wahrheit für sich selbst zu suchen. Durch kluge Anweisungen und harmonische Ausgeglichenheit bestätigte und etablierte er auch den gleichberechtigten Stand der Frauen, die ebenfalls seinem

Aufruf folgen und nach der Wahrheit suchen sollten. Diese alten Schriften wiesen keinerlei Respektlosigkeit gegenüber Frauen auf, die mit Jesus in Verbindung gebracht werden konnte. Die Schriften erwähnen auch nichts von weiblicher Unterwerfung. Ganz im Gegenteil, der Rabbiner lud nicht nur alle dazu ein, von ihren göttlichen Inspirationen und Erleuchtungen frei zu sprechen. Er erinnerte sie auch daran, dass sie nun, aufgrund ihrer göttlichen Inspiration, dazu verpflichtet waren, von ihrem Wissen zu erzählen und andere zu unterrichten, ob sie nun männlichen oder weiblichen Geschlechts waren. Geschlechtertrennung existierte nicht. Die ersten Belehrungen, die voreingenommen gegenüber dem weiblichen Geschlecht waren und dessen Unterwürfigkeit forderten, sind in den Paulus-Briefen im Neuen Testament zu finden – des einzigen Apostels, der kein Jünger Jesu und daher auch nicht anwesend war, wenn Jesus seine Lehren verbreitete (siehe 1. Kor 11:3,7,9; 14:34,35; 1 Tim 2:11,12). Wiederholte Male, als unzweifelhafter Beweis seines revolutionären Standpunktes in Bezug auf Geschlechtergleichheit, wird in den „Gnostischen Schriften" erwähnt, dass Jesus von all den Jüngern, die ihn umgaben, die liebste Gefährtin jene mit dem Namen Maria war.

Im Thomasevangelium stießen wir auf eine weitere interessante Lehre, die sämtliche Akkorde meiner Gefühle und meines Verstandes erklingen ließ. Es waren seine ungekürzten Worte über das „Suchen" nach der Wahrheit. Jesus sagte:

„Wer sucht, soll nicht aufhören zu suchen,
bis er findet, und wenn er findet,
wird er erschrocken sein, und wenn er erschrocken ist,
wird er verwundert sein …" (Thomasevangelium 2)

Weiterhin sagt er, dass die Person, nachdem sie erstaunt war, schließlich akzeptieren und verstehen wird, was sie entdeckt hat, und sie wird Frieden und innere Ruhe finden. Sie wird die Wahrheit erkennen, und innere Erkenntnis – Gnosis – ist der Schlüssel zu Frieden und Gemütsruhe. Pater Yosef tippte mit seinem Finger auf die Seite. Es war eine sehr wichtige Seite. „Dies ist eine mitfühlende Warnung vor der ziemlich schwierigen Zeit des Umbruchs, der Veränderung, durch die man manchmal gehen muss, nachdem man die Wahrheit entdeckt hat", sagte er. Diese Botschaften, von Menschen vor zweitausend Jahren geschrieben, schienen zeitlose Anweisungen zu enthalten für all jene Menschen, die nach spirituellem Wachstum und persönlichem Wandel suchen. Uns fiel auch auf, dass der *Lehrer* seine Mission nicht als „Christentum" bezeichnete, sondern ganz einfach als „Der Weg". Demütige, bescheidene Einfachheit lag ihm zugrunde.

Den „Gnostischen Schriften" zufolge sollten die Jünger all die Anweisungen und Lehren über Wachstum und Wandel an andere weiterreichen. Und während sie dies taten, sollten sie gütig, gnädig und mitfühlend bleiben. Doch vor allem – vor allem anderen – sollten sie über nichts und niemanden urteilen. Ihr Auftrag war es, andere Menschen aufzufordern, nach ihrer persönlichen inneren Beziehung mit dem Göttlichen zu suchen, und sie sollten nicht aufhören, bis sie es gefunden hatten. Es sollte keine Elite, keine Ränge und keine statusverleihenden Titel geben. Alle sollten gleich sein. Es sollten keine bizarren, von Menschenhand erschaffenen Regeln aufgestellt oder Rituale durchgeführt werden, die eventuell zu Protesten, Abgrenzung, Leid oder Teilung führen könnten. Die Gaben der Liebe und des Heils sollten frei vergeben werden. Die Jünger sollten Reichtümer weder annehmen noch anhäufen im Austausch gegen diese Gaben. Sie sollten auch nicht zu wählerisch mit dem Essen sein, welches man ihnen anbot, wenn sie zu Gast in Häusern fremder Leute waren. („‚Was in eure Münder hineinkommt, ist nicht halb so wichtig wie das, was aus ihnen herauskommt', sagte er zu ihnen." [Thomasevangelium 14, „Die Gnostischen Schriften"]) Jesus schien tiefe Kenntnisse über die menschliche Psyche zu besitzen, denn er wusste, dass übermäßig viele Regeln zu Zwiespalt, Einfachheit und Liebe dahingegen zu Zusammenhalt führen würden. Er trug seinen Jüngern auf, die Regeln einfach zu halten und dem, was er ihnen beigebracht hatte, nichts hinzuzufügen (siehe Mariaevangelium, Fragment 9, *Nag-Hammadi-Bibliothek*).

Pater Yosef verließ erst spät an diesem Nachmittag mein Haus. „Bleib am Ball, okay?", sagte er, öffnete die Küchentür und trat auf die Veranda hinaus.

„Ja", sagte ich. Er wusste, ich würde „am Ball bleiben", denn der Kampf war bereits vorbei. Er war eigentlich schon seit Stunden vorbei. „Danke; Yosef", sagte ich.

„Oh, es war mir ein Vergnügen", antwortete er mir mit übertriebener Fröhlichkeit. Dieser ganze Leidensweg, den er mit mir gegangen war, war vermutlich alles andere als ein Vergnügen gewesen.

„Bitte erzähl niemandem davon", bat ich ihn, „oder von mir, oder von du-weißt-schon-wem."

„Keine Sorge", erwiderte er kopfschüttelnd. „Ich sage zu niemandem ein Wort."

Der Tag, der voller Empörung begonnen hatte, schien am Ende doch ein guter Tag für alle Beteiligten gewesen zu sein. Als der Nachmittag in den frühen Abend überging, senkte sich ein Gefühl enormer Ruhe über mich. Ich hatte zuvor die alten Worte der Weisheit gelesen und wusste daher, dass sich nun der versprochene innere Frieden in mir eingefunden hatte, so wie es im Thomasevangelium beschrieben wurde. Die Wahrheit war aufgedeckt worden, und nun, in Gnosis, der Erkenntnis, würden Frieden und innere Ruhe eintreten.

Gnosis. Meine Erfahrungen hatten endlich einen Namen gefunden. Das Wissen um diesen Namen gab mir Frieden. Ich fand auch Frieden in dem Wissen darum, dass meine Erlebnisse – eine einfache gnostische Erleuchtung – nicht einzigartig waren, dass sie einst unter den Menschen sehr bekannt waren, bevor ihre Einzelheiten verschwiegen und letztlich vergessen wurden. Und nicht zuletzt fand ich auch ein wenig Ruhe darin, zu wissen, dass das, was ich erlebt hatte, den „Schriften zufolge" wirklich geschehen war. Die verborgenen Schriften des Johannes, der Maria, des Thomas, des Philippus und des Jakobus – Schriften, die in sicherer Verwahrung verborgen gelegen hatten – stimmten mit dem, was ich erlebt hatte, sehr wohl überein.

Zu einem späteren Zeitpunkt verspürte ich den Drang, die ursprungliche Bedeutung des Wortes „Ballast" zu erforschen. Dieses Wort schien ein weiterer Aspekt der ursprünglichen Lehren des Lehrers zu sein – Harmonie und Stabilität. Ich schlug ein ramponiertes altes Wörterbuch auf. Und dort, unter ‚Ballast' fand ich dies:

1. Substanz, die Stabilität verbessert.
2. etwas, das Stabilität verleiht, insbesondere dem Charakter

Und dann, zu meinem äußersten Erstaunen, stand da noch

3. Kiesel oder zerbrochener Stein.

Ich betrachtete das Lakota-Kästchen, welches zum Teil des Lehrers Ballast enthielt. Eine weitere Welle der Bestätigung und des Verstehens überflutete mich und mit ihr eine neue Frage und erneute Verwunderung. Woher wusste der Lakota-Großvater Bescheid? Ich legte das Wörterbuch und die anderen Bücher beiseite, setzte mich ins Wohnzimmer und dachte nach. Die Nachmittagssonne schickte ihre langen goldenen Lichtstrahlen durch das Fenster. Craig und die Kinder mussten jeden Augenblick vom Park zurückkommen. Doch hier und jetzt, in der Stille des herannahenden Abends, blieben mir noch einige Augenblicke, die enorme Bandbreite dessen auszukosten, was wie ein Plan erschien, der sich langsam und geduldig und mit großer Bewusstheit zu entfalten schien.

Die Lehren eines Mannes aus dem Licht hatten zunächst Menschenmassen angezogen, die ihm zuhören wollten, nicht aus Angst vor der Hölle, wenn sie es nicht täten, sondern weil seine Lehren ihnen guttaten, ihnen Hoffnung, Liebe und Frieden schenkten. Er lehrte sie die Gnosis. Er erzählte den Leuten, dass sie – *sie* – die Kinder Gottes waren, dass sie, Wesen des göttlichen Ursprungs, jene Erkenntnis erfahren konnten, welche ihr Geburtsrecht war. Alles, was sie tun mussten, war, in sich zu gehen und sie in sich selbst zu suchen. Er lehrte sie vollständige, individuelle Erkenntnis, denn mit ihr entsteht auch eine persönliche Beziehung zu unserem göttlichen Universum. Die tiefgründigsten Lehren des *Lichts* – dass wir nämlich göttlichen Ursprungs sind – wurden jedoch über die Jahrhunderte verbannt, und mit ihnen verblassten die Erinnerungen an sie.

Wir verloren unseren *Weg* und das Wissen um unsere eigene Güte, nicht mehr länger in der Lage, uns des Abgesandten selbst zu entsinnen. Wir erinnerten uns nicht mehr an seine wahren Botschaften oder selbst an unseren eigenen Ursprung. Die *Bewusstheit* würde wieder einmal aus unserem Bewusstsein verschwinden und unerreichbar werden. Sie würde lediglich als bösartige Gottheit gekannt werden, die zu fürchten sei oder, wenn überhaupt, besänftigt werden konnte. Doch wenn auch die Menschheit den göttlichen Plan unterbrochen haben mag, während dieser sich entwickelte, sind solche Unterbrechungen nur vorübergehende Rückschläge. Göttliche Gegenmaßnahmen wurden in Angriff genommen.

Das dritte Jahrtausend dämmerte bereits, als die letzte der überdauernden „Gnostischen Schriften" auf mysteriöse Art und Weise wiederentdeckt wurde. Schriften, die für die lange Zeit von zweitausend Jahren verborgen waren. Gerade rechtzeitig für das neue Millennium.

~ 12 ~

Können wir noch mal von vorn anfangen, bitte?

In der Nacht, in der ich den Lehrer zum ersten Mal als den akzeptierte, der er wirklich war; die Nacht, in der ich eine Wahrheit akzeptieren konnte, die mich aus den Socken gehauen hätte, wenn ich nicht bereits im Bett gelegen hätte, als er, der Rabbi, sie mir offenbarte – in dieser Nacht besuchte er mich wieder. Als ich um ungefähr acht Uhr dreißig aus dem Badezimmer kam, stand er im Korridor vor mir. Er schenkte mir sein strahlendes, leuchtendes Lächeln. Während dieses Tages intensiver Nachforschung musste er die ganze Zeit über still anwesend gewesen sein und über mich gewacht haben, denn auf seinem Gesicht zeigte sich unverkennbar menschliche Erleichterung. Er hob seine rechte Hand in einer Geste des Grußes und Friedens. Seine linke Hand hielt er auf halber Höhe, auf seiner Hüfte. Er hegte keinen Groll und schien auch ganz und gar nicht darüber verärgert zu sein, dass ich noch vor einigen Stunden gesagt hatte, ich würde ihn hassen.

Ich bekam einen solchen Schreck, als ich die Tür öffnete und mich ihm plötzlich Angesicht zu Angesicht gegenüber fand, dass ich versehentlich durch ihn hindurchging. Das war mir noch nie vorher passiert. Ich nahm einen Windhauch wahr und hörte das Liebeslied. Ich spürte, wie jedes einzelne Atom meines Körpers zersplitterte und ihre Einzelteile sich als winzige Funken eines Regenschauers im weiten Raum des Alls verstreuten. Ich fiel in mich zusammen, und gleichzeitig barst ich auseinander – jeder kleinste Teil meines Seins verstreute sich in der Ewigkeit. Ich implodierte und explodierte, in mir lachten und sangen sämtliche Atome meines Körpers, meines Wesens. Gedanken vereinten sich in dem Augenblick, in dem ich im Zentrum seines Bewusstseins stand. Ich fühlte mich vollkommen furchtlos, sicher und geliebt. Überall erklangen Melodien, die den weiten Raum des Alls erfüllten. Ihr Echo drang durch die kristallenen Kammern und endlosen Korridore der DNA. Hier wollte ich bleiben. Doch sobald ich durch ihn hindurchgetreten war und auf der anderen Seite mit einem lauten Knall wieder herauskam – eine Explosion ähnlich jener, die aufgetreten war, als der junge Indianer meinen Arm im Vorgarten berührte –, kam mein Bewusstsein augenblicklich aus dem All zurück ins Hier und Jetzt. Ich war wieder Herr meiner Gedanken und fand mich mit dem Rücken zu ihm im Korridor wieder.

Ich drehte mich zu ihm um, immer noch total verblüfft über das soeben Geschehene. Er stand mit dem Rücken zu mir. Langsam drehte er sich um, um mich anzuschauen. Ich bemerkte, dass er an diesem Tag anders als gewöhnlich gekleidet war. Er lachte leise. Anscheinend hatte ich ihn durch meine grobe Ungezogenheit, einfach so durch ihn hindurchzulaufen, nicht beleidigt. Er sah in der Tat so aus, als ob er dieses kleine Experiment genossen hätte. Immer noch lächelnd blickte er direkt in mich hinein, in diese Kammern, die er mit seinen sanften Augen vor vielen Monaten geöffnet hatte.

Er trug ein weißes Gewand und darüber eine dunkelrote Robe, die über einer seiner Schultern lag. In seiner rechten Hand hielt er einen seltsamen Stab, dessen Spitze hell erstrahlte. Über beide Schultern lag ein ruhendes junges Schaf. Er war im Stil des uralten, doch zeitlosen Archetyps des Schäfers gekleidet. Wäre er mir vor dem Tag, an dem ich zum ersten Mal seine wahre Identität tolerieren konnte, auf diese Art und Weise erschienen, wäre sein Liebeslied vor der Tür meines verschlossenen Herzens und Geistes zurückgewiesen worden. Und all das nur auf Grund eines zweitausend Jahre alten Missverständnisses. Er war sich dessen bewusst gewesen. Und so gab er sich mit der Identität eines Wesens aus dem All zufrieden. Und das wahrhaftig ist er. Er war ein Mann mit vielen Namen, zu viele, als dass ein Mensch sie alle auf einmal aussprechen könnte. Ich kannte jetzt einige seiner Namen und Kennzeichen, und konnte auch einige davon aussprechen, doch nicht alle auf einmal, so wie er es einst getan hatte. Doch die Namen, die ihm die Menschheit verliehen hatte, waren nicht von Bedeutung. Egal bei welchem Namen er aufgrund seiner Philosophie gerufen wurde, er würde doch durch die Früchte seiner Taten bekannt sein.

„Ich liebe dich“, sagte ich.

„Es gibt einen Ort, an dem der Sohn des Menschen seinen Kopf zur Ruhe niederlegen kann“, sagte er. „Er ruht ihn auf dem Schaf, welches er gefunden und über seine Schultern gelegt hat.“

Ich gab mir Mühe, jedes kleinste Detail dieses Augenblicks in Erinnerung zu behalten, sodass ich niemals seine Schönheit vergessen würde – sein Haar, seine Augen, sein exotischer Duft von Myrrhe und Gewürzen, die leuchtende Farbe seines Gewandes, das Licht, welches immer noch sang. Ich schaute ihn lange Zeit an, und er ließ es geschehen. Er erlaubte mir, ihn anzustarren, damit ich all dies in mir aufnehmen und in meine Erinnerung einprägen konnte. Ich konnte keine Narben an ihm erkennen, keine einzige. Und vielleicht spiegelte das ja gerade seine Philosophie und seine Lehren wider. Er verweilte nicht in der Vergangenheit. Er stand in der Gegenwart. Dann verschwand er.

In der folgenden Nacht, als ich vor dem Badezimmerspiegel stand, kam er zurück. Ein Lichtstrahl wurde im Spiegel reflektiert, und dann sah ich, dass er hinter mir stand. Ich drehte mich um und sah ihm in die Augen. „Ich möchte mit dir gehen", sagte ich.

„Du kannst jetzt nicht mit mir kommen", sagte er.

„Ich möchte dich um etwas bitten, und wenn du mir diese Bitte erfüllen möchtest, dann ist es erforderlich, dass du hier bleibst."

Ich wusste sofort, worum er mich bitten würde. Er würde mich auf die Probe stellen und darum bitten, alles geheim zu halten. Ganz ehrlich, diesen Gefallen wollte ich ihm nur zu gerne tun. „Okay", sagte ich erleichtert. „Schau, du brauchst dir keine Sorgen zu machen. Ich werde keiner Menschenseele etwas von dir und all den anderen Dingen verraten. Ich werde nichts von alldem je wieder erwähnen."

Er lachte. Ich hatte seine Absichten wieder einmal missverstanden. „Erzähle anderen alles, was du gesehen und gehört hast.“ Er hob seine Arme und breitete sie weit in Form eines riesigen Kreises aus.

„Was?“

„Erzähle anderen Menschen davon“, wiederholte er seine Worte lächelnd.

„Aber niemand wird mir glauben.“

„Du trägst keine Verantwortung für das, was andere glauben“, sagte er. „Niemand verlangt von dir, solch große Verantwortung auf deinen Schultern zu tragen. Du sollst auch nicht versuchen, die anderen von dem, was du ihnen erzählst, zu überzeugen. Du sollst ihnen einfach nur erzählen, was du selbst gesehen und gehört hast.“

„Aber was ist, wenn ich aus Versehen jemandem etwas erzähle, was eigentlich geheim bleiben soll?“

„Dir wurde nichts im Geheimen gesagt, außer der Geschichte Yehudas. Du musst keine Bürden der Geheimhaltung tragen, denn das Geheimnis, von dem ich dir berichtet habe, wurde aus deiner Erinnerung gelöscht.“

„Aber … Also, das ist schrecklich“, sagte ich. Ich hatte ganz und gar nicht den Wunsch, damit an die Öffentlichkeit zu gehen. Dieser frustrierende Kreuzzug war mir nur allzu vertraut. Es war schon schwer genug gewesen, als ich nur gedacht hatte, dass er ein Besucher aus dem All war. „Ich möchte nicht den anderen Leuten davon erzählen müssen.“

Er umarmte mich leicht, berührte mich kaum, doch seine Hände fühlten sich stark an. Ich wunderte mich, wie ich in der Nacht zuvor wohl durch ihn hindurchlaufen konnte. Heute schien er ein Mann aus Fleisch, Knochen und Blut zu sein. Ein Gefühl der Stärke und Sicherheit stieg in mir auf. Vielleicht glich dieses Gefühl dem, das die Zikade dazu ermutigt hatte, aus der Dunkelheit emporzukriechen und ihren langen Weg zum Sonnenlicht anzutreten. Als ich mich in seiner Umarmung befand, entfaltete sich eine Geschichte in meinem Kopf. Es war ein kleines Drama, an dem vor nicht so langer Zeit das gesamte Universum beteiligt gewesen war. Es hatte sich kurz vor Thanksgiving ereignet. In deutlichen Details sah ich, wie die ganze Geschichte in meinen Gedanken noch einmal stattfand.

Es war an einem Nachmittag im Winter. Ich sah ein junges, nicht sehr wohlhabendes Mädchen. Es verschenkte seine Theaterkarten, sodass es stattdessen zu einer Zusammenkunft von ein paar Leuten kommen konnte. Ich beobachtete sie. Es war ihr nicht leichtgefallen, diese Karten zu verschenken. Sie hatte lange dafür sparen müssen. Aber etwas, jemand, hatte ihr an diesem Tag ins Ohr geflüstert, dass, wenn sie zu diesem Treffen gehen würde, sie eine Botschaft hören könnte, die ihr jemand ganz persönlich überbringen würde. Normalerweise gehörte sie nicht zu jenen Menschen, die auf mysteriöse Stimmen hören. Doch in diesem ganz bestimmten Augenblick fühlte sie sich eigenartig berührt. Sie gab ihre Karten weg und kam rechtzeitig in dem Haus des Rabbis an, wo sie sich zu einer Gruppe von Menschen gesellte, um jemanden reden zu hören. Sie hatte keine Ahnung, worüber diese Person reden würde. Ich sah ihr zu, wie sie mir zuhörte, und ich hörte mich selbst zu der Gruppe sprechen. Als ich meinen Vortrag beendet hatte, hörte ich, wie sie mir das vorherbestimmte Zeichen gab, weiterzusprechen. Und ich erzählte ihr von dem Ort, an dem sich Gott verborgen hielt. Und dann sah ich sie, wie sie sich vor mir und den restlichen Zuhörern flach auf den Boden legte, ganz und gar nicht verschämt, und Tränen der tiefsten Rührung vergoss. Der Grund ihres Schluchzens war nicht etwas, was ich getan, sondern eine Botschaft, die sie vernommen hatte. Ihr war eine Botschaft überbracht worden, ihr ganz persönlich. Es war eine Botschaft, von der ein anderes Bewusstsein, ein Bewusstsein großen Mitgefühls, wusste, dass dieses Mädchen sie ganz dringend brauchte. Die Theaterkarten wegzugeben war ihr erster notwendiger Schritt gewesen. Sobald sie diesen ersten Schritt gewagt hatte, sorgte das göttliche Bewusstsein für all die weiteren notwendigen Schritte, um sie in einem Tanz der Leidenschaft hinfortzutragen. Nur für sie hatte es diese lange Reise gemacht. So groß ist die Liebe des universellen Bewusstseins. Und so viel bedeutet ihm eine einzelne Person.

Und was, wenn da draußen nur eine einzige weitere Person ist, die bereit dazu ist, den ersten Schritt zu wagen? Was, wenn es nur einen Menschen gibt, der auf eine persönliche Botschaft wartet …? Was, wenn es noch jemanden gab, der darauf wartete, all dies zu hören? Was, wenn das Mädchen seine Karten weggegeben hätte, es aber niemanden gegeben hätte, der bereit dazu war, ihr diese Botschaft zu überbringen? Schließlich war es ja nur eine einfache Botschaft – ein „Gruß"? All diese Fragen wurden meinen Gedanken keinesfalls aufgedrängt. Diese Fragen entstanden aus mir selbst heraus. Nie zuvor hatte ich so tief gerührte Emotionen sich so unmissverständlich, so klar offenbaren sehen wie an diesem Tag; dem Tag, an dem eine junge Frau zum ersten Mal das Liebeslied des Universums hörte und entdeckte, dass in diesem Lied ihr Name gerufen wurde.

Dann auf einmal nahmen die „Was, wenns" eine dunkle Wende – was, wenn es an diesem Tag gar keine tief gerührten

Gefühle gegeben hätte? Was, wenn das Bewusstsein weiterhin um seine eigene Unbekanntheit wusste? Und plötzlich sah ich vor meinem inneren Auge Menschen, die ihren Glauben von schrecklichen Prophezeiungen beeinflussen ließen, nur weil sie es nicht besser wussten. Sie wussten ja nicht, dass der Gedanke eine Form von Energie ist. Sie wussten ja nicht, dass Trauer und Unruhen nur existierten, wenn wir es zuließen, wenn wir ihnen dort einen Platz schafften. Vor meinem inneren Auge sah ich schreckliche … Er legte seine Hände auf meine Schultern, hielt mich mit ausgestreckten Armen fest und unterbrach meine Gedanken. Ich schaute ihn an und ein anderes „was, wenn" verscheuchte meine dunklen Gedanken. Was, wenn uns eine neue Chance gegeben würde, um noch mal ganz von vorn anzufangen …?

Ich erinnere mich, tief eingeatmet zu haben, als ich diesen Satz in meinem Innern vernahm. „Wirst du für mich aufstehen und vortreten?", fragte er.

„Ja", antwortete ich ihm. Ich würde für ihn nach vorn treten. Ich würde den anderen von ihm berichten. Ich würde ihnen alles so gut und so einfach wie möglich erklären, sodass sie alles verstehen könnten. Dann würde ich alles aufschreiben, sodass sie es auch lesen könnten. Und währenddessen erschaffen sie – wir – unsere Zukunft.

Bis zum Jahr 2000 gehörten zu den indigenen Völkern, die in der Begleitung des Lehrers reisten, nicht nur die ursprünglichen Völker Amerikas, sondern Indigene von allen Kontinenten, Inseln und Regionen. Ich wurde Zeuge von spektakulären Besuchen, inklusive eines nächtlichen Besuchs von einer Vielzahl Eingeborener Australiens. Dies war ein ganz besonderer Überraschungsbesuch, denn in ihrer Begleitung befanden sich Wesen, die schlicht und einfach für Mythen gehalten werden – die Lightening Brothers. Sie sind ganz und gar keine Mythen. Sie existieren wirklich.

Immer und immer wieder blickte ich in purer Verwunderung auf all die Geschehnisse zurück und auf die, die sich weiterhin vor meinen Augen abspielten. Ich überlegte, nicht zum ersten Mal, warum der *Lehrer* auf seinen Reisen von Naturvölkern der ganzen Welt umgeben war. Was hatte diese starke Verbindung zu bedeuten? Sind sie etwa die Einzigen, die noch wirklich sehen können? Sind sie die Einzigen, die sich nie von der Gnosis abgewandt haben? Sind sie zurückgekommen, um unsere rechtmäßigen Lehrer zu sein? Haben sie sich etwas bewahrt, was Gesellschaften, die aus Regierungen und Kulturen heraus entstehen, verloren haben und nicht länger sehen können? Ich suchte immer noch den Rat des Priesters, auf dessen Suche man mich vor Jahren geschickt hatte. Ich schickte Pater Yosef eine E-Mail und bat ihn um seine Meinung zu dieser Frage. Welche Bedeutung steckt hinter dieser unheimlich großen Verbindung zwischen den uralten eingeborenen Völkern und dem *Lehrer*, fragte ich ihn. Warum erschien er immer wieder in ihrer Begleitung? Pater Yosef antwortete auf diese Frage, wie er es schon einmal getan hatte. Er schlug mir vor, etwas zu lesen.

Diesmal waren es keine geheimen Schriften, sondern etwas, was von den frühen Vätern der Kirche zusammengetragen und im Neuen Testament festgehalten worden war. Es hatte sowohl die verschiedenen Bibelübersetzungen als auch Synoden und kirchliche Ratsversammlungen überlebt. Es war ein Teil des Johannesevangeliums, und es war für jeden zugänglich.

Noch einmal sprach Johannes in ruhiger Stimme über den Ozean der Jahrhunderte hinweg zu mir. Die Nachricht von Pater Yosef lautete wie folgt:

Johannesevangelium 4,23

„Aber es kommt die Zeit und ist schon jetzt,
in der die wahren Anbeter den Vater anbeten werden
im Geist und in der Wahrheit;
denn auch der Vater will solche Anbeter haben.“

Vielleicht ist das also die Antwort. Vielleicht wünscht er, unter jenen zu sein, die sich die alten und heiligen Wahrheiten in ihren Herzen bewahrt haben. Oder möglicherweise werden wir nie die Antwort erfahren. Vielleicht wird diese Frage unbeantwortet bleiben, bis die Zeit für uns reif ist, die Antwort zu empfangen, bis die Stunde der Vollendung gekommen ist.

Epilog

An dem Tag, an dem ich das Manuskript mit einer unbeantworteten Frage beendet hatte, hatte ich Lust zu feiern. Der Drang nach neuen Büchern, nach neuem Wissen erfüllte mich ganz plötzlich. Also entschloss ich mich, zu der Buchhandlung zu laufen und mir ein gutes Buch zu kaufen.

Es war ein angenehmer Spaziergang von zwei Meilen. Der Hauch des herannahenden Herbstes lag in der Luft. Die Kinder waren in der Schule, inzwischen auf der Highschool. Ich konnte also gemächlich spazieren gehen und mir ganz in Ruhe ein gutes Buch aussuchen. Nachdem ich bei der Buchhandlung angekommen war und die vielen vollgeladenen Regale durchforstet hatte, wählte ich mir drei Taschenbücher aus, die mir interessant erschienen. Eins davon handelte von antiker Geschichte, den Pyramiden und vom Mars. In dem zweiten ging es um Gartenarbeit, und das dritte handelte von aktuellen Ereignissen.

Wieder zu Hause angekommen, vertiefte ich mich in das Buch über den Mars und die Pyramiden. Die Gartenarbeit und die aktuellen Ereignisse konnten warten. Ich kam allerdings nur bis Seite acht, bevor ich auf etwas stieß, wovon ich noch nie zuvor gehört hatte: *vesica piscis*. Das Buch lieferte mir keine klare Erklärung zu diesen zwei Wörtern, außer dass es Begriffe aus der Geometrie waren. Nun, Geometrie und Mathematik hatten mich noch nie sonderlich interessiert. Und trotzdem verspürte ich denselben eigenartigen Drang, diese beiden Begriffe nachzuschlagen, wie ich ihn einst bei dem Wort „Ballast" verspürt hatte. Ich ging zum Computer und startete im Internet eine Suche nach *vesica piscis*. Im nächsten Augenblick wurde der Computerbildschirm mit den Ergebnissen meiner Suche überflutet. Schlagzeilen und Überschriften der verschiedensten Webseiten, auf denen der Begriff *vesica piscis* vorkam, wurden Seite für Seite für Seite aufgelistet. Die Überschriften schwebten als mächtige verkündende Botschaften über den Bildschirm. Worte wie „uralt", „heilig" und „Kosmos" sprangen mir entgegen. Und dann fielen mir andere Worte auf, Worte wie „Christusbewusstsein": Christus als eine Essenz, ein Zustand des Seins, ein Evolutionsprozess. Und ich sah Worte, die vollkommene Harmonie und bedingungslose Liebe beschrieben. *Vesica piscis*, las ich auf dem Computer, ist das Gefäß, der Körper eines Fisches … von einigen als das Symbol der erwarteten Ankunft des Christusbewusstseins gesehen … eine kommende Ära, in der das *Wort* wieder Fleisch wird. Die Umschreibungen klangen unheimlich schön. Ich suchte mir willkürlich eine der vielen Seiten aus und begann, mir die wunderschönen Bilder von *vesica piscis* anzuschauen, geometrische Designs harmonischer Ausgeglichenheit, die als heilige Geometrie bekannt sind. Die Bilder zeigten verschiedene Kreise, die sich immer und immer wieder überschnitten und somit viele kleine, mandelförmige Fische formten. Ich entdeckte, dass in vielen der Bilder jeweils vier Fische so angeordnet waren, dass sie sich in einem Kuss vereinten, in niemals enden wollenden kreuzförmigen vierblättrigen Blüten oder einem Kreuz – das X des uralten *chi rho*. Dieses Kreuz stellte das vollkommen harmonische Kreuz eines Fisches dar, ein Symbol, welches niemals dazu bestimmt war, ein Instrument des Todes zu werden. Stattdessen war es dazu bestimmt, das Symbol der Göttlichkeit zu sein, der vollkommenen Harmonie, des Lebens, des Bewusstseins und lang ersehnten Friedens.

Ich „blätterte" die Seite weiter, zum nächsten Bild. Was ich dann sah, ließ mich den Atem anhalten. Erstarrt, im Lauf der Zeit für einen Augenblick gefangen, blickte ich voller Verwunderung auf das Bild vor meinen Augen. Dieses Bild erklärte ohne Worte das bisher unbeantwortete Rätsel der Verbindung zwischen dem *Lehrer* und den Indianern. Vor meinen Augen erschien auf dem Bildschirm eine Variante des *vesica-piscis*-Symbols, die mir außergewöhnlich bekannt vorkam. Dies war das heilige Symbol, das sich auch auf meinem Lakota-Kästchen befand. Die Frage nach dem „warum" wurde innerhalb eines kurzen Augenblicks in würdevoller Stille beantwortet. Die erwartete Antwort kam nicht in Form von Worten zu mir, sondern in Form eines Bildes. „Das ist unglaublich", flüsterte ich. Das war es tatsächlich. Alles war schier unglaublich. Alles, was ich einst für unmöglich gehalten hatte, hatte sich in leichter, fast zufälliger Anmut entwickelt, während sich dieser wunderbare tiefgründige Plan in aller Ruhe weiterhin entfaltete, in derselben Ruhe, in der ich an diesem Nachmittag meinen Spaziergang genossen hatte. Es war alles zu unglaublich, und dennoch war alles von dem wahr. Es war die unbestreitbare Wahrheit. All dies war real.

Ich verstand auf einmal nicht nur die Rolle, welche die eingeborenen Völker in diesem Plan einnahmen, ich begann auch die Rolle anderer zu verstehen. Vielleicht war ich aufgrund des riesigen, unsichtbaren Horizontes seines Plans bis zu dieser Stunde nur fähig gewesen, Bruchteile des Ganzen zu sehen. Doch in dieser Stunde vervollständigte sich das Puzzle wie von selbst, und alles ergab plötzlich einen vollkommenen Sinn. Ich hatte es zuvor nicht sehen können, weil es das größte aller großen Dinge ist – es war zu groß für meine Augen.

Die indigenen Völker haben seit Jahrhunderten das uralte Wissen um das Heilige Kommen in ihrem Bewusstsein getragen. Sowohl die uralten Lehren von Harmonie und Einklang als auch alte, die Wahrheit in sich tragende Lehrer waren nie dafür bestimmt, in Vergessenheit zu geraten. Jene, die in der geistigen Welt verweilen, sind ein lebender Bestandteil des harmonischen, sich entfaltenden Plans. Während das Heilige Kommen näher rückt, haben sie bereits ihren Platz eingenommen, und die anderen eingeladenen Beteiligten müssen jetzt geweckt werden, damit auch sie ihre Plätze einnehmen können. Jene, die aus Fleisch sind und zu dieser Stunde in dieser Welt verweilen, sind diejenigen, die nun geweckt werden. Wir, die wir aus Fleisch sind, sind die anderen Beteiligten dieses sich in Einklang entfaltenden Plans. Unsere Namen werden aufgerufen – jeder Name zu seiner Zeit, einer nach dem anderen. So wie das Kästchen mich leer erreicht hat und nur darauf wartete, gefüllt zu werden, so ist jedes Individuum ein Gefäß, das jetzt mit dem gelobten heiligen Bewusstsein gefüllt werden kann.

Dictus a deamos presidio proximo anomi contestae didymous non sequitor arani tu quoum segundo a mundo …

1988, nachdem er mich versehentlich eines Nachts erschreckt hatte, hörte ich den *Lehrer* verblüffende Worte flüstern, die sich wie diese anhörten. Es war die Nacht, in der er mich weckte, indem er mir ins Ohr flüsterte. Ich erwachte und sah ihn über mich gebeugt, sein Kopf neben dem meinen. Seine Nähe und Gegenwart erschreckte mich zunächst so sehr, dass ich schrie. Elf Jahre später besprach ich diese Situation mit meiner Tochter Emily. Plötzlich füllten sich ihre Augen mit Tränen, und ein Ausdruck der Verwunderung und Erkenntnis legte sich über ihr Gesicht.

„Mom", sagte sie. „Ich denke, ich kenne die Nachricht, die er dir in dieser Nacht überbracht hat."

„Du kennst sie?", fragte ich, erstaunt und gleichzeitig auch gar nicht überrascht, dass sie die Bedeutung dieser Botschaft nur zu gut verstand. „Was, denkst du, hat er zu mir gesagt, Liebes?"

„Er ist zurück, und er steht näher bei dir, als du denken magst", sagte sie.

Mary Sparrowdancer
Woman Two Man Speaks
Follower of The Way

Über die Autorin

Mary wurde in Narragansett Bay, Rhode Island geboren. Sie und ihre Kinder, John und Emily, ihre Mutter und ihre Schwestern gehören zu den wenigen verbliebenen Nachkommen der ersten Nationen Amerikanischer Indianer, den Narragansett. Das Volk der Narragansett war, so wie andere erste Nationen, einst ein großes Volk in diesem Land.

Zu Marys Ausbildung gehörten Kurse in klinischer Labormedizin. Einen großen Teil ihres Erwachsenenlebens hat sie der Versorgung verwaister und verletzter Vögel und wild lebender Tiere gewidmet. Ihr hauptsächliches Ziel dabei war, den Tieren zu helfen, ihre Freiheit wieder zu erlangen. Sie hat sich schätzungsweise um zwanzigtausend Vögel und andere Tiere (von Schwarzbären und Hasen über Frösche und Adler bis hin zu einem eher unscheinbaren, aber wichtigen kleinen Spatz) gekümmert. Sie ist ihren Eltern sehr dankbar dafür, dass sie ihr einen tiefen Respekt vor der Freiheit und Würde aller lebenden Kreaturen eingeflößt haben.

Mary lebt mit ihren Kindern in Florida. Ihre Arbeit konzentriert sich hauptsächlich auf die Menschenrechte, den Aufruf zu einem neuen globalen Verständnis und Mitgefühl und die Ansichten, wie sie von dem Lichtwesen gelehrt werden. Sie lädt ihre Leser dazu ein, ihre Homepage unter www.sparrowdancer.com zu besuchen.

Ebenso erschienen im Stb

276 Seiten

ISBN 978-3-89767-441-7

Brian Bates

Wyrd

Der Weg eines angelsächsischen Zauberers

Als ein Weg zur Selbstveränderung voll philosophischer und geistiger Macht trifft „Wyrd" mit der Kraft einer lebendigen Ordnung ins Herz vieler Probleme der Gegenwart. Eingebettet in diesen sorgfältig recherchierten Roman schenkt uns der Autor eine Brücke zwischen dem christlichen Glauben und dem heidnischen Weltbild wie auch zwischen der westlichen geistigen Einweihungslehre und fernöstlichen Erkenntnissen.

132 Seiten

ISBN 978-3-89767-539-1

Gerhard Buzzi

Der Geist des Falken

Bericht einer schamanischen Reise

Dieses Buch erzählt die Geschichte des Indianerjungen »Little Bear«, der sich nach einem Traum zu einer schamanische Reise aufmacht, um sein Volk vor dem Untergang zu retten. Er will das ewige Licht finden und steht dabei in seelischer Verbindung zu seinem Krafttier – einem Falken. Diese fantastische Geschichte bringt den Leser in Verbindung mit sich selbst und erinnert an die innere Stimme, auf die wir alle wieder hören sollten.

324 Seiten

mit zahlreichen s/w-Abbildungen

ISBN 978-3-89767-578-0

Heike Owusu

Symbole der Indianer Nordamerikas

In diesem Buch werden über 300 indianische Symbole beschrieben, die wieder in ihrem ursprünglichen Zusammenhang zueinander dargestellt werden. Vorgestellt wird eine breite Symbol-Palette, und zwar von einfachen Zeichen – basierend auf Strichen und Halbkreisen, die von allen Stämmen genutzt wurden – bis hin zu Totem-Tieren oder bedeutungsreichen Sandbildern der Navajo.

240 Seiten

ISBN 978-3-89767-475-2

Karin Vial
Linda Roethlisberger

Der Mongole

Die bewegte Lebensgeschichte des Kali-Mongu

Dieser Roman entführt Sie in die Weite des mongolischen Graslandes, an die Kochfeuer der Jurten, wo unter Schneegipfeln wilde Pferde, Schafe und Yaks weiden. „Der Mongole" schildert die bewegte Lebensgeschichte des Kali-Mongu und spielt etwa 300 Jahre vor der Zeit des großen Dschingis Khan. Spannend und einfühlsam beschreiben die Autorinnen die Essenz des Buddhismus, die besagt, dass die Kultivierung echten Mitgefühls und guter menschlicher Eigenschaften die Basis des Pfades der Erkenntnis bildet.